그림으로 배우는

웹 구조

Web technology

니시무라 야스히로 저 · 김은철, 유세라 역

SE SHOEISHA **YoungJin.com Y.** 영진닷컴

그림으로 배우는
웹 구조

図解まるわかり Web 技術のしくみ
(Zukai Maruwakari Web Gijyutsu no Shikumi. 6949-1)
© 2021 Yasuhiro Nishimura
Original Japanese edition published by SHOEISHA Co.,Ltd.
Korean translation rights arranged with SHOEISHA Co.,Ltd.
in care of JAPAN UNI AGENCY, INC. through KOREA COPYRIGHT CENTER
Korean translation copyright © 2022 by Youngjin.com, Inc.

ISBN 978-89-314-6659-1

독자님의 의견을 받습니다
이 책을 구입한 독자님은 영진닷컴의 가장 중요한 비평가이자 조언가입니다. 저희 책의 장점과 문제점이
무엇인지, 어떤 책이 출판되기를 바라는지, 책을 더욱 알차게 꾸밀 수 있는 아이디어가 있으면 이메일, 또
는 우편으로 연락주시기 바랍니다. 의견을 주실 때에는 책 제목 및 독자님의 성함과 연락처(전화번호나
이메일)를 꼭 남겨 주시기 바랍니다. 독자님의 의견에 대해 바로 답변을 드리고, 또 독자님의 의견을 다음
책에 충분히 반영하도록 늘 노력하겠습니다.

주 소 서울시 금천구 가산디지털1로 128 STX-V타워 4층 영진닷컴 기획1팀
등 록 2007. 4. 27. 제16-4189호
이메일 support@youngjin.com

저자 니시무라 야스히로 | **역자** 김은철, 유세라 | **책임** 김태경 | **진행** 최윤정, 현진영
표지 디자인 김효정 | **본문 디자인** 이경숙 | **영업** 박준용, 임용수, 김도현
마케팅 이승희, 김근주, 조민영, 채승희, 김민지, 임해나, 이다은
제작 황장협 | **인쇄** 서정바인텍

시작하며

웹 기술은 개인의 시점으로 보면 매일 이용하는 웹 사이트나 검색 엔진, SNS, 온라인 쇼핑 등과 같이 가장 가까이에 있는 정보 시스템입니다. AI나 IoT, 빅데이터 등 조금 어려운 기술을 포함하기도 하지만, 마음먹으면 바로 운영이나 개발에 관여할 수 있는 유니크한 시스템이기도 합니다.

한편, 구조로서의 웹 기술은 빠르게 변화하고 있으며 앞으로도 계속 바뀌어 갈 것입니다.

인프라 측면에서 보면, 이전에 웹 비즈니스를 시작할 때는 자체적으로 웹 서버를 구축하거나 ISP(인터넷 서비스 프로바이더)가 제공하는 임대 서버를 이용했습니다. 최근에는 클라우드의 이용이 증가하면서 대규모 웹 시스템일수록 자체 구축을 하지 않고 클라우드상에서 웹 서비스를 구축하고 있습니다.

그 내부에서 실행되는 소프트웨어도 OSS(오픈 소스 소프트웨어)의 이용이 많아지고 있습니다. 서비스 제공뿐만 아니라 개발에서 운용에 이르기까지 대규모 웹 시스템이라도 무료 OSS로 구축할 수 있는 시대가 되었습니다.

단말이나 네트워크, 나아가 웹 서비스의 진화와 다양화, 서비스를 제공하는 측의 목적도 단순 정보 제공에서 정보의 연계나 활용으로 변화하고 있어서 웹 기술은 한층 더 복잡해지고 있습니다. 그래서 시스템 개발의 상황에서도 0부터 만드는 것이 아닌 기존의 사용할 수 있는 구조를 활용하여 바로 동작하게 하는 것이 우선시 되고 있습니다.

이상과 같은 변천과 현황을 바탕으로 이 책은 다음과 같이 앞으로 웹 기술에 대해서 배우고 싶은 분들을 독자로 합니다.

- ◆ 웹 기술에 관한 기본적인 지식을 배우고 싶은 분
- ◆ 웹 사이트나 웹 애플리케이션 등을 시작하고 싶은 분
- ◆ 클라우드도 포함해서 용어나 기술, 동향 등을 확인하고 싶은 분
- ◆ 웹을 활용한 비즈니스를 검토하고 있는 분

이 책에서는 기본이 되는 웹 사이트나 웹 서버를 기준으로 설명을 합니다.

이 책을 통해 많은 분이 웹 기술에 흥미를 갖는 것과 동시에 여기서 얻은 지식을 실제 비즈니스 상황에서 활용하시길 바랍니다.

역자의 글

우리가 아침에 눈을 뜨고, 잠자리에 들 때까지, 하루도 빼놓지 않고 이용하는 것이 웹인 것 같습니다. 편하게 이용할 수 있는 모바일은 물론 PC에서도 웹을 빼놓고는 우리의 생활은 돌아가지 않을 것만 같다는 생각이 들 정도입니다. 웹이라고 하면 각종 웹 사이트를 떠올릴 수 있겠지만, 사실 웹은 정보 시스템이라고 생각하는 것이 맞을 것입니다.

이 책은 웹 기술의 기본, 웹의 구조, 웹의 안과 밖을 시작으로, 웹의 과거와 현재 그리고 미래를 살펴보고 웹과 다른 시스템, 웹과 글라우드와의 관계, 실무에서 웹 사이트를 개설하는 방법, 실제 웹 시스템을 개발할 때 고려해야 할 내용에서 웹의 보안에 대한 내용까지 다룹니다. 이렇게 우리의 생활 가장 가까이에 있는 웹에 대한 전반적인 내용을 그림을 통해서 알기 쉽게 설명합니다. 웹 기술의 구조를 이해하는 것은 IT의 기본을 이해할 수 있는 것이라고 생각할 수 있습니다.

웹에 대한 전반적인 내용을 알고 싶은 분에게 이 책을 추천합니다.

우리 생활과 밀접한 만큼 웹 기술은 빠르게 변화하고 있으며, 앞으로도 무궁무진한 발전을 보여줄 것이라 생각합니다. 이 책을 기점으로 새롭게 변화하는 기술에도 관심을 가질 수 있는 계기가 되면 좋을 것 같습니다.

끝으로 책이 나올 수 있도록 도움을 주신 영진닷컴 관계자 분들께 감사드립니다.

김은철, 유세라

Ch 4 웹 보급과 확산
계속 확대되는 이용자와 시장

91

Ch 5 웹과 다른 시스템
웹에 실리지 않는, 싣지 않는 시스템   113

Ch 8) 웹 시스템의 개발
사용할 수 있는 것은 사용해서 동작하게 한다   175

Ch 9 보안과 운용
시스템 전반 및 웹 고유의 보안 시스템
205

Chapter 1

웹 기술의 기본

브라우저와 웹 서버 등의 등장 인물

Web Technology

≫ 웹이란?

인터넷을 통해서 제공되는 구조 //

우리의 삶과 업무에서 인터넷은 빼놓을 수 없는 존재가 되었습니다. 웹이라는 단어를 넓은 의미로 파악하면 인터넷을 통해서 제공되는 정보나 서비스 등을 공개 혹은 그것들을 주고받기 위한 구조를 가리킵니다(그림 1-1).

지금까지의 웹 기술 발전의 역사를 따른 의미로는 World Wide Web의 약칭입니다. World Wide Web은 **WWW**라고도 하는데 인터넷을 통해서 제공되는 **하이퍼텍스트**를 이용한 시스템입니다.

웹 기술의 진화로 인해 현재는 정보 시스템의 대부분이 인터넷을 통해서 제공하게 되었습니다. 이 책에서는 지금까지의 역사를 알아보고 현재의 웹 기술이나 시스템을 중심으로 설명하겠습니다.

링크에 의한 연관 //

웹 사이트를 구성하는 각각의 웹 페이지는 링크나 참조라는 형태로 다른 페이지를 연관지어서 여러 페이지에 연결되어 있습니다. 게다가 어떤 사이트에서 다른 사이트(어떤 웹 서버에서 다른 웹 서버)와 같은 식으로 지구 위에서 보면 방대한 문서나 정보가 바다나 국경을 넘어 연결되어 있습니다. 이 **하이퍼링크**라는 구조는 각각의 웹 페이지가 하이퍼텍스트 마크업 랭귀지(HTML, 2-3절 참조)라는 언어로 구성되어 있습니다. 하이퍼텍스트로 작성된 페이지에 링크를 넣어두고 **연이어 다른 페이지로 이동할 수 있습니다**(그림 1-2).

업무 시스템 등에서는 메뉴 화면에서 각각의 처리나 프로그램을 호출하고, 종료하면 메뉴로 돌아가는 구조로 되어 있으나 웹 사이트에서는 링크로 이동하는 것이 기본입니다.

이어서 웹 시스템의 구조를 살펴보겠습니다.

그림1-1 웹의 개요

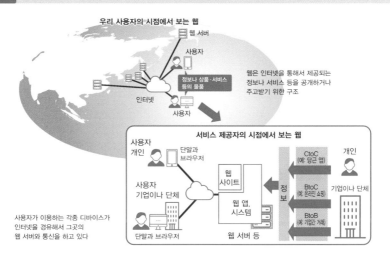

우리 사용자의 시점에서 보는 웹

웹 서버

사용자

정보나 상품·서비스 등의 물품

인터넷

사용자

웹은 인터넷을 통해서 제공되는 정보나 서비스 등을 공개하거나 주고받기 위한 구조

서비스 제공자의 시점에서 보는 웹

사용자 개인 / 단말과 브라우저

사용자 기업이나 단체 / 단말과 브라우저

웹 사이트

웹 앱, 시스템

웹 서버 등

정보

CtoC (예: 당근 앱)

BtoC (예: 온라인 쇼핑)

BtoB (예: 기업간 거래)

개인

기업이나 단체

사용자가 이용하는 각종 디바이스가 인터넷을 경유해서 그곳의 웹 서버와 통신을 하고 있다

그림1-2 하이퍼텍스트와 하이퍼링크

하이퍼링크는 자신의 사이트 내 뿐만 아니라 다른 사이트나 페이지에도 링크할 수 있다

페이지 A / 하이퍼텍스트

하이퍼링크

페이지 B

페이지 C

웹 사이트 (www.youngjin.com)

페이지 D / 웹 사이트 (shop.youngjin.com)

하이퍼링크

페이지 E

웹 사이트 (license.youngjin.com)

●하이퍼텍스트 내(웹 페이지 내)의 링크 설정

페이지 C

웹 페이지의 하이퍼텍스트에 하이퍼링크를 넣는다 페이지 C 내의 하이퍼링크

<a href=https://shop.youngjin.com>

페이지 D

페이지 D는 shop.youngjin.com 이라는 다른 웹 사이트나 페이지와 중복하지 않는 고유한 이름

Point

✔ 웹은 인터넷을 통해서 제공되는 정보나 상품 등을 주고받는 구조이다

✔ 웹에서는 하이퍼텍스트와 하이퍼링크라는 구조가 사용되며, 다른 페이지나 웹 사이트로 이동하는 특징이 있다

≫ 웹 시스템의 구조

웹 시스템의 기본적인 구성

웹 사이트를 볼 때 PC나 스마트폰, 태블릿 등 디바이스는 거의 신경 쓰지 않는 경우가 많습니다.

실제로 디바이스는 어떤 것이든 상관없습니다. 디바이스 안에는 **브라우저**라는 소프트웨어가 설치되어 있어서 제대로 URL을 입력하면 원하는 웹 사이트로 접근할 수 있습니다. 단말의 브라우저가 인터넷을 통해 향하는 곳은 **웹 서버**입니다. 그림 1-3처럼 디바이스(브라우저), 인터넷, 웹 서버가 기본 구성입니다. 물리적으로는 **클라서버 시스템**(1-8절 참조)과 같습니다.

웹 사이트와 웹 앱

웹에 관해서는 웹 사이트, 웹 앱 등 다양한 표현법이 있습니다. 이 책에서는 그림 1-4와 함께 다음과 같이 정리합니다.

- **웹 사이트**

  문서 정보를 중심으로 한 웹 페이지로 구성되는 집합체입니다. 예를 들어, www.youngjin.com은 웹 사이트로 그 안에 회사 안내나 채용 정보 등 각각의 페이지는 웹 페이지의 하나입니다.

- **웹 앱**

  웹 애플리케이션의 약칭으로 쇼핑 등의 동적인 구조를 가리킵니다. 구성은 웹 서버에다가 애플리케이션 서버(AP 서버) 및 데이터베이스 서버(DB 서버) 등이 추가됩니다. 도서 판매 사이트인 shop.youngjin.com은 웹 앱의 일례입니다.

- **웹 시스템**

  웹 사이트 및 웹 앱에 더해서 API(1-4절 참조) 등으로 개별 서비스를 제공하는 등 다소 복잡하고 규모가 큰 구조입니다. 외부 시스템과의 연계, 자동으로 날씨 정보를 수신, IoT 디바이스의 이용 등이 대표적인 예입니다.

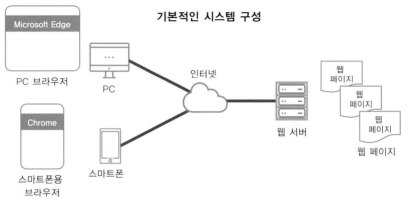
그림1-3 웹 사이트의 시스템 구성

기본적인 시스템 구성

Microsoft Edge

PC 브라우저

PC

인터넷

웹 서버

웹 페이지

웹 페이지

웹 페이지

웹 페이지

Chrome

스마트폰용 브라우저

스마트폰

※브라우저 기능을 내장한 전용 앱인 경우도 있다

그림1-4 웹 사이트, 웹 앱, 웹 시스템의 차이

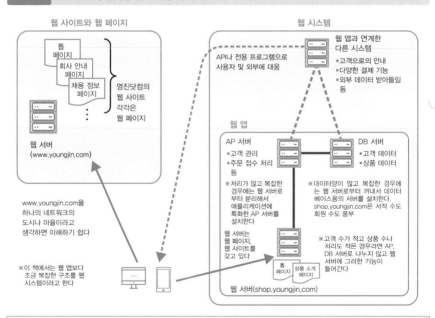

웹 사이트와 웹 페이지

톱 페이지
회사 안내 페이지
채용 정보 페이지
:

영진닷컴의 웹 사이트 각각은 웹 페이지

웹 서버
(www.youngjin.com)

www.youngjin.com을 하나의 네트워크의 도시나 마을이라고 생각하면 이해하기 쉽다

※이 책에서는 웹 앱보다 조금 복잡한 구조를 웹 시스템이라고 한다

웹 시스템

웹 앱과 연계한 다른 시스템
•고객으로의 안내
•다양한 결제 기능
•외부 데이터 받아들임 등

API나 전용 프로그램으로 사용자 및 외부에 대응

웹 앱

AP 서버
•고객 관리
•주문 접수 처리 등

※처리가 많고 복잡한 경우에는 웹 서버로부터 분리해서 애플리케이션에 특화한 AP 서버를 설치한다

웹 서버는 웹 페이지, 웹 사이트를 갖고 있다

DB 서버
•고객 데이터
•상품 데이터

※데이터양이 많고 복잡한 경우에는 웹 서버로부터 꺼내서 데이터베이스용의 서버를 설치한다. shop.youngjin.com은 서적 수도 회원 수도 풍부

톱 페이지 상품 소개 페이지

※고객 수가 적고 상품 수나 처리도 적은 경우라면 AP, DB 서버로 나누지 않고 웹 서버에 그러한 기능이 들어간다

웹 서버(shop.youngjin.com)

Point

✔ 웹 사이트의 기본적인 구성은 브라우저, 인터넷, 웹 서버로 이루어진다
✔ AP 서버나 DB 서버 등이 더해지면 조금 복잡한 구조가 된다

≫ 웹 페이지를 열람한다

URL 입력

1-2절에서 웹 사이트 및 웹 시스템의 구성에 대해 설명했습니다. 이 절에서는 사용자 측의 시점에서 웹 페이지의 열람이라는 관점부터 재확인합니다.

사용자가 이용하는 디바이스로는 PC, 스마트폰, 태블릿 등을 들 수 있습니다. 웹 사이트에 접근하는 시간이나 횟수로 보면 스마트폰이 가장 많이 이용되고 있지 않을까요?

열람한다는 관점에서는 각각의 디바이스에 브라우저가 설치되어 있어서 사용자는 「http:」나 「https:」 다음에 나타낼 수 있는 **URL**(Uniform Resource Locator)을 입력 또는 클릭, 탭을 하여 웹 페이지에 접근합니다(그림 1-5). 사용자가 브라우저에 입력 혹은 URL이 포함된 링크를 클릭 또는 탭하기도 하는데, 그 후에 디바이스에서 인터넷을 통해서 요구하는 페이지로 접근하는 방식입니다.

사용자를 위한 전용 앱의 존재

지금까지 웹 기술을 설명했던 기사나 서적에서는 위와 같은 설명이 대부분이었습니다. 현재는 웹 서비스를 제공하는 기업 등이 배포하고 있는 사용자의 **각 디바이스 전용 애플리케이션**을 사용해 접근하는 경우도 늘고 있습니다. 사용자 대상의 전용 앱에는 URL이 삽입되어 있어서 앱을 시작하면 바로 접근할 수 있습니다(그림 1-6). 자사 웹 사이트를 내포하고 있는 요소도 강하지만 앱의 경우에는 웹 페이지나 웹 사이트로의 접근 외에 다른 서버 등과 자동적으로 특정 데이터를 주고받는 것과 같은 사용법도 할 수 있습니다.

기본적인 구성은 그림 1-3에 가깝지만 사용자 측은 범용적인 브라우저 외에 전용 애플리케이션을 사용하거나 웹 사이트의 서버 이외에 접근하는 경우도 늘고 있습니다.

그림1-5 **URL의 개요**

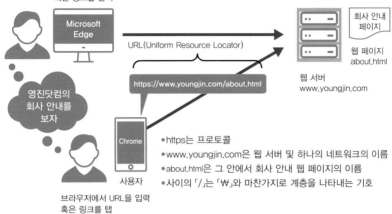

브라우저에서 URL을 입력
혹은 링크를 클릭

Microsoft Edge

URL(Uniform Resource Locator)

https://www.youngjin.com/about.html

영진닷컴의
회사 안내를
보자

Chrome

사용자

브라우저에서 URL을 입력
혹은 링크를 탭

회사 안내
페이지

웹 페이지
about.html

웹 서버
www.youngjin.com

- https는 프로토콜
- www.youngjin.com은 웹 서버 및 하나의 네트워크의 이름
- about.html은 그 안에서 회사 안내 웹 페이지의 이름
- 사이의 「/」는 「₩」와 마찬가지로 계층을 나타내는 기호

그림1-6 **전용 앱의 개요**

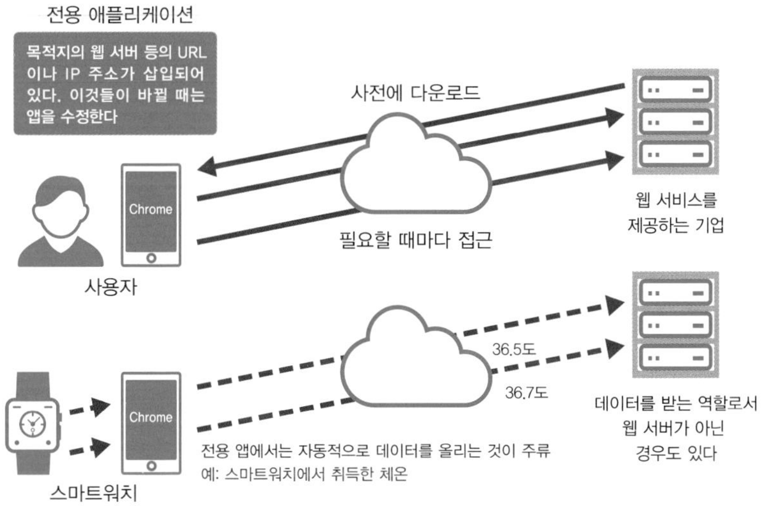

전용 애플리케이션

목적지의 웹 서버 등의 URL
이나 IP 주소가 삽입되어
있다. 이것들이 바뀔 때는
앱을 수정한다

Chrome

사용자

사전에 다운로드

필요할 때마다 접근

웹 서비스를
제공하는 기업

스마트워치

Chrome

36.5도

36.7도

전용 앱에서는 자동적으로 데이터를 올리는 것이 주류
예: 스마트워치에서 취득한 체온

데이터를 받는 역할로서
웹 서버가 아닌
경우도 있다

Point

✔ 브라우저에서 URL을 입력하고 웹 서버와 웹 페이지에 접근한다
✔ 특히 스마트폰에서는 전용 앱에 의한 접근이 증가하고 있다

≫ URL이란?

URL의 의미

웹 사이트를 볼 때 링크를 클릭하지 않는다면 URL을 입력하는 경우가 많을 것입니다.

URL은 보고 싶은 웹 페이지 혹은 웹 사이트의 파일을 나타냅니다.

예를 들어, 그림 1-7과 같이 https://www.youngjin.com/about/index.html이라면 https:// 부분은 스키마명, www.youngjin.com은 FQDN(Fully Qualified Domain Name: 완전 수식 도메인명), 그 후의 /about 이하는 경로명을 나타냅니다. index.html이나 index.htm은 생략해도 웹 서버의 기능이 보완해 줍니다.

지금까지 설명한 것처럼 브라우저의 입장에서 보면 어떠한 스키마(프로토콜)로 어느 장소에 있는 파일을 전송해달라는 요청을 합니다.

도메인명이란?

그림 1-7의 예로 말하면 「youngjin.com」이 도메인명입니다.

도메인명은 인터넷 세계에서는 유일한 이름이지만, 대응하는 글로벌 IP 주소를 갖고 있습니다. 숫자로 구성된 글로벌 IP 주소로는 어느 사이트인지 알기 어렵기 때문에 도메인명을 많이 사용합니다. 만약 IP 주소를 알고 있는 사이트라면 브라우저에서 글로벌 IP 주소를 입력해도 페이지를 볼 수 있습니다.

또한 일반적인 도메인명에는 「.kr」, 「.com」, 「.net」, 「.co.kr」 외에도 다양한 것이 있는데 「gTLD(Generic Top Level Domain)」로 각각의 분야별 최상위 도메인 레벨을 가리킵니다. 그림 1-8에서 대표적인 예를 소개하고 있으며 그밖에도 다양한 도메인명(7-5절 참조)이 있습니다.

그림1-7 URL의 의미

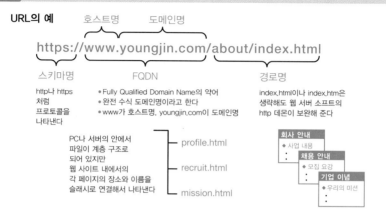

URL의 예

호스트명   도메인명

https://www.youngjin.com/about/index.html

스키마명   FQDN   경로명

http나 https
처럼
프로토콜을
나타낸다

• Fully Qualified Domain Name의 약어
• 완전 수식 도메인명이라고 한다
• www가 호스트명, youngjin.com이 도메인명

index.html이나 index.htm은
생략해도 웹 서버 소프트의
http 데몬이 보완해 준다

PC나 서버의 안에서
파일이 계층 구조로
되어 있지만
웹 사이트 내에서의
각 페이지의 장소와 이름을
슬래시로 연결해서 나타낸다

profile.html

recruit.html

mission.html

회사 안내
◆ 사업 내용
채용 안내
◆ 모집 요강
기업 이념
◆ 우리의 미션

그림1-8 주요 도메인명 일람

• 도메인명은 주로 gTLD와 나라마다 할당된 cc(country code)TLD 등이 있다
• 인기가 있는 것은 .kr과 .com입니다

도메인 검색 페이지

centurytable

검색

.kr 9800원   .com 10500원   .net 11000원

gTLD의 예	개요
.com	누구나 등록할 수 있는 세상에서 가장 인기 있는 도메인의 하나, 상업 조직 대상
.net	누구나 등록할 수 있는 인기 있는 도메인의 하나, 네트워크용
.org	단체, 협회 등의 법인에서 사용되는 경우가 많다
.edu .gov	교육, 정부 기관 등 조직으로서의 요건이 필요
.biz .info .name .pro	누구나 등록할 수 있지만 비즈니스용, 개인용, 전문인 대상 등의 특성이 있다

KR 도메인명(ccTLD)의 예	개요
.co.kr	대한민국 대표 도메인
.kr	간결한 도메인으로 인기가 있다
.or.kr .ac.kr .go.kr	단체나 사단, 학교 법인, 정부 기관

.seoul 등도 있으므로 로컬 비즈니스를 하고 있는 사람에게 있어서는 선점하는 사람의 차지

※ 한국인터넷정보센터(KRNIC)의 웹 사이트를 참고하여 작성
https://한국인터넷정보센터.한국/jsp/resources/domainInfo/domainInfo.jsp

Point

✔ 사용자가 입력하는 URL은 도메인명이나 경로명 등으로 구성되어 있다
✔ 도메인명은 유일한 쌍을 이루는 IP 주소를 갖고 있다

>> 웹 서버의 외형과 내용

물리적인 모습 //

웹 서버는 웹 사이트 및 웹 시스템의 기본적인 구성에서 없어서는 안 되는 존재입니다. 그 물리적인 모습은 웹 사이트 등을 통해서 제공하는 서비스의 사용자 수나 규모에 따라 여러 가지로 바뀝니다.

예를 들어 그림 1-9와 같이 오피스 등에서 자주 볼 수 있는 **타워형**, 정보 시스템의 센터나 데이터센터 등에 많은 **랙 마운트형** 등이 있습니다. 서버 안의 OS는 현재는 Linux가 주류이며, Windows Server인 경우도 있습니다.

대규모 업무 시스템에서는 제조사의 독자적인 OS를 사용하는 범용기(메인 프레임이라고도 한다)나 **UNIX 계열 서버** 등도 있지만, 실제로는 중·소형 서버가 많기 때문에 규모 확대에 따라 랙 마운트형을 여러 대 늘려갑니다.

Linux가 늘어나는 이유 //

서버 시장 전체 중에서 Windows Server가 약 50%를 차지하고 있고 Linux, UNIX 계열이 그 뒤를 잇고 있습니다. 서버 전체의 일부 웹 서버라는 관점에서 보면 Linux가 Windows Server보다 많다고 여겨집니다. 그 이유는 Windows Server에는 많은 기능이 구현되어 있어서 필요한 기능을 비교적 간단하게 설정할 수 있는 장점이 있는 반면, 유지 보수를 포함해서 비용이 어느 정도 소요될 수 있기 때문입니다.

Linux의 경우 Windows Server보다 기능 구현이 조금 어려워지지만 필요한 기능만을 추가하기 때문에 디스크 절약, 안정성 향상과 더불어 비용도 저렴하게 할 수 있습니다(그림 1-10).

웹 서버는 기능이 한정되고, 메일 서버를 추가하는 등 최소한의 기능만 필요한 경우가 많기 때문에 간단한 기능과 비용이라는 관점에서 Linux를 선호하는 경우가 늘고 있습니다.

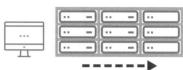
그림 1-9 웹 서버에 많은 랙 마운트형

• 사무실 한 쪽에
  놓여 있는 타워형
• 웹 서버로서는 극소수파

• 가장 많은 것은 랙 마운트형의 서버
• 접근 수나 규모에 따라 증가한다
• 웹 서버의 다수파 · 주류파, 클라우드도
  이 형태

대규모 업무 시스템에서는
범용기(메인 프레임)나
대형 UNIX 계열 서버도 있지만
현재의 웹 서버에서는 거의 없다

그림 1-10 Linux의 웹 서버의 기능

참고: 서버 OS의 역사

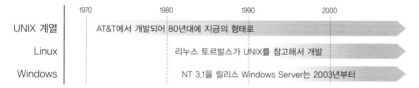

• 서버용 OS는 여러 클라이언트의 동시 접속을 받을 수 있는 성능을 갖추고 있다
• Linux는 역사적 배경으로 인해 UNIX 계열과의 친화성이 높다
• UNIX 계열은 과거의 소프트웨어 자산의 활용이나 장기간의 연속 운용을 할 수 있는 서버 OS로서 현재도
  두터운 지지층이 있으나 일반적인 용도에서는 비슷한 기능을 가진 Linux의 이용이 계속 증가하고 있다

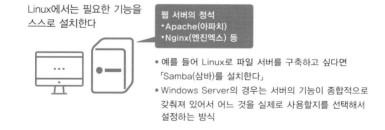

Linux에서는 필요한 기능을
스스로 설치한다

웹 서버의 정석
• Apache(아파치)
• Nginx(엔진엑스) 등

• 예를 들어 Linux로 파일 서버를 구축하고 싶다면
  「Samba(삼바)를 설치한다」
• Windows Server의 경우는 서버의 기능이 종합적으로
  갖춰져 있어서 어느 것을 실제로 사용할지를 선택해서
  설정하는 방식

Point

✔ 웹 서버의 형태는 랙 마운트형이 많다

✔ 웹 서버의 OS는 필요한 서버 기능이 한정되어 있기에 비용 관점에서 Linux를 선택하는
  경우가 많다

≫ 브라우저의 기능

브라우저의 기본 기능

브라우저라고 하면 구글의 **Chrome**, 마이크로소프트의 **Microsoft Edge** 및 Internet Explorer 등이 유명합니다.

브라우저는 웹 브라우저라고도 하는데, 하이퍼텍스트를 사람의 눈으로 보기 쉽게 표시해 줍니다. 브라우서에서 보는 웹 서버의 내용이기도 한 웹 사이트를 구성하는 웹 페이지는 HTML로 기술되어 있습니다. 그림 1–11처럼 태그로 감싼 하이퍼텍스트를 브라우저가 동시통역을 하듯 변환해서 알기 쉽게 보여줍니다.

물리적인 웹 시스템의 구성은 브라우저를 설치한 디바이스, 인터넷의 네트워크, 웹 서버 등과 같이 대체로 정해져 있는데, 그 안을 실행하는 정보인 문자열이나 언어도 정해져 있습니다.

따라서 브라우저가 없으면 우리가 일상적으로 보는 깨끗하고 읽기 쉬운 웹 페이지를 볼 수 없습니다.

요청(리퀘스트)과 응답(리스폰스)

조금 더 자세히 설명하자면 브라우저는 웹 서버에 대해서 무언가 원한다·하고 싶다와 같은 요청을 보냅니다. 그 요청에 대해서 웹 서버는 응답을 반환합니다(그림 1–12). 응답으로는 HTML이나 CSS, JavaScript(모두 제2장 이후에 설명) 등이 있는데 브라우저는 그것들을 확인해서 적절한 형태로 처리해 단말의 화면에 표시합니다.

이러한 공정은 통칭 **렌더링**(Rendering Path)이라고 합니다. 렌더링에 대해서는 범용적인 브라우저가 갖추고 있는 개발자용 화면 등에서 확인하면 여러 세세한 공정과 복잡한 순서를 거쳐 실현되는 것을 알 수 있습니다.

그림1-11 브라우저의 기본 기능 – 하이퍼텍스트의 변환

눈에 보이는 웹 페이지

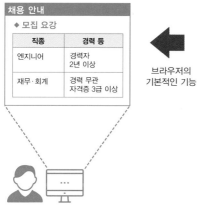

태그로 감싼 하이퍼텍스트
(HTML의 예)

```
<html>
<head>
<title>채용 안내</title>
</head>

<body>
<h1>◆모집 요강</h1>
<br>
   <table border="1">
     <tr>
        <th>직종</th>
        <th>경력 등</th>
     </tr>
     <tr>
        <td>엔지니어</td>
        <td>경력자<br>2년 이상</td>
     </tr>
     <tr>
        <td>재무 회계</td>
        <td>경력 무관<br>자격증 3급 이상</td>
     </tr>
   </table>

</body>
</html>
```

브라우저의
기본적인 기능

그림1-12 브라우저로부터의 요청

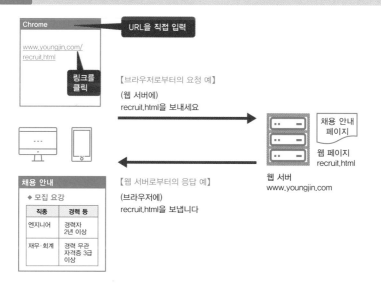

Point

✔ 브라우저의 기본 기능으로 하이퍼텍스트 등을 보기 쉽게 변환해 준다
✔ 브라우저로부터의 요청과 웹 서버로부터의 응답으로 웹 페이지를 볼 수 있다

>> 브라우저와는 다른 존재

API란?

1-3절에서 사용자와 웹 시스템을 브라우저를 통해 연결할 뿐만 아니라 API나 전용 앱으로 연결하기도 한다는 걸 설명했습니다. 웹에서의 **API**는 브라우저와는 다른 중요한 웹 접속의 구조이기도 하므로 여기에서 정리합니다.

API는 Application Programing Interface의 약칭으로 원래는 그림 1-13처럼 다른 소프트웨어가 주고받기를 할 때의 인터페이스 사양을 의미하는 용어입니다. 웹 시스템에서 API라고 할 때는 브라우저와 같은 하이퍼텍스트의 표시가 아닌 시스템 간의 데이터 주고받기를 시행하는 구조를 가리키는 경우가 많습니다.

API의 전형 예

스마트폰에서 애플리케이션을 통해서 웹 서버에게 특정 데이터를 송수신하는 것은 이해하기 쉬운 사례입니다.

예를 들어 위치 정보를 웹 서버로 송신하여 그 구역의 날씨 정보를 수신하는 것을 들 수 있습니다. 구체적으로는 그림 1-14와 같이 위도(LAT: Latitude)가 36°710065, 경도(LON: Longitude)가 139°810800과 같은 데이터를 웹 서버로 송신합니다. LON과 LAT는 대문자 소문자별로 하면 다양한 디바이스나 API에서 공통화된 항목이 됩니다. 웹 상에 있는 AP 서버 측에서는 수신한 위치 정보에 대응한 일기 예보의 정보를 반환합니다. 그림 1-14에서는 스마트폰에서 업로드하였는데, IoT 센서 등에서 사람을 거치지 않고 자동으로 데이터를 올리는 경우도 있습니다.

이러한 데이터의 주고받음을 사람이 브라우저에서 입력하는 것은 거의 불가능합니다. API나 전용 앱이 웹 시스템의 이용 상황 및 가능성을 크게 확장하고 있는 것을 알 수 있습니다.

그림 1-13 본래 API의 의미

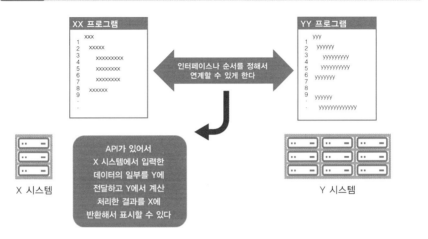

XX 프로그램

```
    xxx
1
2   xxxxx
3       xxxxxxxxx
4       xxxxxxxx
5       xxxxxxxx
6       xxxxxxxx
7
8   xxxxxx
9
.
.
```

인터페이스나 순서를 정해서
연계할 수 있게 한다

YY 프로그램

```
    yyy
1
2   yyyyyy
3       yyyyyyyyy
4       yyyyyyyyy
5   yyyyyy
6
7
8
9   yyyyyy
.
.   yyyyyyyyyyyyy
```

API가 있어서
X 시스템에서 입력한
데이터의 일부를 Y에
전달하고 Y에서 계산
처리한 결과를 X에
반환해서 표시할 수 있다

X 시스템

Y 시스템

그림 1-14 웹 API의 전형 예(위치 정보와 날씨 정보)

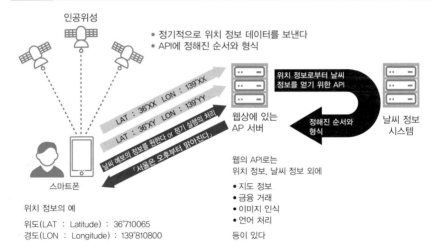

인공위성

• 정기적으로 위치 정보 데이터를 보낸다
• API에 정해진 순서와 형식

LAT : 36˚XX LON : 139˚XX

LAT : 36˚XY LON : 139˚YY

날씨 예보의 정보를 원한다 or 정기 실행의 처리

「서울은 오후부터 맑아진다」

스마트폰

위치 정보의 예

위도(LAT : Latitude) : 36˚710065
경도(LON : Longitude) : 139˚810800

웹상에 있는
AP 서버

위치 정보로부터 날씨
정보를 얻기 위한 API

정해진 순서와
형식

날씨 정보
시스템

웹의 API로는
위치 정보, 날씨 정보 외에

• 지도 정보
• 금융 거래
• 이미지 인식
• 언어 처리

등이 있다

Point

✔ API는 다른 시스템을 연계할 때의 순서 및 형식 등을 가리킨다
✔ 웹 API에서는 위치 정보나 날씨 정보 등이 패턴화되어 있다

» 웹 시스템을 두는 장소

기업 시스템과의 비교

웹 시스템은 주로 브라우저나 전용 앱이 설치된 디바이스가 인터넷을 통해서 웹 서버나 기타 서버에 접근하는 구성입니다. 이 절에서는 기타 일반적인 시스템과의 비교로 웹 시스템을 두는 장소와 구성에 대해서 알아보겠습니다.

기업 업무 시스템의 기본적인 시스템 구성은 그림 1-15와 같은 이른바 **클라서버 시스템**입니다. 클라이언트에서 LAN 네트워크를 통해서 여러 시스템의 서버에 접근합니다. 이러한 IT 기기가 기업이 관리하는 환경 내에 있으면 **온프레미스**(on-premises) 시스템이라고 합니다.

최근에는 클라우드 서비스를 이용하는 기업도 급속히 증가하고 있습니다. 그림 1-15의 오른쪽과 같이 서버를 클라우드 사업자가 관리하며, 사무실에서 인터넷을 통해 접근하는 구조입니다.

웹 시스템의 관리

지금까지의 동향을 바탕으로 기업에서 웹 시스템을 이용하는 경우에는 다음과 같은 두 가지 추진 방법이 있습니다(그림 1-16).

◆ **자사에서 웹 서버를 관리한다**
   자사의 정보 시스템 부문의 센터나 데이터센터 등에 서버를 설치하고, 각 사업소나 외부로부터 접근합니다. 내부 네트워크를 사용할 경우에는 인트라넷이라고 합니다.

◆ **타사에 관리를 위임한다, 타사의 IT 자산을 빌린다**
   웹 서버나 메일 서비스 전용의 ISP(인터넷 서비스 프로바이더) 서비스, 클라우드 서비스, 데이터센터 사업자의 호스팅 서비스 등을 이용합니다.

현재는 자사가 아닌 타사의 IT 자산을 빌리는 것이 대부분입니다.

그림1-15 **클라서버 시스템과 클라우드 서비스의 예**

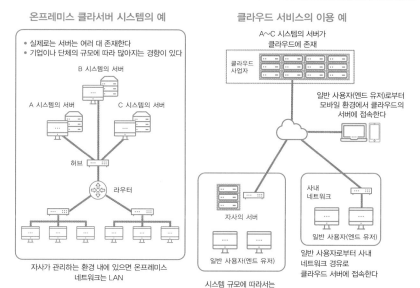

온프레미스 클라서버 시스템의 예

- 실제로는 서버는 여러 대 존재한다
- 기업이나 단체의 규모에 따라 많아지는 경향이 있다

B 시스템의 서버

A 시스템의 서버   C 시스템의 서버

허브

라우터

자사가 관리하는 환경 내에 있으면 온프레미스
네트워크는 LAN

클라우드 서비스의 이용 예

A~C 시스템의 서버가
클라우드에 존재

클라우드
사업자

일반 사용자(엔드 유저)로부터
모바일 환경에서 클라우드의
서버에 접속한다

사내
네트워크

자사의 서버

일반 사용자(엔드 유저)

일반 사용자(엔드 유저)

일반 사용자로부터 사내
네트워크 경유로
클라우드 서버에 접속한다

시스템 규모에 따라서는
자사의 서버와 클라우드의 서버를
접속하기도 한다

그림1-16 **웹 서버 구축법**

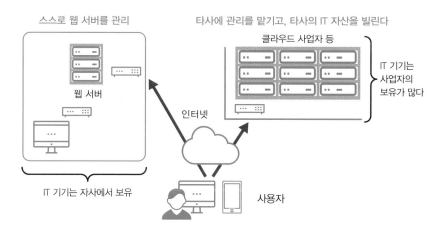

스스로 웹 서버를 관리

타사에 관리를 맡기고, 타사의 IT 자산을 빌린다

클라우드 사업자 등

웹 서버

인터넷

IT 기기는
사업자의
보유가 많다

IT 기기는 자사에서 보유

사용자

Point
- ✔ 웹 시스템의 물리 구성의 원형은 클라서버 시스템과 동일
- ✔ 현재는 ISP나 클라우드 서비스 이용이 대부분이다

≫ 해외의 웹 사이트에 도달하려면?

해외의 웹 사이트를 열람하는 구조

브라우저에서 웹 사이트를 보는 것은 이제 일상이 되었습니다. 브라우저에서는 한국어로 쓰인 웹 페이지를 보는 것뿐만 아니라 필요하면 영어 등 기타 외국어 페이지를 볼 수도 있게 되었습니다. 이 절에서는 해외 웹 서버에 다다르기까지의 구조를 설명합니다.

해외의 웹 사이트는 대부분 국외에 서버가 설치돼 있습니다. 개인을 예로 들면 계약하고 있는 ISP(KT, SKT, LG 등) 네트워크를 통해서 ISP 상위 계층인 동시에 해외의 네트워크에 물리적으로 접속되어 있는 **인터넷 익스체인지**라는 네트워크 사업자의 설비를 통해서 해외로 나갑니다(그림 1-17). 약칭으로 IX라고 하는데, 인터넷 접속점이나 인터넷 상호 접속점 등이라고도 합니다.

해외로의 물리적인 관문

예를 들어, 한국에서 해외 웹 사이트로 가기 위해서는 물리적인 네트워크는 해저 케이블을 경유합니다. IX는 관문 혹은 항구나 공항과 같은 존재로 해저 케이블의 네트워크에 연결되어 있습니다. IX는 이른바 대기업 통신사가 중심이 되어 운영하고 있는데 일반 ISP에서는 해저 케이블에 접속할 수 없으므로 한국 내의 ISP→한국 내의 IX→해외의 IX→해외의 ISP 등의 경로로 해외의 웹 사이트를 열람할 수 있습니다(그림 1-18).

오래전부터 이러한 구조가 이뤄지고 있습니다. IX는 서울이나 부산 등 방대한 인터넷 이용이 필요한 대도시나 해저 케이블에 가까운 만안에 있습니다. 안전 보장상의 이유로 구체적인 소재지는 밝혀지지 않았습니다. IX 시스템이 다운이 되면 ISP 간의 교신이나 해외 사이트 접근이 불가능하므로 대단히 중요한 인프라입니다.

그림 1-17 인터넷 익스체인지(IX)의 역할

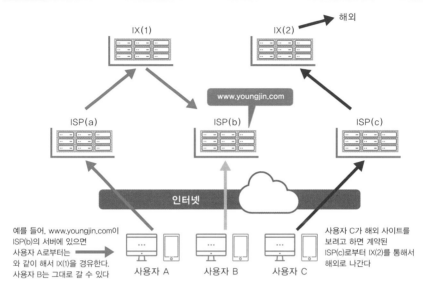

IX(1)

IX(2) → 해외

ISP(a)

www.youngjin.com

ISP(b)

ISP(c)

인터넷

예를 들어, www.youngjin.com이
ISP(b)의 서버에 있으면
사용자 A로부터는
와 같이 해서 IX(1)을 경유한다.
사용자 B는 그대로 갈 수 있다

사용자 A   사용자 B   사용자 C

사용자 C가 해외 사이트를
보려고 하면 계약된
ISP(c)로부터 IX(2)를 통해서
해외로 나간다

그림 1-18 IX로부터 해저 케이블을 통해서 해외로 나가는 예

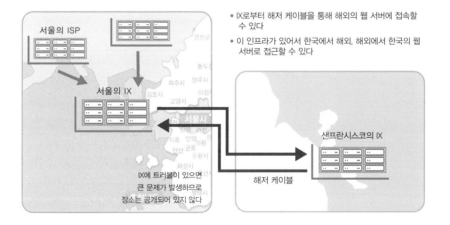

- IX로부터 해저 케이블을 통해 해외의 웹 서버에 접속할 수 있다
- 이 인프라가 있어서 한국에서 해외, 해외에서 한국의 웹 서버로 접근할 수 있다

서울의 ISP

서울의 IX

샌프란시스코의 IX

IX에 트러블이 있으면
큰 문제가 발생하므로
장소는 공개되어 있지 않다

해저 케이블

Point

✔ ISP의 상위에 인터넷 익스체인지라는 구조가 있다

✔ 인터넷 익스체인지가 있어서 해외의 웹 사이트를 볼 수 있다

>> 인터넷과 웹의 관계

인터넷 이용률

이 절에서는 인터넷과 웹의 관계에 대해서 정리합니다.

인터넷의 이용 상황을 나타내는 수치로 「통신 이용 동향 조사」가 있습니다. 매년 일본 총무성에서 발행되는 IT나 통신의 통계 자료인 『**정보 통신 백서**』에도 소개되어 있습니다.

2019년도 인터넷 이용률(인터넷 인구에 대비한 보급률 · 과거 1년간 인터넷을 이용한 적이 있는 사람의 비율)은 그림 1-19와 같이 약 90%입니다. 13세부터 69세까지는 각 계층에서 90%가 넘기 때문에 국민 대부분이 인터넷을 이용하고 있다고도 할 수 있습니다. 단말기별로는 스마트폰이 1위, PC가 2위로 대부분을 차지하고 있어 태블릿 단말, 게임기 등을 크게 앞서고 있습니다.

인터넷 이용이란?

세대나 개인에 대한 조사표를 보면 이용률을 바탕으로 되어 있는 인터넷의 이용 사례는 다음과 같습니다(그림 1-20).

- ◆ 전자 메일이나 메시지 송수신
- ◆ 정보 검색
- ◆ SNS 이용
- ◆ 홈페이지 열람
- ◆ 온라인 쇼핑

위 내용을 간단히 바꿔 말하면 메일과 웹이라고도 할 수 있는데, 대부분의 사람이 이를 이용한다는 것은 굉장한 일입니다. 예를 들어 최근 AI나 카메라를 이용한 시스템이 점점 확대되어 가고 있지만 거기까지는 아직 많은 사람이 이용하고 있지 않습니다.

또한, 기업에서 이용되고 있는 재무회계 시스템 등도 대량으로 판매되어 범용화되었지만 누구나 사용하는 시스템까지는 아직 아닙니다.

그림 1-19 **인터넷의 이용 상황 및 이용 기기**

인터넷의 이용자의 비율은 90%에 육박할 정도로 증가. 특히 6~12세 및 60세 이상의 연령층에서
인터넷의 이용이 늘어났다. 인터넷 이용 단말기는 스마트폰이 PC를 상회하고 있다

인터넷 이용 상황(개인)

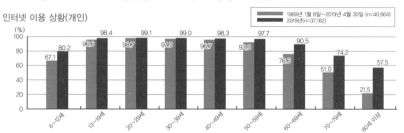

인터넷 이용 기기의 종류

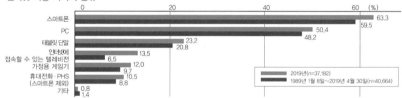

그림 1-20 **인터넷과 웹의 관계**

인터넷 이용의 예시

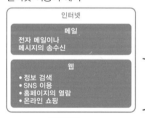

➡ 웹 서버 및 웹 페이지를 반드시 사용하지는 않는다

이제까지 이 책에서 웹(웹 사이트, 웹 앱, 웹 시스템)
이라고 설명한 이용 예

➡ • 웹 서버 및 웹 페이지를 반드시 사용한다
  • 브라우저나 그 기능을 가진 앱을 사용한다

인터넷은
「메일 + 웹」이라고 간주하면
이해하기 쉽다

인터넷
=
메일 + 웹

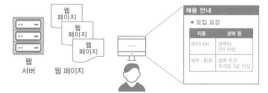

Point

✔ 2019년도의 조사에서 인터넷 이용률은 90%로 나타났다

✔ 「인터넷 = 메일 + 웹」으로 통계 조사에서 나오고 있는데, 이렇게 생각하면 인터넷이 무
  엇인지 이해하기 쉽다

해 보자

웹 사이트의 규모

웹 사이트의 규모를 측정하는 수치로서 총 페이지 수가 있습니다.

가령 소규모, 중규모, 대규모 등으로 나눈다고 하면 필자의 경험으로는 다음과 같이 평가합니다. 대규모 이상이 되면 유지 보수를 포함해서 상당히 힘들어집니다.

웹 사이트의 규모와 총 페이지 수

규모	총 페이지 수
소규모	100 페이지 이내
중규모	100~1,000 페이지 이하
대규모	1,000 페이지를 넘는다
초대규모	10,000 페이지를 넘는다

기업이나 상용 사이트 등에서는 1만 페이지를 넘는 경우도 많지만, 각 페이지를 자세히 보면 10년도 전에 작성되어 아무도 보지 않는 페이지가 존재하기도 합니다. 위에 나온 총 페이지 수의 기준은 액티브한 페이지를 전제로 합니다. 물론, 같은 상품인데도 색상이 다르기 때문에 사진 이미지와 함께 페이지를 별도로 하는 점포의 1,000페이지와 상품 그 자체가 다른 500페이지는 그 무게감도 다릅니다.

페이지 수 카운트의 예

페이지 수를 카운트하는 예로서 구글의 site: 명령어가 있습니다.

예를 들어, www.youngjin.com의 페이지 수를 보려면 구글의 검색 박스에 「site: youngjin.com」이라고 입력하여 실행합니다. 집필 시점에서 약 7,650건으로 표시됩니다. site: 명령어는 구글이 인식하고 있는 페이지 수이므로 실제 페이지 수와 오차는 있지만 대략적인 규모를 짐작할 수 있습니다. site: 명령어를 사용해 보세요.

웹의 독자적인 구조

진화하는 웹 사이트의 내부

Web Technology

≫ 웹 기술의 변화

넓어지는 이용 영역 //

제1장에서는 웹에 관한 기본적인 부분을 설명했습니다. 이 장부터 기술적인 관점도 설명하는데, 먼저 최근 10년 전후의 변화를 이해해 둡시다.

이전 정보 시스템은 SoR(System of Record: 기록 시스템)이라고 불렸고 이용하는 조직에서의 관리를 중심으로 했습니다. 현재는 SoE(System of Engagement: 연결되는 시스템)와 같이 다양한 조직이나 개인의 연계도 고려한 시스템을 목표로 하는 경우가 늘고 있습니다.

SoR에서 SoE로의 흐름은 열람 중심이었던 웹 사이트에서 다양한 정보를 수집해서 활용하는 웹 앱이나 시스템으로의 변화라고도 할 수 있습니다. 정보 시스템 전체에 이러한 큰 흐름이 있다는 것을 염두에 두세요(그림 2-1).

변화하는 개발 스킬 //

백엔드의 개발이나 운용에 대해서는 이 장과 제8장에서도 설명하는데, 이쪽도 정식 백엔드의 변화와 함께 바뀌고 있습니다.

제로 베이스에서 개발하는 시대로부터 개발 기반 및 프레임워크를 이용하고, 나아가 이미 존재하는 서비스나 API도 이용합니다. 독자성이나 전용성을 중시하는 구조에서 범용성이나 가용성을 중시하는 구조로 변화하고 있습니다. 프로그래밍에 구애받지 않고 코드를 최대한 적지 않는 **로코드**나 **논코드**에 의한 개발 스타일입니다. 그 배경에는 단말이나 네트워크가 급속히 다양해진 점도 들 수 있습니다(그림 2-2).

정보의 활용을 목표로 하여 다양한 정보나 시스템과의 연결이 한층 더 연결을 만들어내는 선순환이 되어 시장은 확대되어 갑니다. 웹 기술은 시대를 반영하는 거울처럼 변해가고 있습니다.

다음 절부터 조금 자세하게 살펴봅시다.

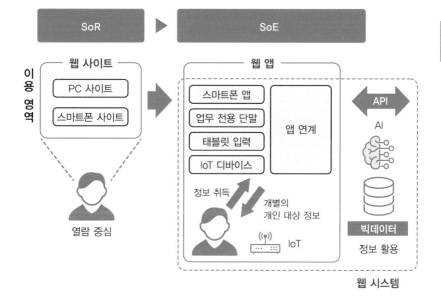

그림 2-1 열람 중심에서 정보 활용으로의 흐름

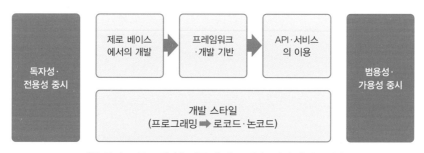

그림 2-2 개발 스킬의 변화

예를 들어, 프론트 화면을 만들 때 제로 베이스에서 만드는 것이
아닌 Angular, React, Vue.js 등과 같이 프레임워크(2-10·8-4절 참조)를 이용한다

Point

✔ 웹 기술은 열람 중심에서 정보 활용이 중심이 되었다

✔ 백엔드 개발도 제로 베이스에서의 개발에서 프레임워크나 서비스를 이용하여 개발하는
   형태로 바뀌고 있다

» 웹 사이트의 안과 밖

안쪽은 코드로 이뤄져 있다

우리가 일상적으로 보는 웹 사이트는 Word나 PowerPoint 등으로 깨끗하게 작성된 문서나 자료 등과 같이 보기 좋고, 게다가 페이지에 따라서는 멋지게 혹은 친밀감을 느끼게 하는 등 사이트의 작성자나 운용자의 의지를 가진 디자인으로 표현되어 있습니다.

사용자 시점에서의 외관이나 겉보기로에는 단편적이지만, 웹 사이트의 안쪽을 보면 정해진 형식의 코드로 구성되어 있습니다(그림 2-3). 그러한 의미에서 보면 각종 프로그래밍 언어를 바탕으로 해서 시스템을 개발하는 것과 아무런 차이가 없지만 2-1절에서 설명한 것처럼 실제 코드를 적는 일은 줄어들고 있습니다.

그러면 웹 사이트와 그 이전부터 존재하는 업무 시스템이나 정보 시스템과는 무엇이 다를까요? 개발하는 측의 시점에서 생각해 봅시다.

외관이 중요한 시스템

웹 사이트를 이용하는 시스템에서는 어느 정도의 규모가 되면 반드시 **웹 디자이너**가 참여합니다. 최근에는 사용자가 만족하는 체험을 설계하는 **UX(User eXperience) 디자인**을 지향하는 경우도 많은데, 디자인이나 화면의 배치가 강조되어 **외관이 중요해**지고 있습니다.

일반적인 업무 시스템 프로젝트에서는 사용자가 조작하는 화면을 아름답게 보이기 위해서 전임 디자이너가 개발 체제에 들어가는 경우는 기본적으로는 없습니다(그림 2-4). 또한 개발 단계에서는 코드를 적으면 즉시 화면을 확인하는 과정을 반복해서 완성을 해 나갑니다. 업무 시스템에서는 설계대로의 기능 구현에 중점을 두지만 웹 개발의 경우에는 외관과 기능을 양대 축으로 잡아 개발을 진행해 나가는 특징이 있습니다. 또한, 뒤에서 설명하겠지만 보안도 중요합니다.

향후 시스템 개발에서도 디자이너의 참여 기회나 외관을 중시하는 경향이 틀림없이 증가해 갈 것입니다.

그림2-3 웹 사이트의 안과 밖

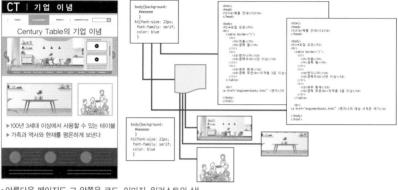

웹 페이지의 밖   웹 페이지의 안

- 아름다운 페이지도 그 안쪽은 코드, 이미지, 일러스트의 산!
- 대기업의 웹 사이트 등은 백과사전처럼 산더미와 같은 코드와 이미지로 구성되어 있다

그림2-4 웹에서의 개발 제어의 예

개발 제어

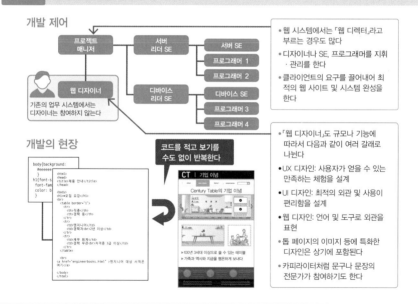

- 웹 시스템에서는 「웹 디렉터」라고 부르는 경우도 많다
- 디자이너나 SE, 프로그래머를 지휘 · 관리를 한다
- 클라이언트의 요구를 끌어내어 최적의 웹 사이트 및 시스템 완성을 한다

기존의 업무 시스템에서는 디자이너는 참여하지 않는다

개발의 현장

코드를 적고 보기를 수도 없이 반복한다

- 「웹 디자이너」도 규모나 기능에 따라서 다음과 같이 여러 갈래로 나뉜다
- UX 디자인: 사용자가 얻을 수 있는 만족하는 체험을 설계
- UI 디자인: 최적의 외관 및 사용이 편리함을 설계
- 웹 디자인: 언어 및 도구로 외관을 표현
- 톱 페이지의 이미지 등에 특화한 디자인은 상기에 포함된다
- 카피라이터처럼 문구나 문장의 전문가가 참여하기도 한다

Point

✔ 웹 사이트의 외관은 아름답지만 그 안쪽은 수많은 코드로 이뤄져 있다

✔ 웹 시스템에서는 사용자의 체험이나 외관을 중시하므로 어느 정도 규모가 되면 프로젝트에 웹 디자이너가 참여한다

≫ 웹 사이트 바깥쪽의 메인

태그와 하이퍼링크

1-1절에서 웹 페이지가 하이퍼텍스트로 작성되어 있고 링크를 넣음으로써 다른 페이지로 이동할 수 있다고 했습니다. 하이퍼텍스트를 기술하기 위한 언어로 HTML(Hyper Text Markup Language)이 있습니다. HTML은「〈태그〉」라는 마크를 사용해 기술합니다. 마크로 문서 구조를 표현하기 때문에 마크업 언어라고도 합니다.

예를 들어「〈title〉채용 안내〈/title〉」라고 쓰면 웹 페이지의 타이틀은 채용 안내인 것을 알 수 있습니다. 그림 1-11에서도 소개했는데 그림 2-5에 테이블 태그를 사용한 채용 안내의 예를 나타냅니다.

하이퍼링크를 통해 엔지니어 대상 서적 페이지로 이동시키고 싶은 경우는「〈a href = "engineerbooks.html"〉엔지니어 대상 서적은 여기〈/a〉」와 같은 태그를 삽입합니다. 그림 2-5에서는 그림 1-11의 채용 안내에 하이퍼링크를 추가하였습니다.

HTML로 작성한 페이지의 확장자를 html이나 htm으로 저장하고 웹 서버에 업로드하면 HTML 문서임을 식별할 수 있습니다. HTML은 작성을 마친 후 컴파일할 필요없이 저장만 하면 됩니다.

보이는 쪽과 보이게 하는 쪽을 의식한 페이지 만들기

HTML을 아는 사람이라면 HTML 파일만 보아도 어떤 페이지인지 알 수 있지만, 브라우저는 HTML 파일을 읽어 들여 누구나 쉽게 볼 수 있게 표시해 줍니다. 페이지나 파일을 작성할 때는 이렇게 보이는 쪽과 보이게 하는 쪽을 모두 고려해서 기술하는 것이 중요합니다.

그림 2-6에 앞의 a 태그를 비롯한 자주 사용되는 기본적인 HTML 태그를 정리합니다.

그림 2-5 **하이퍼링크를 넣은 페이지의 예**

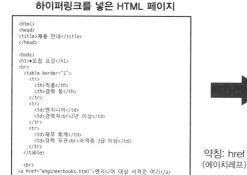

하이퍼링크를 넣은 HTML 페이지

```html
<html>
<head>
<title>채용 안내</title>
</head>

<body>
<h1>◆모집 요강</h1>
<br>
  <table border="1">
    <tr>
      <th>직종</th>
      <th>경력 등</th>
    </tr>
    <tr>
      <td>엔지니어</td>
      <td>경력자<br>2년 이상</td>
    </tr>
    <tr>
      <td>재무 회계</td>
      <td>경력 무관<br>자격증 3급 이상</td>
    </tr>
  </table>

<br>
<a href="engineerbooks.html">엔지니어 대상 서적은 여기</a>

</body>
</html>
```

약칭: href
(에이치레프)

hypertext
reference의 약자

하이퍼링크

웹 페이지의 보이는 쪽

채용 안내

◆ **모집 요강**

직종	경력 등
엔지니어	경력자 2년 이상
재무 · 회계	경력 무관 자격증 3급 이상

엔지니어 대상의 서적은 여기

여기에서는 table 태그로 기술하는 예를 소개하고 있는데, 최근에는 2–4절에서 설명하는 CSS 프레임워크 안의 GRID나 table로 기술하는 경우가 늘고 있다

그림 2-6 **자주 사용되는 HTML 태그의 일람**

태그	기술 예	의미나 사용법
a	〈a href = "링크하고 싶은 페이지"〉표시할 내용〈/a〉	하이퍼링크
br	〈br〉	줄바꿈이나 행을 띄우고 싶은 경우
h	〈h2〉페이지 내의 표제〈/h2〉	표제를 따로 하고 싶은 경우
header	〈header〉css(다음 절에서 설명) 등으로 구체적으로 기술〈/header〉	표제, 로고, 작성자 등의 도입부를 나타낸다
hr	〈hr〉, 〈hr color = "색상명" width = "50%"〉	선을 긋는다
img	〈img src = "이미지 파일명" width = "가로 너비" height = "높이"〉	이미지의 삽입
meta	〈meta〉페이지의 설명 등〈/meta〉	페이지의 설명
p	〈p〉문장〈/p〉	문장의 단락이나 덩어리, 단락을 나타낸다
section	〈section〉〈h2〉 ~ 〈/h2〉〈p〉~〈/p〉〈/section〉	페이지 안에서 각각 내용의 통합을 나타낸다
table	〈table〉 〈tr〉〈th〉표제1〈/th〉〈th〉표제2〈/th〉〈/tr〉 〈tr〉〈td〉데이터1〈/td〉〈td〉데이터2〈/td〉〈/tr〉 〈/table〉	테이블 구조로 텍스트나 이미지 등을 넣고 싶은 경우
title	〈title〉페이지의 타이틀〈/title〉	타이틀의 표시

• 「/」로 닫는 태그와 단독으로 사용하는 태그가 있으므로 주의할 것
• title, meta, h, header, section은 페이지 그 자체의 보이는 방법이라기 보다는 문장의 구성이나 검색 엔진에서의 검색 결과를 표시한다는 점에서 중요한 태그에 위치함

Point

✔ 하이퍼텍스트를 기술하는 언어로서 HTML이 있다

✔ HTML 파일 내에 하이퍼링크를 기술해서 다른 페이지로 이동할 수 있다

» 웹 사이트 바깥쪽의 서브

웹 페이지를 보기 좋게 한다 \\

CSS(Cascading Style Sheets)는 스타일 시트라고도 하는데, 웹 사이트나 웹 페이지 제작에 관심이 있는 분이면 들어본 적이 있을 것입니다. CSS는 주로 페이지의 외관이나 통일감을 표현하기 위해서 이용합니다. 그림 2-7처럼 비즈니스에서 기본적인 격식만 차린 사람과 상황에 맞는 멋진 복장이나 장식품 등을 몸에 갖추고 있는 사람 중에서 틀림없이 많은 분들이 오른쪽을 선택할 것입니다.

몇 장 정도 규모의 웹 페이지라면 각각의 HTML 파일로 페이지 장식을 해도 문제는 없습니다. CSS는 페이지 수가 많은 HTML 파일 내의 코드를 간소화하고 싶거나 공들인 레이아웃 페이지를 만들고 싶은 등 다양한 요구로 인해 많은 웹 사이트에서 이용하고 있습니다. 또 다른 배경으로는 2016년 HTML5 등장 이후 텍스트 등의 장식을 CSS로 지정하는 것이 기본이 된 경우도 있습니다. 기본적으로 HTML 파일 외에 별도 CSS 파일을 작성해서 외관만 변경하는 경우 CSS를 수정하도록 합니다.

CSS 이용 시의 주의사항 \\

중요한 것은 그림 2-8처럼 각각의 HTML 파일 내에서 CSS 파일을 참조하는 태그를 기술해서 HTML과 CSS 파일 양쪽을 연결하는 것입니다. 또한, CSS 파일에서는 HTML과 달리 프로그래밍 언어에서 친숙한 「{}」(중괄호), 「:」(콜론), 「;」(세미콜론), 「,」(콤마) 등을 사용해서 기술합니다. 페이지의 디자인으로서 레이아웃, 텍스트 장식, 배경 등 다양한 요구에 대응할 수 있습니다. 뒤에서 설명하겠지만 프레임워크 등을 이용하는 경우가 많습니다.

대기업의 웹 사이트 등에서 대량의 페이지가 있음에도 불구하고 세련된 통일감이 있는 디테일의 레이아웃이 아름답다고 느낄 때 보면 내부적으로 CSS가 작동하고 있을 것입니다.

그림 2-7　외관으로 인상은 바뀐다

기본적인 격식만 차린 사람　　　　상황에 맞는 복장이나
　　　　　　　　　　　　　　　장식품을 지니고 있는 사람

일반적인 비즈니스 상황에서는 오른쪽의 두 사람이 선호되듯이 외관은 중요!

단순하게 작성한 페이지

채 용 안 내

◆ 모집 요강

직종	경력 등
엔지니어	경력자 2년 이상
재무 · 회계	경력무관 자격증 3급 이상

멋지게 마무리한 페이지

- 웹 페이지도 외관이 중요하며 확실히 오른쪽 페이지가 선호된다!
- 실제 개발에서는 비주얼이나 화면의 동작 등을 설계하고 나서 CSS 기술에 들어간다

그림 2-8　CSS 파일의 작성과 이용의 예

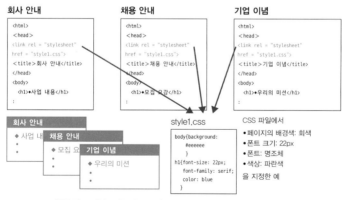

회사 안내
```
<html>
<head>
<link rel = "stylesheet"
href = "style1.css">
<title>회사 안내</title>
</head>
<body>
    <h1>◆사업 내용</h1>
    :
```

채용 안내
```
<html>
<head>
<link rel = "stylesheet"
href = "style1.css">
<title>채용 안내</title>
</head>
<body>
    <h1>◆모집 요강</h1>
    :
```

기업 이념
```
<html>
<head>
<link rel = "stylesheet"
href = "style1.css">
<title>기업 이념</title>
</head>
<body>
    <h1>◆우리의 미션</h1>
    :
```

style1.css
```
body{background:
        #eeeeee
        }
h1{font-size: 22px;
    font-family: serif;
    color: blue
    }
```

CSS 파일에서
- 페이지의 배경색: 회색
- 폰트 크기: 22px
- 폰트: 명조체
- 색상: 파란색
을 지정한 예

- CSS 파일을 별도 파일로 외부에 두고 각 HTML 페이지로부터 참조하는 예
- 각 페이지 내에서 스타일을 정의하는 방법도 있지만 페이지 수가 많은 경우는 이 방법이 주류
- 위와 같이 CSS를 기술할 수도 있지만 Bootstrap 등의 프레임워크나 효율적으로 CSS를
  정의할 수 있는 Sass(6-2절 참조) 등을 이용하는 방법도 있다

Point

✔ CSS는 웹 사이트 전체의 외관이나 통일감을 내기 위해서 많은 웹 사이트에서 이용한다
✔ HTML보다 기술이 어려워지고 상호 연결에도 주의해야 한다

» 변화하지 않는 페이지와 변화하는 페이지

정적 페이지와 동적 페이지

HTML로 작성된 페이지는 형식에 따라 기술된 문서가 웹 페이지에 표시되는 구조로 되어 있습니다. 웹 페이지를 예쁘게 보이게 하기 위해서 CSS도 사용하는데 모두 기술된 문서의 표시가 주체가 되는 고정적인 움직임이 없는 페이지로 **정적 페이지**라고 도 합니다.

정적 페이지와 대비되는 말로 **동적 페이지**가 있습니다. 동적 페이지는 사용자로부터 의 입력이나 사용자의 상황에 따라서 출력하는 내용이 동적으로 변화하는 웹 페이지 입니다. 그림 2-9처럼 브라우저로부터 서버에 데이터가 전달되면 서버 측에서 실행 된 처리의 결과가 출력되는 구조입니다.

동적 페이지의 예

동적 페이지의 대표적인 예로 다음을 들 수 있습니다(그림 2-10).

◆ 검색 엔진 :
  사용자가 검색 키워드를 브라우저에서 입력하고 서버가 그 키워드를 포함하는 웹 페이지를 안내합니다.

◆ 게시판 · SNS :
  사용자가 코멘트를 써넣을 때마다 코멘트의 표시가 늘어납니다.

◆ 앙케트 :
  앙케트에 응답하면 응답 내용의 확인이나 감사 인사, 결과가 표시됩니다.

◆ 온라인 쇼핑 :
  상품 페이지에서 어떤 사용자가 상품을 구입하면 다음 사용자가 볼 때는 재고가 줄거나 재고 없음 등의 표시로 바뀝니다.

위의 예를 통해 실질적으로 동적 페이지가 현재 웹의 주류인 것을 알 수 있습니다.

그림 2-9　정적 페이지, 동적 페이지의 예

회사 안내, 기업 이념 등은 정적 페이지의 전형
➡ 누가 봐도 같은 내용의 페이지

▶100년 3세대 이상에서 사용할 수 있는 테이블
▶가족과 역사와 현재를 평온하게 보낸다

동적 페이지는 사용자로부터의 입력이나 상황에 따른 내용이 동적으로 변화한다 ➡ 사람이나 상황에 따라 표시가 다른 페이지

사용자 A

• 사용자 A가 「영진닷컴」라고 입력
  영진닷컴 관련의 대표적인 페이지가 늘어선다
• 다른 사용자는 다른 키워드를 입력
  다른 결과가 표시된다

사용자 B

• 사용자 B의 위도와 경도 정보가 자동으로 업로드되어 입차 가능한 주차장의 정보가 제공된다
• 다른 장소에 있는 사용자에게는 다른 정보가 제공된다

그림 2-10　동적 페이지의 대표 예

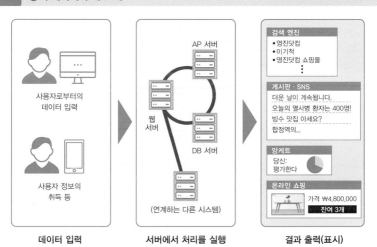

데이터 입력　　　서버에서 처리를 실행　　　결과 출력(표시)

Point

✔ 표시가 주로 변화하지 않는 페이지는 정적 페이지라고 한다
✔ 사용자의 데이터 입력이나 상황에 따라 표시가 변화하는 페이지는 동적 페이지라고 하며 현재 웹 사이트의 주류이다

>> 웹 사이트의 안쪽①
HTTP 요청

HTTP 프로토콜의 개요 //

우리가 무심코 입력하고 있는 「http」는 통신 프로토콜의 일종으로 이른바 TCP/IP 프로토콜의 일부입니다. 먼저 HTTP 프로토콜의 개요에 대해서 설명합니다.

전화와 비교해서 생각해 봅시다. 전화에 의한 통신에서는 전화번호를 지정하지만, HTTP에서는 유일한 URL을 상대로 지정해서 통신을 합니다. 또한, 전화에서는 한 번 상대에게 접속했으면 끊을 때까지 데이터를 주고받지만, HTTP에서는 1회마다 상대와의 주고받기를 완결시키는 **스테이트리스**(Stateless)라는 특징이 있습니다(그림 2-11).

브라우저로부터의 요청 //

1-3절에서 설명한 것처럼 HTTP를 이용해서 웹 페이지를 열람할 때는 웹 페이지에 데이터를 요구해서 응답을 얻는데, 조금 더 자세히 정리하면 HTTP 메시지 내에서 **HTTP 요청**과 응답이 실행됩니다. 이것들이 1대1 관계로 스테이트리스라는 특징이 담보되어 있습니다.

이 HTTP 요청에는 여러 가지가 있는데 대표적인 예로 GET 및 POST 등이 있습니다. 이것들은 **HTTP 메서드**라고 합니다(그림 2-12). 브라우저로부터 웹 서버에 어떠한 요청을 보낼지를 메서드로 나타냅니다. 정리하면 다음과 같습니다.

HTTP 프로토콜 > HTTP 메시지 > HTTP 요청 > GET이나 POST 등의 HTTP 메서드

20~25년 전에는 POST 메서드가 웹 사이트를 리드하고 있었기 때문에, 오래된 웹 관련 도서 등에서는 '반드시'라고 해도 될만큼 위와 같은 설명이 있었습니다.

그림 2-11 HTTP 프로토콜의 특징

상대의 전화 번호 02-3XXX-XXXX를 지정

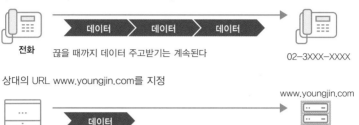

전화   끊을 때까지 데이터 주고받기는 계속된다   02-3XXX-XXXX

상대의 URL www.youngjin.com를 지정

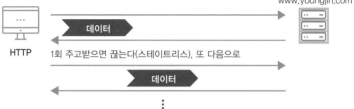

HTTP   1회 주고받으면 끊는다(스테이트리스), 또 다음으로

그림 2-12 HTTP 요청의 메서드 – GET과 POST의 예

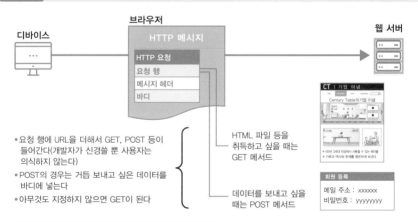

• 요청 행에 URL을 더해서 GET, POST 등이 들어간다(개발자가 신경쓸 뿐 사용자는 의식하지 않는다)
• POST의 경우는 거듭 보내고 싶은 데이터를 바디에 넣는다
• 아무것도 지정하지 않으면 GET이 된다

HTML 파일 등을 취득하고 싶을 때는 GET 메서드

데이터를 보내고 싶을 때는 POST 메서드

HTTP 메서드의 예	개요
GET	HTML 파일이나 이미지 등의 데이터 취득
HEAD	일시나 데이터 크기 등의 헤더 정보만을 취득
POST	데이터를 보내고 싶을 때 이용
PUT	파일을 송신하고 싶을 때 이용
CONNECT	다른 서버 경유로 통신

메시지 헤더에는 다음의 정보 등이 포함되어 있다
• 브라우저의 정보 등(User-Agent)
• 어떤 페이지로부터 오는가(Referer)
• 갱신의 유무(Modefied/None)
• Cookie(2-13절에서 설명)
• 수취 희망(Accept)

Point

✔ HTTP는 통신 프로토콜의 일종으로 하나의 URL을 상대로 데이터를 주고받는다
✔ HTTP 요청에는 GET 및 POST 등의 메서드가 있다

» 웹 사이트의 안쪽②
HTTP 응답

요청에 대한 응답

HTTP 요청으로 받은 브라우저로부터의 요구에 대해 웹 서버는 응답합니다. 이를 HTTP 요청에 대한 **HTTP 응답**이라고 합니다.

HTTP 응답도 HTTP 요청을 뒤집어 놓은 것처럼 주로 응답 행, 메시지 헤더, 바디로부터 구성되어 있습니다(그림 2-13).

응답 행에는 요청을 보낸 상대측의 웹 서버의 정보 및 요청이 어떻게 처리되었는지 여부를 나타내는 **스테이터스 코드**가 포함됩니다.

스테이터스 코드의 개요

스테이터스 코드는 그림 2-13과 같이 200의 OK가 표시되면 성공입니다.

스테이터스 코드 200은 요청이 정상적으로 처리되었음을 나타내기 때문입니다. 그러나 성공했을 경우는 브라우저에서 적절하게 페이지가 표시되므로 스테이터스 코드의 200이 보이는 것은 아닙니다.

개발자가 아니더라도 스테이터스 코드를 이해하고 있으면「왜 이 페이지에 접근할 수 없는 것인지」의 이유를 알 수 있습니다.

스테이터스 코드는 그림 2-14처럼 100부터 500번대까지 여러 가지가 있습니다.

그중에서도 우리가 브라우저에서 실제로 많이 보는 것은 404 에러 표시입니다. 404는 요청에 문제가 있어서 정상적으로 처리할 수 없다는 걸 나타내는 코드입니다. 주로 URL 입력 실수나 링크가 바뀌었을 때 등 요청 페이지를 찾을 수 없을 때 표시됩니다.

400번대는 보려고 하는 쪽이나 URL에 문제가 있으며, 500번대는 서버 측에 문제가 있다고 기억해 두면 좋을 것입니다.

이어서 개발자 도구에서 실제 메시지나 메서드를 확인해봅시다.

그림 2-13   HTTP 응답의 개요

디바이스

브라우저

HTTP 메시지

HTTP 응답

- 응답 행
- 메시지 헤더
- 바디

웹 서버의 정보
예 : server nginx

스테이터스 코드
예 : 200 ok

웹 서버

- HTTP 응답에 대해서는 개발자가 아니어도 관심이 있는 분은 확인해 보는 것을 권함

- 익숙해지면 접근하고 있는 서버나 신규 등록한 비밀번호는 무엇이었는지 등도 확인할 수 있다

그림 2-14   주요 스테이터스 코드

- 스테이터스 코드의 상세는 개발자 도구에서 확인할 수 있다
- 브라우저에서 실제로 보는 것은 Not Found 404나 Forbidden 403이 많지만 드물게 50x나 30x를 볼 가능성도 있다

브라우저

404 Not Found

- 결코 보고 싶은 메시지는 아니지만 URL 입력 실수나 링크가 바뀌었거나 등의 이유로 404 화면을 보기도 한다
- 403은 인증 실패

스테이터스 코드	개요
100	추가 정보가 있음을 나타낸다
200	요청이 정상적으로 처리되었음을 나타낸다
301, 302 등	요청처의 이동이나 다른 장소로의 요청을 나타낸다
403, 404 등	• 요청처를 찾을 수 없어 처리할 수 없음을 알린다 • 400으로 요청이 올바르지 않다고 알리는 경우도 있다
500, 503 등	서버 측의 문제로 처리할 수 없음을 알린다 (서버 자체의 오류나 접근에 의한 부하 등)

Point

✔ HTTP 응답으로는 웹 서버의 정보나 요청이 정상적으로 처리되었는지 여부 등을 알 수 있다

✔ 스테이터스 코드를 알면 브라우저에 표시된 오류의 이유를 알 수 있다

» HTTP 메시지를 확인한다

Google Chrome의 예

2-6과 2-7절을 바탕으로 실제 HTTP의 요청 및 응답 등을 살펴봅시다. 브라우저의 **개발자 도구**에서 확인할 수 있습니다. 여기에서는 Google Chrome 화면을 예로 들겠습니다.

영진닷컴 웹 사이트 톱 페이지를 보았을 때, 처음에 브라우저가 어떤 요청을 보내고 있는지 확인합니다.

그림 2-15에서는 URL을 입력하거나 링크에서 페이지 열람을 하고 있을 뿐이므로 메서드는 GET입니다. Status Code의 200 OK는 요청이 제대로 처리되고 있다=올바르게 보이고 있다는 상태를 나타냅니다. 더 아래로 이동하면 응답도 알 수 있어서 웹 서버의 개요를 확인할 수도 있습니다.

응답 시간의 중요성

계속해서 그림 2-16에서 POST의 예를 봅시다. youngjin.com 톱 페이지의 오른쪽 위의 버튼에 링크된 신규 회원 등록 페이지입니다.

Reuquest Method는 POST입니다. 아래로 스크롤해 가면 POST로 실제 보낸 데이터를 확인할 수 있습니다.

브라우저의 개발자 도구는 Chrome이 아니더라도 대체로 비슷한 항목을 보여줍니다. 개발자가 아니어도 알고 있으면 편리한 점이 많기 때문에 이 **도구의 존재를 기억해 둡시다**. 개발자는 요청과 응답에 더해서 뒤에서 설명할 반응형 대응이나 브레이크 포인트 확인 등에도 이용합니다.

웹 사이트 운영자나 개발자의 입장에서 가장 신경 쓰이는 항목의 하나로 상부에 표시되는 응답 시간이 있습니다. 그림 2-15의 톱 페이지의 예에서는 여러 장의 이미지 등으로 인해 꽤 시간이 걸립니다. 이미지가 많은 페이지는 느리다고 실제로 느껴질 정도로 모든 요소가 표시될 때까지 시간이 걸립니다.

그림 2-15 페이지의 열람 예(GET 메서드)

개발자 도구에서 요청과
응답을 확인

Windows의 경우는 오른쪽 위의 「⋮」을 클릭하고,
• 그 밖의 도구
• 개발자 도구를 선택

Network 태그를 선택하고
• Youngjin을 열고 혹은 열려 있으면 리로드한다
• Name 목록으로부터 「www.youngjin.com」을 선택
• Headers 탭
을 선택하면

Request Method : GET
Status Code : 200 OK
인 것을 알 수 있다

Server는
Microsoft—IIS/8.5 인 것도 알 수 있다

그림 2-16 회원 등록 페이지의 예(POST 메서드)

회원 등록 페이지에서의 입력을 개발자 도구에서 확인

• 메일 주소
(부적절한 내용)
• 비밀번호를 입력

Request Method : POST
Status Code : 200 OK
인 것을 알 수 있다

입력된 데이터는 부적절하지만 요청과 응답은
적절히 처리되어 있으므로 OK로

입력 · 송신 데이터를 개발자 도구에서 확인

응답이 좋지 않은 경우에는 화면 구현,
서버, 네트워크 등의 여러 가지 원인이
있으므로 무엇이 원인인지를 정확하게
파악하는 것이 개발자에게 요구된다

Date: Mon, 19 Oct 2020 11:52:59 GMT
expires: -1
pragma: no-cache
Server: nginx

Form Date에서 데이터를
확인할 수 있다

Point

✔ 브라우저에 구현되어 있는 개발자용 도구의 존재를 기억해 둔다
✔ 개발자 도구를 보는 방법을 알아 둔다

2-9 CGI

≫ 프로그램의 실행

동적 페이지의 트리거 //

HTTP에서는 브라우저로부터의 요청에 따라 웹 서버로부터의 응답이 실행되는 것을 설명했습니다. 그중에서도 동적 페이지에서는 데이터의 입력 → 처리의 실행 →결과의 출력·표시합니다. 이러한 일련의 프로세스의 게이트웨이이며 트리거가 되는 구조를 **CGI**(Common Gateway Interface)라고 합니다.

데이터를 입력하고 처리를 요구하는 경우, 브라우저 측에서는 입력된 데이터를 보낼 때에 웹 서버에 있는 CGI 프로그램을 동시에 호출합니다. 개발자의 관점으로 보면 HTML 파일 등에 실행하는 CGI 파일명을 미리 넣어둡니다. 그리고 그림 2-17처럼 CGI 프로그램이 기점이 되어 처리를 실행하고 결과 출력도 이뤄집니다.

그림 2-17은 2-6절에서 설명한 HTTP 요청의 메서드 중에서 POST의 예를 나타냅니다.

CGI의 쓰임새 //

CGI는 정적 페이지가 다수였던 시대에 어떻게 동적인 페이지를 구현할지를 생각해 만들어진 구조입니다. 실제로는 그림 2-18의 환경 변수처럼 세세한 사양이 정의되어 있습니다. 웹 서버라면 기본적으로는 CGI에 대응합니다.

그러나 CGI에서는 1회 1회 다른 프로그램의 실행이나 파일의 오픈, 클로즈 등을 필요로 하므로 다수의 사용자를 상대로 하는 대규모 웹 사이트 처리에는 적합하지 않을 수도 있습니다.

CGI는 서버 측에서 요청을 받아 프로그램이 실행되며, 동적인 결과를 되돌리는 전형적인 예의 하나이지만 현재는 CGI 이외에도 동일한 기능을 실현할 수 있는 언어와 방법이 수도 없이 많습니다. 그중 유명한 것으로는 Ruby와 Python 등을 들 수 있습니다.

그림 2-17 **CGI의 역할**

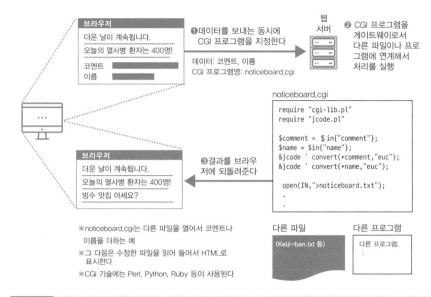

브라우저

더운 날이 계속됩니다.

오늘의 열사병 환자는 400명!

코멘트

이름

❶데이터를 보내는 동시에
CGI 프로그램을 지정한다

데이터: 코멘트, 이름
CGI 프로그램명: noticeboard.cgi

웹
서버

❷ CGI 프로그램을
게이트웨이로서
다른 파일이나 프로
그램에 연계해서
처리를 실행

noticeboard.cgi

```
require "cgi-lib.pl"
require "jcode.pl"

$comment = $ in{"comment"};
$name = $in{"name"};
&jcode ' convert(*comment,"euc");
&jcode ' convert(*name,"euc");

 open(IN,">noticeboard.txt");
 .
 .
```

브라우저

더운 날이 계속됩니다.

오늘의 열사병 환자는 400명!

빙수 맛집 아세요?

❸결과를 브라우
저에 되돌려준다

※noticeboard.cgi는 다른 파일을 열어서 코멘트나
이름을 더하는 예

※그 다음은 수정한 파일을 읽어 들어서 HTML로
표시한다

※CGI 기술에는 Perl, Python, Ruby 등이 사용된다

다른 파일

(Keiji-ban.txt 등)

다른 프로그램

다른 프로그램;
:

그림 2-18 **CGI 환경 변수의 예**

- CGI는 미국의 연구 기관인 NCSA(National Center for Supercomputing Applications) 등에서 정의되어 왔으므로 실제로는 세세한 사양이 있다.
- 일례로 환경 변수를 보면 필요한 것이 제대로 정의되어 있는 것을 알 수 있다
- CGI 프로그램이 브라우저를 통해 호출될 때 발생하는 다양한 정보가 환경 변수에 대입된다
- $ENV{'환경변수명'} 등으로 필요한 정보를 꺼낼 수 있다.

환경 변수의 예	개요
REMOTE_HOST	브라우저의 사용자가 접속하고 있는 서버명
HTTP_REFERER	CGI 프로그램을 호출한 페이지의 URL
HTTP_USER_AGENT	CGI 프로그램을 호출한 브라우저의 정보
QUERY_STRING	GET 메서드인 데이터를 보내는 경우의 데이터
REMOTE_HOST	브라우저의 사용자가 접속하고 있는 서버명
REQUEST_METHOD	POST나 GET이 들어온다
SERVER_NAME	CGI 프로그램을 실행하고 있는 웹 서버의 호스트명 및 IP 주소
SERVER_PROTOCOL	HTTP 버전

Point

✔ 동적 페이지에서 패턴화되어 있는 타입은 CGI가 이용되는 경우도 많다

✔ 다수의 사용자를 다루는 웹 시스템 등에서는 다른 구조가 이용된다

» 클라이언트와 서버를 나누는 사고방식

웹 개발에 사용하는 고유의 기술

2-9절의 CGI도 그렇지만 동적인 처리를 실행하기 위해서는 HTML처럼 표시를 지정하는 **마크업 언어**가 아닌 처리를 실행하는 스크립트 언어를 이용해서 웹 시스템을 개발합니다. 그때 클라이언트 측에서 동작시키는 클라이언트 측의 스크립트를 바탕으로 한 기술과 서버 측에서 동작시키는 기술이 있습니다.

이제부터 설명하는 웹 시스템을 중심으로 발전해 온 기술은 브라우저나 인터넷을 이용하지 않는 업무 시스템 등에서 사용하지는 않습니다. 브라우저로부터 인터넷으로 웹 서버를 중심으로 한 각종 서버에 접속하거나 혹은 API 등을 이용하는 기술입니다.

먼저 클라이언트 측부터 소개를 하면 JavaScript나 TypeScript 등을 들 수 있습니다. 조금 복잡한 동작을 하는 페이지에서 이용합니다.

서버 측에서는 CGI, SSI, PHP, JSP, ASP.NET 등이 있습니다. 뒤로 가면 갈수록 난이도는 올라가지만 하고 싶은 것은 무엇이든 할 수 있습니다. JSP나 ASP.NET 등은 비교적 대규모 웹 시스템에서 사용합니다. 각각의 기술 특징 등을 그림 2-19에 간단하게 정리합니다. 물론 다른 기술도 있지만 어디까지나 최근에 사용하는 대표적인 예로서 파악해 주세요.

브라우저에서 처리를 실행할 수 있다

그림 2-19를 바탕으로 그림 2-20에 각각의 기술의 위치를 정리합니다. 왼쪽에 사용자 인터페이스에 가까운 HTML과 CSS를 두었습니다. Node.js를 이용하면 JavaScript를 서버 측에서 사용할 수 있습니다.

다양한 기술이 있지만 시스템의 규모나 구현하고 싶은 것의 난이도 및 복잡도에 따라 선택되는 웹 기술은 다릅니다.

그림 2-19 웹에서 독자적으로 사용하는 기술의 개요

	웹 독자적인 기술	특징	개발사
클라이언트 측	JavaScript	• 클라이언트 측의 대표 • 기술 형식이 HTML이나 CGI에 가까워서 이해하기 쉽다	Netscape
	TypeScript	• JavaScript와 호환성이 있으며 대규모 앱에서도 이용할 수 있다 • 이제부터 본격적으로 배우고 싶은 분에게 추천	Microsoft
서버 측	CGI(Common Gateway Interface)	• 지금도 사용하고 있는 동적 페이지의 기본 프레임워크	NCSA
	SSI(Server Side Include)	• HTML 파일에 명령어를 넣고, 간단한 동적 페이지를 작성할 수 있다 • 이전까지 방문자 카운터나 일시 표시의 표준으로 이용되었으나 현재는 사용하지 않는다	NCSA
	PHP	• HTML 파일과 궁합이 좋고, 쇼핑 사이트 등에서 폭넓게 이용되고 있다	The PHP Group
	JSP(Java Server Pages)	• Java 플랫폼이면 이쪽 • 대규모 웹 개발이라면 JSP나 ASP를 사용한다	Sun
	ASP.NET(Active Server Pages.NET)	• 마이크로소프트의 특징을 최대로 활용한 웹 시스템 프레임워크	Microsoft

• 각각의 영역에 특화된 개발용 프레임워크가 있다
• JavaScript의 예: JQuery, Vue.js, React, Angular *Angular는 구글이 개발
• CGI의 예: Catalyst(Perl)　　• JSP의 예: Struts, SeeSea(모두 Java)
• 그 밖에 Django(Python)이나 Ruby on Rails(Ruby) 등이 있다 * ( )는 프로그래밍 언어

그림 2-20 웹 독자 기술의 위치 예

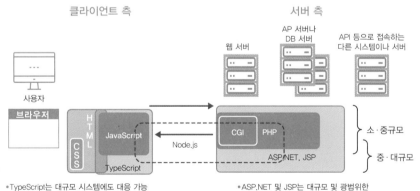

클라이언트 측　　　　　　　　　　　　　　서버 측

사용자
브라우저

사용자 / AP 서버나 DB 서버 / API 등으로 접속하는 다른 시스템이나 서버
웹 서버

HTML / CSS / JavaScript / TypeScript / Node.js / CGI / PHP / ASP.NET, JSP

소·중규모
중·대규모

• TypeScript는 대규모 시스템에도 대응 가능
• 클라이언트 측은 브라우저가 이용되지 않으면 사용되지 않는 기술
• Node.js는 서버 측에서 JavaScript의 실행 환경을 만들어 주는 플랫폼으로 JavaScript나 TypeScript가 서버 측에서 사용할 수 있게 된다

• ASP.NET 및 JSP는 대규모 및 광범위한 시스템에 대응할 수 있는 플랫폼이다.

Point

✔ 동적인 처리로 패턴화되어 있는 것은 이용하는 기술이 대체로 정해져 있다
✔ 규모의 크고 작음이나 구현하고 싶은 것의 난이도에 따라 이용하는 기술은 다르다

» 클라이언트 측의 스크립트

브라우저에서 처리를 실행할 수 있다 \\\

CGI를 비롯한 서버 측의 스크립트는 그림 2-17에서 본 것과 같이 서버 측에서 처리를 합니다. 클라이언트 측에서는 무엇을 할 수 있는지 그림 2-21의 JavaScript 예를 보세요. 사용자의 메일 주소와 비밀번호를 입력하는 예인데, 브라우저 측에서 입력된 데이터의 기본적인 체크를 하고 있습니다.

단적으로 말하면 브라우저 측에서 처리가 완결됩니다. 여기서는 간단한 예이므로 입력 항목이 공백, 필수인 문자열 유무 체크 등을 하고 있는데 JavaScript로 서버 통신 없이 처리합니다.

그림 2-17의 CGI의 예와도 비교해서 보면 구현하고 싶은 기능에 따라 어느 곳에서 처리하는 것이 적절한지 알 수 있습니다.

JavaScript와 TypeScript, ASP.NET의 원형 \\\

JavaScript는 1990년대부터 현재에 이르기까지 계속 사용되고 있습니다.

그에 반해 TypeScript는 마이크로소프트가 2010년대 초반에 발표한 비교적 새로운 프로그래밍 언어입니다. 물론 JavaScript와 호환성을 갖고 있으면서 기능이 강화된 사양으로 되어 있고, 더불어 업계에서 영향력이 큰 구글도 이용을 권장한다는 점에서 향후 성장이 예상됩니다.

ASP.NET은 마이크로소프트가 자랑하는 인터넷을 이용하는 시스템 개발의 플랫폼이지만 그 원형은 1990년 후반에 탄생한 ASP(Active Server Pages)에 있습니다. 그림 2-22에 당시를 재현하고 있는데, 오래된 웹 앱의 경우에는 이러한 소프트웨어의 이름이 나오기도 하므로 참고하기 바랍니다.

그림 2-21 JavaScript의 예

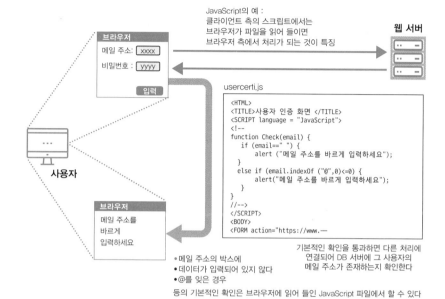

JavaScript의 예 :
클라이언트 측의 스크립트에서는
브라우저가 파일을 읽어 들이면
브라우저 측에서 처리가 되는 것이 특징

웹 서버

브라우저

메일 주소: xxxx

비밀번호 : yyyy

입력

사용자

브라우저

메일 주소를
바르게
입력하세요

usercerti.js

```
<HTML>
<TITLE>사용자 인증 화면 </TITLE>
<SCRIPT language = "JavaScript">
<!--
function Check(email) {
    if (email==" ") {
        alert ("메일 주소를 바르게 입력하세요");
    }
    else if (email.indexOf ("@",0)<=0) {
        alert("메일 주소를 바르게 입력하세요");
    }
}
//-->
</SCRIPT>
<BODY>
<FORM action="https://www.——
```

기본적인 확인을 통과하면 다른 처리에
연결되어 DB 서버에 그 사용자의
메일 주소가 존재하는지 확인한다

• 메일 주소의 박스에
• 데이터가 입력되어 있지 않다
• @를 잊은 경우
등의 기본적인 확인은 브라우저에 읽어 들인 JavaScript 파일에서 할 수 있다

• JavaScript는 8-5절의 설명처럼 동적 화면이나 통신 처리의 제어에서도
사용되고 있다

그림 2-22 1990년대 후반 마이크로소프트의 ASP 개요

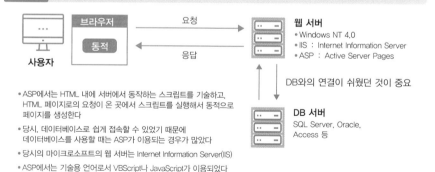

브라우저

동적

사용자

요청

응답

웹 서버
• Windows NT 4.0
• IIS : Internet Information Server
• ASP : Active Server Pages

DB와의 연결이 쉬웠던 것이 중요

DB 서버
SQL Server, Oracle,
Access 등

• ASP에서는 HTML 내에 서버에서 동작하는 스크립트를 기술하고,
HTML 페이지로의 요청이 온 곳에서 스크립트를 실행해서 동적으로
페이지를 생성한다
• 당시, 데이터베이스로 쉽게 접속할 수 있었기 때문에
데이터베이스를 사용할 때는 ASP가 이용되는 경우가 많았다
• 당시의 마이크로소프트의 웹 서버는 Internet Information Server(IIS)
• ASP에서는 기술용 언어로서 VBScript나 JavaScript가 이용되었다

Point

✔ 브라우저에서 JavaScript로 다양한 처리를 할 수 있다
✔ TypeScript는 앞으로 이용의 확대가 예상된다

≫ 서버 측의 스크립트

PHP와 CMS의 관계

PHP는 서버 측의 기술 중에서도 가장 중요한 존재입니다. 그 이유는 **CMS**(Content Management System: **콘텐츠 관리 시스템**)라는 웹 사이트의 패키지 소프트에서 많이 사용되기 때문입니다(그림 2-23).

CMS로 유명한 WordPress나 EC(이커머스)에 특화된 EC-CUBE 등도 기본적인 부분은 HTML과 PHP로 되어 있어 전문적인 프로그래밍 지식이 없어도 보기 좋은 사이트나 블로그를 단기간에 간단하게 작성할 수 있습니다. 현재는 대기업이나 준대기업 등의 유명한 상품이나 서비스를 제공하는 기업의 과반수가 CMS를 이용하고 있다고 합니다. 그 CMS들의 내부는 대량의 PHP 파일로 구성되어 있습니다. 따라서 PHP는 제로 상태부터 웹 사이트를 만들기 위해서 배우기보다는 기존의 뛰어난 패키지에 독자적인 수정(커스터마이즈)을 가할 수 있도록 배운다고 생각하는 편이 이해하기 쉬울지도 모르겠습니다.

PHP의 이용 예

PHP는 서버 사이드에서 동작하지만 HTML의 기술에 PHP를 넣어서 사용할 수 있으므로 비교적 간단하게 코드를 사용할 수 있습니다. 또한, 그림 2-21처럼 기본적인 데이터 확인을 끝낸 후에 그림 2-24처럼 PHP가 데이터베이스에 질의해서 결과를 반환하는 등과 같은 처리에도 적합합니다.

앞에서 PHP는 수정을 할 수 있어 좋다고 했는데, 예를 들어 그림 2-24에서는 앞의 파일을 받아 user_register_check라는 PHP 파일이 데이터베이스를 검색하고 있습니다. 이렇게 어떤 PHP 파일이 어떤 처리를 담당하고 있는지 구체적으로 조작하는 변수 등을 처리 전후의 관계와 함께 이해하는 것이 핵심입니다. 특히 CMS의 이용 중 결과나 변수의 표시 등을 커스터마이즈하고 싶은 경우가 매우 많으므로 기억해 두세요.

그림 2-23 CMS의 개요

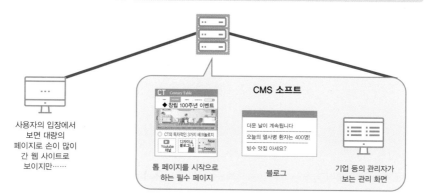

CMS 소프트

톱 페이지를 시작으로 하는 필수 페이지

블로그

기업 등의 관리자가 보는 관리 화면

사용자의 입장에서 보면 대량의 페이지로 손이 많이 간 웹 사이트로 보이지만……

- CMS에서는 기본적인 웹 페이지, 블로그, 관리 기능 등이 패키지되어 있다
- 종합적인 WordPress나 EC용의 EC-CUBE 등이 유명하고, WordPress는 CMS의 점유율에서 90%를 넘는다고도 한다
- 개인이나 소규모 사이트용에는 wix 등이 있다
- 도입하는 측은 콘텐츠와 웹 서버가 있으면 단기간에 웹 사이트를 개설할 수 있다
- CMS의 대부분은 PHP 파일로 구성되어 있다

그림 2-24 PHP의 이용 예

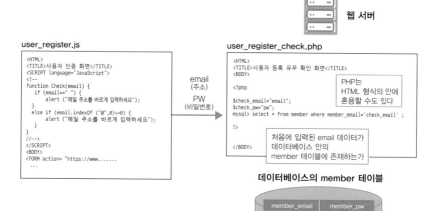

웹 서버

user_register.js

```
<HTML>
<TITLE>사용자 인증 화면</TITLE>
<SCRIPT language="JavaScript">
<!--
function Check(email) {
    if (email=="") {
        alert ("메일 주소를 바르게 입력하세요");
    }
    else if (email.indexOf ("@",0)<=0) {
        alert ("메일 주소를 바르게 입력하세요");
    }
}
//-->
</SCRIPT>
<BODY>
<FORM action= "https://www.......
    ...
```

email
(주소)
PW
(비밀번호)

user_register_check.php

```
<HTML>
<TITLE>사용자 등록 유무 확인 화면</TITLE>
<BODY>

<?php

$check_email="email";
$check_pw="pw";
mysql> select * from member where member_email='check_email' ;

?>

</BODY>
```

PHP는 HTML 형식의 안에 혼용할 수도 있다

처음에 입력된 email 데이터가 데이터베이스 안의 member 테이블에 존재하는가

데이터베이스의 member 테이블

member_email	member_pw

Point

✔ PHP는 서버 측에서 자주 사용되는 기술이다

✔ PHP는 CMS를 구성하는 파일군 안에서도 큰 비중을 차지하고 있다

≫ 재접속을 지원하는 구조

편리한 구조이지만...

2-6절에서 HTTP는 기본적으로 1회 1회의 주고받기로 끊어지는 스테이트리스한 구조라고 설명했습니다. 기본적으로는 그렇지만 재접속을 지원하기 위한 기능도 구현되어 있습니다.

통칭 Cookie라는 기능입니다. 징식 명칭은 HTTP Cookie인데, 웹 서버가 브라우저에 대한 HTTP 응답 안에 Cookie를 포함해서 송신합니다.

브라우저가 Cookie를 보내온 웹 서버에 다시 접근하면 웹 서버는 Cookie를 읽어들이고 「방금 전의 분(브라우저)」 혹은 「그 전의 분」, 또는 「어떤 사이트로부터 소개된 분」과 같이 처음 사용자와는 다른 대응을 합니다(그림 2-25).

이용을 할 때는 브라우저 측에서 Cookie를 포함한 통신을 허용하는 설정을 해야 합니다. Cookie는 쇼핑 사이트 등에서 편리해지는 반면, 집요한 느낌의 상품 광고가 따라 다니거나 악의가 있는 제삼자에게 간파된 경우 위장의 위험성 등도 있을 수 있기 때문에 주의를 해야 합니다.

브라우저에서의 확인

Cookie는 유효 기한을 설정하지 않으면 브라우저를 닫았을 때 삭제됩니다. 유효 기한을 설정한 경우에는 일정 기간 남을 수 있습니다. 업체 측에서는 웹 사이트의 접근이나 상품·서비스의 마케팅 등의 다양한 상황에서 이용되기에 웹 서버 측에서 보안 대응이나 개인 정보 보호에 관심을 기울여야 합니다. Cookie는 그림 2-26처럼 브라우저에서 간단하게 확인할 수도 있습니다. 물론 개발자 도구에서 볼 수 있으므로 사용하는 브라우저 등에서 확인해 보세요. 그림 2-26에서 이 구조의 대단함과 일종의 무서움을 엿볼 수 있습니다.

그림 2-25 **쇼핑 사이트 접속의 예**

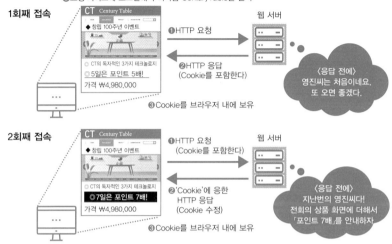

❶쇼핑 사이트에 로그인해서 이따금 CenturyTable을 본다

1회째 접속

❶HTTP 요청

❷HTTP 응답
(Cookie를 포함한다)

❸Cookie를 브라우저 내에 보유

웹 서버

〈응답 전에〉
영진씨는 처음이네요.
또 오면 좋겠다.

2회째 접속

❶HTTP 요청
(Cookie를 포함한다)

❷'Cookie'에 응한
HTTP 응답
(Cookie 수정)

❸Cookie를 브라우저 내에 보유

웹 서버

〈응답 전에〉
지난번의 영진씨다!
전회의 상품 화면에 더해서
「포인트 7배」를 안내하자.

※사용자의 입장에서는 적당한 타이밍에 Cookie를 삭제하는 것이 좋다

그림 2-26 **Cookie 확인의 예**

브라우저에서의 Cookie 확인

• Windows의 Chrome은 오른쪽 위를 클릭→
설정→보안 및 개인 정보 보호→쿠키 및 기타
사이트 데이터 순으로 선택한다

• 이 예에서는 아니지만 shop.youngjin.com의
열람에 관계없이 Amazon이나 Facebook 등
의 Cookie가 들어 있는 경우가 있다. 웹 마케
팅에서는 자주 있는 일

개발자 도구에서의 Cookie 확인

• Application 탭
• Storage 페인
• Cookies
순으로 클릭한다.
여러 개의 Cookie가
나열되어 있다

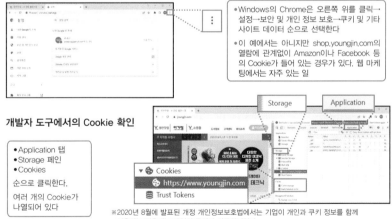

※2020년 8월에 발표된 개정 개인정보보호법에서는 기업이 개인과 쿠키 정보를 함께
이용하는 경우에는 개인의 동의가 의무화되었다

Point

✔ 브라우저와 웹 서버 사이에서는 재접속을 지원하는 기능도 구현되어 있다

✔ Cookie는 브라우저에서 확인할 수 있으므로 적절히 확인하는 것이 좋다

≫ 일련의 처리 시작부터 종료까지의 관리

서버 측에서 접속 흐름을 관리하는 구조 //

2-13절에서는 Cookie에 대해 설명했습니다. Cookie가 있어서 스테이트리스로 1회 1회 끊어져 버리는 HTTP의 재접속을 지원해 주는데, 서버나 웹 앱 측에서는 **세션** (Session)으로 관리합니다.

세션은 단적으로는 치리의 시작부디 종료끼지를 의미힙니다. 웹 시스템 개발의 관점에서는 여러 개의 웹 페이지나 애플리케이션을 연계하기 위해서 서버에 정보를 저장하고 브라우저와 주고받기를 하는 구조입니다.

실제로는 Cookie 안에 일련의 처리를 나타내는 유일한 **세션 ID**를 포함하는 형태로 브라우저와 서버의 통신이 진행됩니다(그림 2-27). 사용자의 입장에서는 쇼핑 사이트와 다른 사이트 등을 번갈아가며 열람해도 장바구니에는 선택한 상품이 들어 있는 등 일상에서 이미 체험하고 있는 기술입니다.

세션을 유일하게 나타내는 ID //

세션은 서버 측에서 관리되기 때문에 브라우저로부터의 접근이 있었을 때 서버 측에서 세션 시작을 선언하는 것으로부터 시작됩니다. 세션 ID는 Cookie를 통해 주고받는데 만일 다른 사용자에게 세션 ID를 빼앗겨도 문제가 발생하지 않도록 의미를 갖지 않는 영숫자의 나열 등으로 생성됩니다. 세션 ID와 사용자의 쇼핑 상황 등은 서버 내 데이터베이스에서 연동되어 있습니다.

세션 관리는 현재의 웹 시스템에서는 가로 1회 1회의 주고받기를 세로 방향으로 꿰어서 정리해 주는 것 같은 기본적이며 중요한 기능입니다. 한편, 세션 관리 그 자체는 패턴화된 처리이기 때문에 실제 개발에서는 프레임워크를 많이 이용합니다.

그림 2-27 세션의 개요

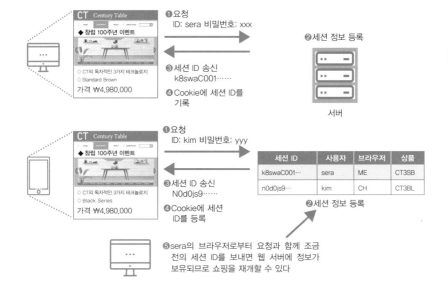

❶요청
ID: sera 비밀번호: xxx

❷세션 정보 등록

❸세션 ID 송신
k8swaC001……

❹Cookie에 세션 ID를 기록

서버

❶요청
ID: kim 비밀번호: yyy

❸세션 ID 송신
N0d0js9……

❹Cookie에 세션 ID를 등록

세션 ID	사용자	브라우저	상품
k8swaC001…	sera	ME	CT3SB
n0d0js9…	kim	CH	CT3BL

❷세션 정보 등록

❺sera의 브라우저로부터 요청과 함께 조금 전의 세션 ID를 보내면 웹 서버에 정보가 보유되므로 쇼핑을 재개할 수 있다

그림 2-28 세션 시작과 세션 ID의 예

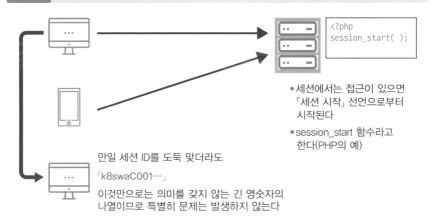

```
<?php
session_start( );
```

• 세션에서는 접근이 있으면 「세션 시작」 선언으로부터 시작된다

• session_start 함수라고 한다(PHP의 예)

만일 세션 ID를 도둑 맞더라도

「k8swaC001…」

이것만으로는 의미를 갖지 않는 긴 영숫자의 나열이므로 특별히 문제는 발생하지 않는다

Point

✔ 서버 측에서는 브라우저와 서버 간에 발생하는 일련의 처리를 세션 ID로 유일하게 관리한다

✔ 세션 ID 자체는 의미를 갖지 않는 영숫자의 나열로 생성된다

해 보자

HTML과 CSS

제2장에서는 HTML과 CSS에 관해 설명했습니다. HTML5 이후인 현재의 웹 페이지에서는 HTML에서 내용이나 문장의 구성을 정의하고, CSS에서 보이는 부분이나 페이지의 디자인을 정의하는 것이 기본입니다.

HTML과 CSS 모두 Windows 액세서리의 메모장, 에디터, Word 등에서 작성할 수 있으므로 그림 2-8을 참고로 해시 실제로 적어 봅시다.

그림 2-8에서는 3개의 HTML 파일에 CSS 파일 하나만 준비했었습니다. 여기에서는 CSS에 의한 차이를 보기 위해서 2개의 HTML 파일과 2개의 CSS 파일을 준비합니다.

CSS에 의한 차이의 예

거의 같은 형식의 2개의 html 파일과 다른 정의의 2개의 CSS 파일로 간단하게 코드를 적어보세요. 예는 다음과 같습니다. 각각의 확장자를 .html과 .css로 하여 같은 폴더 안에 저장합니다.

회사 개요와 채용 안내 html		배경색과 표제를 바꾼 각각의 CSS	

여기에서는 2×2의 예이므로 HTML 파일의 안에서 디자인을 정의해도 문제는 없지만 페이지 수가 많고, 디자인 패턴이 많고, 변경 가능성이 있는 경우에는 CSS의 편리함이 체감됩니다.

웹을 지탱하는 구조

웹을 둘러싼 기능과 서버의 구축

Web Technology

웹 전체를 지탱하는 구조

웹과 메일 서버 및 기능

1-10절에서 설명한 『정보 통신 백서』에서의 조사를 참고하면 「인터넷 = 웹 + 메일」이라고 생각할 수 있습니다. 이 절에서는 이 사고방식을 바탕으로 **웹 서버를 둘러싸는 서버** 및 시스템을 중심으로 다시 정리합니다.

그림 3-1에서는 웹과 메일에 관련된 서버 및 시스템의 기능을 각각 고유한 기능과 양쪽에 공통적으로 이용되는 기능으로 분류합니다.

웹 서버와 FTP 서버, 양쪽에 공통인 DNS, Proxy, SSL 서버, 메일에 고유한 SMTP나 POP3 서버 등이 있습니다. 여기서는 개요로서 나타내고 있으므로 웹 서버의 뒤에 있는 AP 서버나 DB 서버는 제외합니다. 이러한 서버 및 기능은 사용자가 적으면 1대의 서버에 전부를 넣을 수도 있습니다.

웹 서버까지의 루트

계속해서 기업이나 단체의 네트워크에 있는 사용자가 내부의 네트워크로부터 웹 서버를 보러 갈 때의 등장인물(서버 및 기능)을 확인해 둡니다.

그림 3-2에서는 기업 및 단체의 네트워크지만 ISP와 계약한 개인 사용자들도 거의 비슷합니다. 이 그림에서는 사용자의 PC에서 DNS 및 Proxy 서버 등을 거쳐 원하는 웹 서버의 네트워크로 갑니다. 통신 프로토콜은 3-2절에서 설명하는 TCP/IP가 이용됩니다.

웹 기술의 관점에서는 웹 서버가 가장 중요하며 각각의 서버 및 기능이 어떻게 연결되어 있는지를 알아야 합니다.

이제 각각의 기능을 확인해 봅시다.

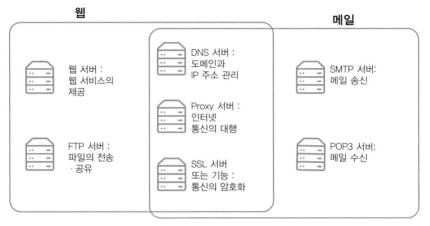

그림 3-1 웹과 메일 서버

웹

메일

웹 서버 :
웹 서비스의
제공

DNS 서버 :
도메인과
IP 주소 관리

SMTP 서버:
메일 송신

FTP 서버 :
파일의 전송
·공유

Proxy 서버 :
인터넷
통신의 대행

POP3 서버:
메일 수신

SSL 서버
또는 기능 :
통신의 암호화

DNS, Proxy, SSL 서버는 메일과
인터넷의 양쪽을 지원한다

그림 3-2 웹 서버까지의 루트

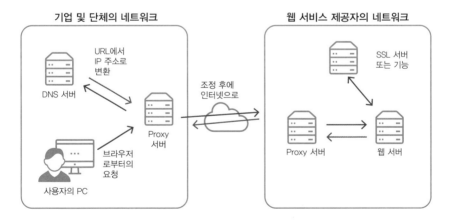

기업 및 단체의 네트워크

웹 서비스 제공자의 네트워크

URL에서
IP 주소로
변환

DNS 서버

SSL 서버
또는 기능

조정 후에
인터넷으로

Proxy
서버

브라우저
로부터의
요청

사용자의 PC

Proxy 서버

웹 서버

Point

✔ 웹을 둘러싸는 서버 및 기능으로 FTP, DNS, Proxy, SSL, SMTP, POP3 서버 등이 있다

✔ 사용자가 웹 서버에 도달하기까지는 다른 서버 및 기능을 경유한다

≫ 웹 접속의 기본

TCP/IP의 개요

PC나 스마트폰 등의 디바이스와 웹 서버 사이에서는 지금까지 설명한 **TCP/IP 프로토콜**이 이용됩니다. IP 주소는 그중에서 핵심적인 역할을 담당합니다. 프로토콜은 IT 용어로는 통신 순서인데, 원래는 옛날의 전쟁에서 이용되었던 봉화와 외교 의례의 규칙을 나타내는 말입니다.

현재의 정보 시스템에서는 그림 3-3과 같이 4단계로 나타낼 수 있는 TCP/IP 프로토콜이 주류입니다. 디바이스와 서버 애플리케이션 사이에서는 송수신의 순서나 데이터 형식을 정해야 합니다. 그러한 예로 HTTP, 메일의 SMTP, POP3 등이 있는데, 이를 애플리케이션 층의 프로토콜이라고 합니다.

서로 어떻게 데이터를 주고받을지는 애플리케이션 층에서 정하지만, 이어서 상대에게 데이터를 전달하는 것이 트랜스포트 층의 역할입니다. 트랜스포트 층에서는 2개의 프로토콜이 있습니다. 데이터를 전송할 때마다 송신처와 데이터를 명시하는 TCP 프로토콜과 전화처럼 한번 상대에게 접속하면 끊을 때까지 송신처를 의식하지 않고 계속 주고받기를 하는 UDP 프로토콜이 있습니다.

데이터 주고받기의 결정, 송신/수신, 다음 코스는 인터넷 층이며 IP 주소를 사용해서 목적지가 정해집니다.

목적지가 정해지면 마지막은 물리적인 통신으로 무선 Wi-Fi, 유선 LAN, Bluetooth 등 네트워크 인터페이스 층입니다.

데이터의 캡슐화

데이터는 이러한 4계층을 디바이스로부터 목적지를 향해서 그림 3-4처럼 왼쪽에서 오른쪽으로 순서대로 진행하는데, 각각의 층에서 헤더가 추가되고 캡슐화되어서 다음 층으로 진행합니다.

그림 3-3 TCP/IP의 4계층

계단을 내려가고 올라가서 상대에게 데이터를 전달한다

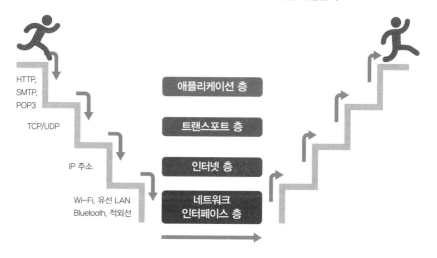

HTTP,
SMTP,
POP3

TCP/UDP

IP 주소

Wi-Fi, 유선 LAN
Bluetooth, 적외선

애플리케이션 층

트랜스포트 층

인터넷 층

네트워크
인터페이스 층

그림 3-4 데이터의 캡슐화

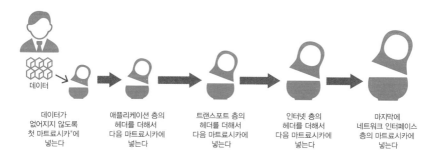

데이터

데이터가
없어지지 않도록
첫 마트료시카*에
넣는다

애플리케이션 층의
헤더를 더해서
다음 마트료시카에
넣는다

트랜스포트 층의
헤더를 더해서
다음 마트료시카에
넣는다

인터넷 층의
헤더를 더해서
다음 마트료시카에
넣는다

마지막에
네트워크 인터페이스
층의 마트료시카에
넣는다

상대의 네트워크에 들어가면 마트료시카는 하나씩 꺼내져서 마지막에 데이터로 돌아간다

※크기순으로 인형 안에 인형을 넣는 구조의 러시아 민속품인 마트료시카는 5개인 경우가 많다

Point

✔ 웹에서는 TCP/IP 프로토콜이 이용된다

✔ TCP/IP는 애플리케이션 층, 트랜스포트 층, 인터넷 층, 네트워크 인터페이스 층의 4계
층으로 구성된다

Chapter
3

웹 접속의 기본

» IP 주소와 MAC 주소의 차이

IP 주소란?

인터넷상에서는 디바이스와 웹 서버 등의 컴퓨터끼리 서로 **IP 주소**로 호출합니다.

IP 주소는 네트워크에서 **통신 상대를 식별하기 위한 번호**로 현재의 대부분인 IPv4에서는 0에서 255까지의 숫자를 점으로 구분해 4개로 나눠서 나타냅니다. 그 뒤를 잇는 IPv6의 이용도 시시히 증기히고 있습니다(그림 3-5).

네트워크 별로 정할 수 있다는 점 때문에, 예를 들어 어떤 기업 내의 서버 IP 주소와 다른 기업 서버의 IP 주소가 같을 수도 있습니다. 그러나 인터넷상에서 보이는 서버의 IP 주소는 유일한 주소로 되어 있고 1-4절에서 말했듯이 도메인명과 짝을 이룹니다.

MAC 주소의 쓰임새

IP 주소는 컴퓨터의 소프트웨어가 인식하는 네트워크상의 주소입니다. IP 주소와는 다르게 각 디바이스가 갖고 있는 **MAC 주소**는 하드웨어가 인식하는 주소입니다.

MAC 주소는 네트워크 내에서 기기를 특정하기 위한 번호로 2자리 수의 영숫자 6개를 5개의 콜론이나 하이픈으로 연결합니다. 참고로 그림 3-6처럼 접속하려는 컴퓨터의 IP 주소를 지정하는 순서를 봐 둡니다.

애플리케이션이 IP 주소를 지정하여 OS 내의 IP 주소록을 바탕으로 MAC 주소를 확인합니다. 그림 3-6의 ❹와 같이 내부의 네트워크에게 요구하는 IP 주소가 존재하지 않을 때는 인터넷 세계로 나갑니다.

웹 서버의 IP 주소가 존재하는 것은 분명하지만 그것을 보러 가는 디바이스의 IP 주소는 어떻게 되어 있을까요?

그림3-5 IP 주소의 표기 예

2진법 표기

1100 0000	1010 1000	0000 0001	0000 0001
8비트	8비트	8비트	8비트

• 8비트씩
 10진법(0부터 255)으로 변환한다
• 「.」으로 구분된다

10진법 표기

192 . 168 . 1 . 1

IPv4에서는 2의 32승 = 약 43억의 IP 주소를 이용할 수 있다

• IP 주소 「192.168.1.1」이 라우터 등의 초깃값으로 많이 이용되어서 IP 주소를 설명할 때 자주 사용한다
• IPv4의 뒤를 잇는 IPv6의 이용도 서서히 증가하고 있다
• IPv6에서는 2의 128승의 IP 주소를 이용할 수 있다
• IoT 시스템의 도입이 진행되어 각종 센서 및 디바이스의 인터넷 접속이 진행되면 IPv4에서는 IP 주소가 고갈되어 IPv6으로 전환이 진행될 수도 있다

그림3-6 하나씩 진행, IP를 찾을 수 없으면 인터넷으로

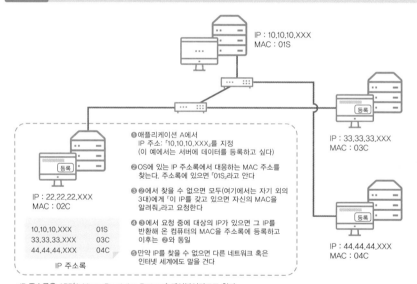

● 애플리케이션 A에서
 IP 주소: 「10.10.10.XXX」를 지정
 (이 예에서는 서버에 데이터를 등록하고 싶다)

❷ OS에 있는 IP 주소록에서 대응하는 MAC 주소를 찾는다. 주소록에 있으면 「01S」라고 안다

❸ ❷에서 찾을 수 없으면 모두(여기에서는 자기 외의 3대)에게 「이 IP를 갖고 있으면 자신의 MAC을 알려줘」라고 요청한다

❹ ❸에서 요청 중에 대상의 IP가 있으면 그 IP를 반환해 온 컴퓨터의 MAC을 주소록에 등록하고 이후는 ❷와 동일

❺ 만약 IP를 찾을 수 없으면 다른 네트워크 혹은 인터넷 세계에도 말을 건다

IP 주소록	
10.10.10.XXX	01S
33.33.33.XXX	03C
44.44.44.XXX	04C

• IP 주소록은 ARP(Address Resolution Protocol) 테이블이라고도 한다
• IP 주소는 네트워크 내에서 디바이스에 임의로 붙여지는 주소인 것에 반해 MAC 주소는 디바이스 제조 시에 할당되는 변경할 수 없는 유일무이한 번호

Point

✔ IP 주소는 네트워크에서 통신 상대를 식별하기 위한 번호
✔ MAC 주소는 디바이스에 할당된 번호

≫ 주소를 부여한다

DHCP의 개요

인터넷 통신에서는 IP 주소로 통신 요청을 하는데, 상대의 IP 주소를 알고 있다고 해도 상대 측에서 자신의 IP 주소를 알아야 합니다. 거기에서는 **DHCP**(Dynamic Host Configuration Protocol)가 역할을 담당합니다.

예를 들어 기업 내의 네트워크에서 새로운 컴퓨터를 추가할 때는 IP 주소를 추가로 부여해야 합니다. 네트워크에 새롭게 접속된 클라이언트 PC는 서버의 OS에 존재하는 DHCP 서비스에 접근하여 자신의 IP 주소나 DNS 서버의 IP 주소 등을 취득합니다(그림 3-7).

DHCP 측에서는 새롭게 접속된 클라이언트 PC에게 정해진 범위 안에서 사용되지 않는 IP 주소를 부여합니다.

IP 주소의 범위나 유효 기간 등은 시스템 관리자가 서버를 통해 설정합니다.

IP 주소의 동적 할당

기업 내의 서버 및 네트워크 기기 등에서는 중요한 존재이고 역할도 바뀌지 않기 때문에 고정 IP 주소를 부여하지만, 클라이언트 PC는 DHCP에 의한 동적 할당이 일반적입니다(그림 3-8).

개인이 ISP 등을 통해서 웹 사이트를 방문할 때는 고정 IP나 동적 IP로 할당되기도 합니다. 그림 3-8처럼 ISP의 DHCP 기능으로 일시적인 IP 주소를 부여합니다.

예를 들어, 서버 측의 시점으로 www.youngjin.com의 웹 서버에서 보면 현재 사이트를 방문하고 있는 A씨의 디바이스 IP 주소와 어제 A씨의 IP 주소는 같은 디바이스라도 다를 수 있습니다.

그림3-7 DHCP에 의한 IP 주소의 할당

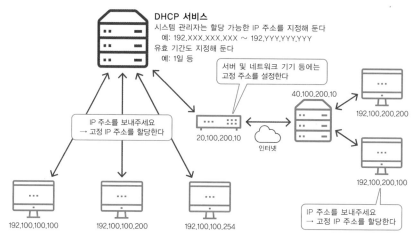

DHCP 서비스

시스템 관리자는 할당 가능한 IP 주소를 지정해 둔다
예: 192.XXX.XXX.XXX ~ 192.YYY.YYY.YYY
유효 기간도 지정해 둔다
예: 1일 등

서버 및 네트워크 기기 등에는
고정 주소를 설정한다

40.100.200.10

192.100.200.200

IP 주소를 보내주세요
→ 고정 IP 주소를 할당한다

20.100.200.10

인터넷

192.100.200.100

IP 주소를 보내주세요
→ 고정 IP 주소를 할당한다

192.100.100.100   192.100.100.200   192.100.100.254

그림3-8 IP 주소의 동적 할당

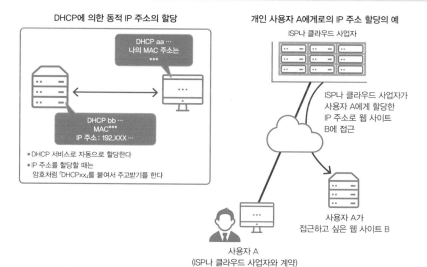

DHCP에 의한 동적 IP 주소의 할당

DHCP aa …
나의 MAC 주소는
***

DHCP bb …
MAC***
IP 주소 : 192.XXX …

● DHCP 서비스로 자동으로 할당한다
● IP 주소를 할당할 때는
 암호처럼 「DHCPxx」를 붙여서 주고받기를 한다

개인 사용자 A에게로의 IP 주소 할당의 예

ISP나 클라우드 사업자

ISP나 클라우드 사업자가
사용자 A에게 할당한
IP 주소로 웹 사이트
B에 접근

사용자 A가
접근하고 싶은 웹 사이트 B

사용자 A
(ISP나 클라우드 사업자와 계약)

Point

✔ 네트워크 내에서 IP 주소를 부여하는 데 DHCP가 역할을 담당하고 있다

✔ 디바이스 측의 IP 주소는 동적으로 할당되는 경우가 많고, 일시가 다르면 단말이 같아
 도 IP 주소가 다를 수 있다

≫ 도메인명과 IP 주소를 연결한다

DNS의 역할

DNS는 Domain Name System의 약칭으로 도메인명과 IP 주소를 연결해주는 기능입니다.

크게는 다음 두 상황에서 이용합니다.

- ◆ 브라우저에서 입력된 도메인명을 IP 주소로 변환한다
- ◆ 메일 주소의 @ 뒤에 있는 도메인명을 IP 주소로 변환한다

우리가 DNS의 존재를 의식하는 것은 아니지만, 웹에서도 메일에서도 사용하고 있는 매우 중요한 기능입니다. 그림 3-9처럼 크게 DNS 캐시 서버와 DNS 콘텐츠 서버 두 가지로 나눌 수 있습니다.

DNS의 존재

DNS는 실질적으로 사용자 수나 네트워크 시스템의 규모에 따라 존재 그 자체가 바뀝니다.

예를 들어 소규모인 기업이나 조직이면 DNS 서버를 개별적으로 설치하는 것이 아니라 메일 및 웹 서버 안에 기능으로 함께 있습니다.

수천 명 이상의 사원이 있는 대기업이라면 메일이나 웹 사이트 접속량도 방대하기 때문에 DNS 서버를 설치하는 것뿐만 아니라 메일용과 웹용으로 나누고 거기에 더해 그것들을 다중화하기도 합니다. 그리고 DNS를 도메인명의 계층 구조와 같은 형태로 나누는 구성도 있습니다. 캐시, 루트, 도메인 등으로 서버를 나눔과 동시에 도메인으로 분기합니다(그림 3-10).

ISP나 클라우드 사업자 등이 제공하는 DNS 서비스는 사용자가 많고 시스템이 대규모이기 때문에 복잡한 구성으로 이뤄져 있습니다.

그림 3-9 DNS의 역할

클라이언트에서 @XX.co.kr의
IP 주소를 질의

DNS 서버

@XX.co.kr, www.XX.co.kr의
XX.co.kr을 IP 주소(123.123.11.22)로 변환한다

DNS 서버는 2종류

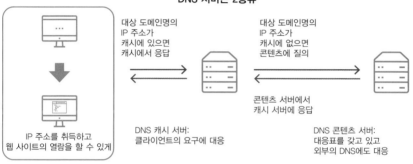

대상 도메인명의
IP 주소가
캐시에 있으면
캐시에서 응답

대상 도메인명의
IP 주소가
캐시에 없으면
콘텐츠에 질의

콘텐츠 서버에서
캐시 서버에 응답

IP 주소를 취득하고
웹 사이트의 열람을 할 수 있게

DNS 캐시 서버:
클라이언트의 요구에 대응

DNS 콘텐츠 서버:
대응표를 갖고 있고
외부의 DNS에도 대응

그림 3-10 DNS의 다양한 기능

**메일 및 웹 서버에 DNS 기능이 존재
(외부 DNS 서버를 이용)**

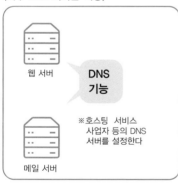

웹 서버

DNS
기능

※호스팅 서비스
사업자 등의 DNS
서버를 설정한다

메일 서버

**DNS 다중화
(웹 서버에서의 예)**

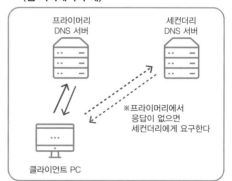

프라이머리
DNS 서버

세컨더리
DNS 서버

※프라이머리에서
응답이 없으면
세컨더리에게 요구한다

클라이언트 PC

Point

✔ DNS는 도메인명과 IP 주소를 연결해 주는 기능

✔ 사용자 수 및 네트워크 시스템의 규모에 따라 DNS의 존재는 바뀐다

» 인터넷 통신의 대행

인터넷 통신의 대리와 효율화 \\

사용자가 기업 내부에서 외부 웹 서버에 접근하는 케이스나 개인이 ISP를 통해서 웹 사이트에 접근하는 케이스에서는 각각의 단말 IP 주소가 겉으로 드러나지는 않습니다.

이런 경우에는 **Proxy 서버**가 각 클라이언트에서 보면 **인터넷 통신의 대행**을 합니다 (그림 3-11).

Proxy는 문자 그대로 대리의 의미입니다. 예를 들어 기업 내에서 여러 개의 클라이언트가 같은 웹 사이트를 보러 가는 케이스라면, 2번째 PC 이후는 Proxy에 있는 캐시의 데이터를 보는 등 단순하게 처리를 하는 것만이 아니라 효율화도 꾀합니다.

Proxy의 역할 \\\

기업이나 단체에 소속되어 있는 분이라면 웹 사이트에 따라서는 열람할 수 없는 금지 마크가 표시되는 등의 경험이 있지 않나요?

이것도 Proxy 기능인데 관리자의 설정에 따라 열람이 바람직하지 않은 사이트 및 보안의 관점에서 문제가 있는 사이트 등을 차단합니다. 그리고 외부에서 적절하지 않은 접근에 대해서는 클라이언트를 보호하는 형태로 차단도 합니다. 이른바 방화벽으로서의 역할입니다(그림 3-12).

Proxy는 사용자 측의 시점에서 보면 장점이 크지만 웹 사이트 측에서 보면 누가 접근해 왔는지(아마 이 기업에 속한 사람)까지는 알 수 없습니다. 같은 기업이나 네트워크 등에서 다수의 접근이 있어도 분석이 한정될 수 있는 일종의 성가신 존재이기도 합니다(그림 3-12).

그림 3-11 Proxy 서버의 역할

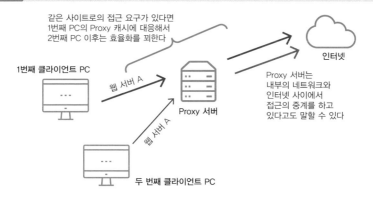

같은 사이트로의 접근 요구가 있다면
1번째 PC의 Proxy 캐시에 대응해서
2번째 PC 이후는 효율화를 꾀한다

1번째 클라이언트 PC

웹 서버 A

Proxy 서버

웹 서버 A

두 번째 클라이언트 PC

인터넷

Proxy 서버는
내부의 네트워크와
인터넷 사이에서
접근의 중계를 하고
있다고도 말할 수 있다

그림 3-12 Proxy의 역할과 시점이 바뀌면 성가신 존재

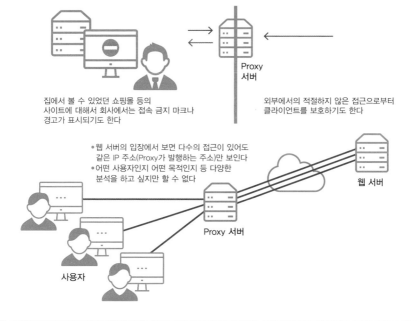

집에서 볼 수 있었던 쇼핑몰 등의
사이트에 대해서 회사에서는 접속 금지 마크나
경고가 표시되기도 한다

Proxy
서버

외부에서의 적절하지 않은 접근으로부터
클라이언트를 보호하기도 한다

• 웹 서버의 입장에서 보면 다수의 접근이 있어도
  같은 IP 주소(Proxy가 발행하는 주소)만 보인다
• 어떤 사용자인지 어떤 목적인지 등 다양한
  분석을 하고 싶지만 할 수 없다

웹 서버

Proxy 서버

사용자

Point

✔ Proxy는 인터넷 통신의 대행을 하는 기능으로 기업이나 ISP의 네트워크 출입구로 활약한다

✔ 웹 사이트의 입장에서 보면 네트워크 내의 누구인지 까지는 특정할 수 없어서 상세한 분석은 할 수 없다

≫ 브라우저와 웹 서버 간의 암호화

통신의 암호화

기업이나 단체의 URL에서는 http보다도 https로 시작하는 경우가 많아졌습니다. https로 시작하는 웹 사이트는 인터넷상에서의 통신 암호화를 시행하는 프로토콜인 **SSL**(Secure Sockets Layer)이 구현되어 있음을 나타냅니다. SSL은 인터넷상의 통신을 암호화하여 악의가 있는 제삼자로부터의 도청이나 변조 등을 막는 것을 목적으로 합니다. 그림 3-13의 경우, 주요 등장인물은 클라이언트 PC와 외부의 웹 서버가 되는데 SSL 서버 및 기능이 웹 서버를 지탱합니다. https는 적절한 보안 대응이 이뤄지고 있는 사이트인 것을 나타내며, 스마트폰에서는 브라우저의 왼쪽 윗부분에 알기 쉽도록 자물쇠 마크가 표시됩니다.

SSL의 흐름

SSL의 처리 흐름은 그림 3-14와 같이 SSL의 통신 여부를 서버와 클라이언트의 양쪽에서 확인하는 것부터 시작합니다.

확인 후, 서버에서 증명서와 암호화에 필요한 키를 보내어 통신하는 두 사람이 고유의 세션 키를 준비하면 데이터 통신이 진행됩니다. 그림 3-14에서는 약간 복잡한 절차로 보이지만 사용자 측에서 의식할 것은 없습니다.

웹 사이트에 따라서는 개인 정보 입력이나 결제 등의 타이밍에 따라 http:에서 https:로 바뀌는 경우도 있지만 현재는 톱 페이지부터 모든 페이지에 이르기까지 https:로 표시하는 게 주류입니다. 사용자가 http:로 입력했는데 https:로 자동적으로 바뀌는 것은 리다이렉트(7-7절 참조)라고 합니다. 어쨌든 그 사이트에 접속했을 때부터 SSL이 실행되는 것인데 그만큼 개인 정보나 보안 의식이 높아지고 있습니다. 앞으로의 웹 사이트에서는 https: 대응은 필수가 되고 있습니다.

그림 3-13 SSL의 위치와 자물쇠 마크

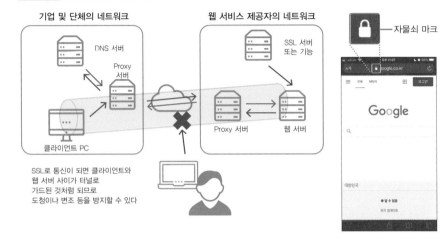

기업 및 단체의 네트워크

웹 서비스 제공자의 네트워크

자물쇠 마크

DNS 서버

SSL 서버 또는 기능

Proxy 서버

클라이언트 PC

Proxy 서버   웹 서버

SSL로 통신이 되면 클라이언트와 웹 서버 사이가 터널로 가드된 것처럼 되므로 도청이나 변조 등을 방지할 수 있다

그림 3-14 SSL의 흐름

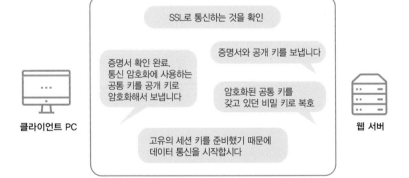

SSL로 통신하는 것을 확인

증명서와 공개 키를 보냅니다

증명서 확인 완료. 통신 암호화에 사용하는 공통 키를 공개 키로 암호화해서 보냅니다

암호화된 공통 키를 갖고 있던 비밀 키로 복호

고유의 세션 키를 준비했기 때문에 데이터 통신을 시작합시다

클라이언트 PC

웹 서버

• 클라이언트와 웹 서버의 사이에서는 SSL로 통신하는 것을 확인하고 암호화 순서를 확인하고 나서 데이터를 주고받는다
• SSL은 공통 키 및 공개 키 암호 방식을 조합하고 있다

Point

✔ SSL은 인터넷상에서의 안전한 통신을 실현하는 프로토콜로 널리 사용된다
✔ 개인 정보 등을 다루는 기업 및 단체의 웹 사이트에서는 SSL 대응이 필수가 되고 있다

» 웹 서버로의 파일 전송과 요청 식별

인터넷상에서의 파일 전송·공유

FTP는 외부와 파일을 인터넷상에서 공유하는 웹 서버에 파일을 업로드하기 위한 프로토콜로 File Transfer Porotocol의 약칭입니다.

같은 네트워크 내에서의 파일 공유는 파일 서버에 대상 파일을 저장하면 가능하지만, 인터넷 경유로 외부와 파일 공유를 하게 되면 똑같이는 할 수 없습니다.

예를 들어, 개인이 ISP의 웹 서버를 계약하고 있는 경우에는 자신의 PC에서 FTP 소프트웨어로 IP 주소나 FTP 서버명을 지정해서 접속하는 경우가 많습니다. 접속 후에 FTP를 경유해서 웹 서버 내의 폴더 작성 및 파일 전송 등을 실행합니다.

FTP 기능을 이용하려면 클라이언트와 서버 각각에 FTP 소프트웨어가 설치되어 있어야 합니다.

사용자가 봤을 때의 운용

FTP는 HTTP와는 통신 프로토콜이 다르지만 ISP가 제공하는 서버의 경우에는 웹 서버에 FTP 서비스의 기능이 구현되어 있습니다.

FTP와 HTTP의 접속에 대해서 웹 서버 측에서는 TCP/IP 통신의 헤더에 포함되어 있는 **포트 번호**의 차이로 구별합니다(그림 3-15).

실제 운용에서는 HTTP는 80, FTP는 20 또는 21, HTTPS는 443 등으로 사전에 정해져 있어서 **요청**에 따라 분기하는 듯한 **형태**로 접속됩니다. 여기에는 물론 메일의 SMTP나 POP3 등도 포함됩니다(그림 3-16). 이것들은 9-2절에서도 설명하겠지만 방어벽의 설정이기도 합니다.

사용자 측에서는 특별히 의식할 것은 없지만 기본적으로는 브라우저, FTP 소프트웨어, 메일 소프트웨어 등 어느 것을 사용하느냐로 정해집니다.

그림 3-15 포트 번호의 일람

- FTP 기능이 없으면 외부로부터 웹 서버에 파일을 전송할 수 없다
  ➜ 콘텐츠 추가나 갱신을 할 수 없다

- 그러나 오른쪽 표처럼 TCP/IP의 바탕에는 여러 가지 요청이 있다

- 배의 크기나 싣고 있는 짐에 따라 포트 (짐 내리는 곳·선착장)가 다른 것과 동일

프로토콜	TCP 헤더의 포트 번호
FTP	20 또는 21
HTTP	80
HTTPS	443
IMAP4	143
POP3	110
SMTP	25
SSH	22

- 상기 외에 UDP 포트 번호로서 DHCP 67 또는 68이 있다
- 이것들은 잘 알려진(well-known) 포트라고 하며, 서버 측의 기본적인 애플리케이션을 위해서 사전에 준비되어 있다. 그 밖에 사전에는 정하지 않는 동적 포트 등도 있다
- 9-2절에서도 설명하는데 이러한 설정은 방어벽의 설정이기도 하다

그림 3-16 사용자가 봤을 때의 실제 운용 예

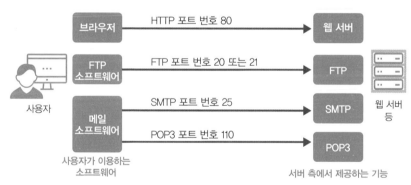

- 예를 들어, ISP가 제공하는 웹 서버를 이용하는 경우는 웹 서버와 그 밖의 메일 서버 등의 기능이 하나의 서버에 함께 있는 경우가 많다
- 사용자의 소프트웨어와 그에 따른 프로토콜 및 포트 번호에 따라서 서버에서 제공되는 기능이 나눠진다

Point

✔ 웹 서버에 파일을 전송할 때는 FTP 프로토콜이 많이 이용된다

✔ 사용자로부터의 요청이나 이용하고 있는 소프트웨어에 의한 프로토콜에 따라서 서버 측에서는 기능에 맞는 서비스를 제공한다

3-9 임대 서버, 클라우드 서비스

≫ 웹 서버를 구축하는 방법

웹 서버를 구축하는 세 가지 방법

여기서는 실제 웹 서버 구축 방법에 대해서 살펴봅시다. 크게 3가지 방법이 있습니다 (그림 3-17).

① 임대 서버의 이용

독자적인 도메인명을 취득하고, 그대로 ISP가 제공하는 웹 서버를 임대합니다. 가장 간단하고 신속한 방법으로 중견·중소기업, 매장, 개인 등이 보편적으로 사용하고 있습니다. 사용자가 바로 사용할 수 있는 상태로 제공되며 메일 서버 기능도 포함합니다.

② 클라우드 서비스의 이용

서버 및 네트워크 기기 등은 자사에서 가지고 있지 않지만, 서버의 구성, 소프트웨어의 설치 및 설정 등의 작업은 직접 실시합니다. 준대기업 이상의 기업에서 점점 더 많이 사용하고 있는 형태입니다.

③ 자체 시설 내에서의 구축

극히 일부의 대기업이나 준대기업으로 한정되어 있습니다. IT 기기와 소프트웨어의 유지 보수에 비용이 필요하기 때문에 최근에는 비중이 감소하고 있습니다. 자체적으로 구축한 기업이 그대로 계속하고 있는 케이스입니다.

ISP 또는 클라우드 이용이 압도적

현재의 동향으로 볼 때 웹 서버 및 메일 서버 등으로 한정한다면 ①, 다른 시스템도 포함해서 클라우드화를 진행한다면 ②가 선정됩니다. ①·② 모두 서비스 사업자가 제공하는 메뉴에서 선택을 하여 진행합니다(그림 3-18).

①의 경우에는 사용자의 선택에 따라서 사업자가 구축을 하고 ②에서는 고도로 자동화되어 있어 사용자가 선택을 하면 자동으로 구축됩니다. ③은 기기의 수배부터 구축·운용까지의 모든 것을 자체적으로 시행합니다.

그림 3-17 **임대 서버, 클라우드 서비스, 자체 시설 내에서의 비교 예**

	①임대 서버의 이용	②클라우드 서비스의 이용	③자체 시설 내에서의 구축
서버 등의 IT 기기의 이미지	이미지화할 수 없다	어느 정도 이미지화할 수 있다	실물을 확인할 수 있다
선정 기준	• 디스크 용량 • 데이터베이스로의 동시 접속 수 • SSL 그 밖의 유무 등으로 가격이 정해진다	• CPU와 메모리로 서버를 선정 • 디스크도 선정 • 나머지는 세세한 메뉴부터 추가해 나간다	• 성능 견적을 해서 서버를 선정 • 디스크도 선정 • 필요한 소프트웨어를 설치 • 환경 구축 및 설정은 직접, 혹은 위임한 기업에 맡긴다 • 스스로 유지 보수를 해야 한다
대표적인 사업자	스마일서브, 카페24	AWS, Azure, GCP, IBM, BIGLOBE	IT 벤더와의 거래로 구매
그 밖	• 연간 요금으로 30만 원 전후(도메인 취득 요금 포함) • 각 회사 모두 클라우드 서비스라 칭하고 있으나 예전부터의 ISP 서비스를 원형으로 하고 있다	• 무료 이용 기간이 있는 경우가 많다 • 요금은 ①보다 비싸다 • 직접 설정해야 하지만, 세세한 기능 설정이 가능	• 비용은 가장 많이 든다 • 스킬이 없으면 실현할 수 없으나 원하는 대로 구축할 수 있다

그림 3-18 **ISP와 클라우드 서비스의 차이 예**

ISP의 경우: 하고 싶은 것에 따라 서비스를 선택하는 이미지

예) 웹 사이트에서 상품을 팔고 싶다

서버는 이미지화 할 수 없다

• 디스크 용량
• 동시 접속 수
• CMS 이용 가능 등으로 기본 플랜을 선택한다

• 백업
• 데이터베이스 등을 추가한다

※ 최근 SSL 및 데이터베이스가 기본이 되고 있어서 기본 플랜에 포함되어 있기도 하다

클라우드 서비스의 경우: 일람표에 따라서 스스로 시스템 구성을 설계하는 이미지

예) 웹 사이트에서만 판매하는 것이 아니라 인프라를 외부 기업에 서비스로서 제공하고 싶다

서버를 어느 정도 이미지화할 수 있다

• 서버의 선택(OS, CPU, 메모리, 디스크 용량)
• 리전 및 어빌리티 존의 선택(그림 6-5 참조)
• SSL의 유무 • 데이터베이스의 유무 • 백업 방법
• CMS 유무 • API 이용 등

※ 클라우드 서비스에서는 각 회사 시설 내의 서버처럼 물리적으로 확인할 수는 없으나, 임대 서버와 비교하면 세세한 스펙을 선택할 수 있으므로 어느 정도 이미지화할 수 있다

Point

✔ 웹 서버의 구축은 임대 서버의 이용, 클라우드 서비스의 이용, 각 회사의 시설 내에서의 구축 등 주로 세 가지 방법이 있다

✔ 웹 시스템 및 관련 비즈니스를 실현하는 관점에서는 임대 서버나 클라우드 서비스의 이용이 압도적으로 많다

≫ 웹 서버를 구축한다

웹 서버를 구축하는 순서의 개요 ∭∭∭∭∭∭∭∭∭∭∭∭∭∭∭∭∭∭∭∭∭∭∭∭∭∭∭

3-9절을 바탕으로 실제로 웹 서버를 구축하는 순서의 개요에 대해서 설명합니다. 기본적인 각종 서버 및 기능에 대해서는 지금까지 살펴보았으나 실제로 웹 서버를 구축하는 작업은 조금 더 세분화됩니다.

Linux가 OS로 번들되어 있는 서버를 구입한 경우를 예로 듭니다. 이미 네트워크가 존재하고 있고 보안 대책이 강구되어 있다면 대략적인 순서는 다음과 같습니다.

① **OS의 최신화**(그림 3-19)

서버를 네트워크에 접속하고 인터넷으로 OS를 업데이트합니다.

② **웹 서버 기능 설치**(그림 3-19)

Apache나 Nginx 등 웹 서버의 기능을 설치합니다.

③ **네트워크 설정**

프로토콜의 설정 및 IP 주소를 할당함과 동시에 도메인명을 연결합니다.

Linux의 웹 서버의 규정 ∭∭∭∭∭∭∭∭∭∭∭∭∭∭∭∭∭∭∭∭∭∭∭∭∭∭∭∭∭∭∭∭∭

위와 같은 순서의 상세한 내용은 전문서 및 웹 게시글 등에서도 볼 수 있지만 사실이후에도 중요한 작업이 계속됩니다. ①~③까지에서는 Apache의 웹 서버에 그것을 위해 만든 html 파일이나 이미지 등의 콘텐츠를 넣을 수 없습니다.

덧붙여, 웹 서버의 특정 디렉터리 등에 기입할 수 있는 권한(**퍼미션**) 설정을 해야 합니다. 게다가 규정으로서 「var/www/html」의 디렉터리 아래에 html 등의 파일을 업로드해야 합니다(그림 3-20).

그림 3-19 순서에 맞는 일반적인 Linux 명령어 예

```
OS를 최신화한다

sudo yum update
```
yum은 RedHat 계열 디스트리뷰터의
명령어로 Ubuntu 등에서는
apt-get이 된다

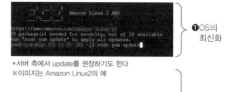

❶OS의
최신화

• 서버 측에서 update를 권장하기도 한다
※이미지는 Amazon Linux2의 예

```
Apache 설치

sudo yum install httpd
```
※웹 서버 기능으로서
Apache의 예를 소개

```
Apache를 실행한다

sudo systemctl start httpd.service
```

```
서버 정지 및 재실행에 맞춰서 Apache를 실행시킨다

sudo systemctl enable httpd.service
```

❷Apache
설치

Apache가 바르게 설치되어 실행되고 있으면
브라우저에서 서버의 IP 주소를 입력하면 Apache의
Test Page 화면이 표시된다

• 관리자 권한의 「sudo」로 필요한 초기 설정을 실시한다
• 「systemctl」은 서비스 관리를 의미한다
• FTP의 기능이 필요한 경우는 Apache와 똑같이 「sudo yum install vsftpd」 등으로 설치해서 실행한다
• 상기는 직접 서버를 구축하는 경우와 클라우드 서비스를 이용하는 경우 모두 필요한 작업

그림 3-20 웹 서버의 규정

• ❶∼❸까지에서는 디바이스로부터 서버로의 파일 전송은 할 수 없으므로 버전 설정이 필요
• Apache 규정으로서 var/www/html 아래에 콘텐츠를 넣는다

```
버전의 설정 예

sudo chmod 775 /var/www/html/
```

※이미지는 Amazon Linux2의 예

파일 전송 OK!

• 파일 전송에 FTP를 많이 사용하는데 시스템 환경에 따라서 권장되는 소프트웨어를 사용하는 것이 방법
• chmod는 접근 권한(퍼미션)의 설정·변경 명령
• 775는 소유자와 특정 그룹이 파일 및 디렉터리 읽기, 쓰기, 실행 모든 권한을 갖고 있으나 그 밖의 이용자는 읽기와
  실행만으로 권한이 제한된다

Point

✔ 웹 서버를 구축하려면 OS 최신화, Apache 등의 웹 서버 기능 설치, 네트워크 설정이
   필수

✔ 버전의 설정 및 웹 서버 특유의 디렉터리(var/www/html) 등의 규정도 알아 둘 것

» 웹 서버를 선택한다

선택해 구축한다 //

이 절에서는 ISP로 웹 서버를 구축하는 순서에 대해서 설명합니다. 중견·중소기업, 최근에는 준대기업 등에서의 이용도 증가하고 있는 것 같습니다. 개인 사업주 등은 기본적으로 ISP 임대 서버를 많이 이용합니다.

ISP 서비스는 녹자적인 노메인을 내신 취득해주는 편리함을 내세우며, 웹 서버두 제공해주는 점이 특징입니다.

대부분의 사업자는 그림 3-21과 같이 디스크 용량에 따라 **서비스 플랜**과 가격대가 나뉘고, 그 밖의 체크 포인트로는 데이터베이스 및 SSL 무료 이용의 유무, WordPress 유무 등 대개 정해져 있습니다. 그중에는 월정액으로 극히 소액의 비용을 요구하는 임대 서버 등도 있습니다.

바로 사용할 수 있는 웹 서버 //

임대 서버의 장점은 ISP 사업자를 통해 도메인을 취득한 뒤 서버도 빌린다면 즉시 사용할 수 있는 상태로 제공된다는 점입니다. 신청 후 비교적 빠른 시간에 설정 종료의 안내 메일이 도착합니다. 웹 서버에 더해서 FTP 서버의 기능도 구현되어 있는 것이 많습니다. 또한, 이미 DNS 구축은 끝나 있고, 권한 설정 및 디렉터리 자체도 신경 쓰지 않고 루트의 디렉터리에 업로드하도록 세팅되어 있습니다(그림 3-22). 즉, 3-10절과 같은 웹 서버의 「규정」의 이해는 필요 없습니다.

주요 임대 서버의 서비스에서는 큰 가격 차이가 없지만, 무료로 추가할 수 있는 기능에는 차이가 있으므로 이용 상황에 맞게 정확히 선정해야 합니다. 현재는 HTTPS 사용이 주류이기 때문에 SSL 서비스 및 웹 앱 등에서 데이터베이스를 이용하는 경우에는 어떠한 조건인지 등을 확인합니다.

필자는 실현하고자 하는 서비스가 처음에는 소규모이면 기본적인 서비스로 개시하고 나중에 필요에 따라 추가해 나가는 방식을 추천합니다.

그림 3-21 ISP에 관한 임대 서버의 서비스 플랜의 예

	예1	예2
플랜명	기본	소유권 이전형
월정액	32,000원	270,000원
용량	128GB	256GB
전송량/동시 접속 수	XX	YY
Word Press, 무료 SSL 등의 추가 서비스의 유무	• Word Press 있음 • 무료 SSL 있음	• Word Press 있음 • 무료 SSL 있음

• 대여 서버 사업자 간 큰 차이는 없어지고 있으나 부가서비스 차이가 있으니 주의가 필요하다
• 도메인명 자체의 선택지의 폭이나 관련 수수료 등에도 차이가 있다
• ISP는 도메인명 취득 + 임대 서버를 세트로 권장하는 사업자가 많다
• 클라우드 사업자도 도메인명 취득을 서비스 메뉴로 제공하지만 이것을 내세우지는 않는다

그림 3-22 임대 서버의 편리성

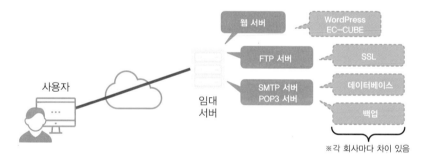

※각 회사마다 차이 있음

• 사용자 입장에서 보면 어떤 서버인지 모르지만 도메인 취득과 임대 서버의 계약을 하면 웹, FTP, SMTP, POP3가 세팅되어서 각각의 IP 주소의 안내가 온다
• FTP 소프트웨어를 PC에 설치하면 대개의 경우는 바로 사용할 수 있다(3-10절의 버전 및 디렉터리도 특별히 의식하지 않아도 된다)
• 유명 사업자는 메일 등으로 고객 지원도 확실히 하고 있으므로 여러 가지 이용 상황에서 추천할 수 있다

Point

✔ 임대 서버는 사용자 입장에서 보면 선택만 하면 된다
✔ 사용자는 어려운 것이나 규정을 의식하지 않고 즉시 이용할 수 있다

≫ 웹 서버를 만든다

「구축한다」와 「선택한다」와 「만든다」 //

지금까지 직접 서버를 구축하는 경우는 「구축한다」, 사업자가 여러 가지 작업을 해주는 경우는 「선택한다」, 기본적인 환경은 만들어져 있으므로 그 조건 속에서 「만든다」와 같이 단어의 사용법을 나눴습니다.

클라우드 서비스 중에서는 Amazon이 제공하는 AWS(Amazon Web Service), 마이크로소프트 Azure, 구글의 GCP(Google Cloud Platform) 등이 유명합니다. 일정 기간 무료 이용이 인기있는 이유 중의 하나입니다.

이 절에서는 AWS에서의 웹 서버 작성의 개요를 소개합니다.

웹 서버 이동까지의 공정 //

AWS로 웹 서버를 작성하고 웹 서버로서 열람되는 상태로 하기 위해서는 그림 3-23과 그림 3-24에서 정리하고 있는 것처럼 다음과 같은 과정이 필요합니다.

　　⓪ 계정 작성
　　① 서버 작성
　　② 구축한 서버로 안전하게 접속할 수 있도록 준비
　　③ OS 최신화와 Apache 설치
　　④ HTTP 프로토콜로 서버에 접속할 수 있게 한다
　　⑤ 고정 IP 주소 할당과 서버로 연결
　　⑥ 콘텐츠 업로드

실질적으로는 ①과 ②가 가장 공을 많이 들이는 작업입니다.

실제로 작업할 때 주의할 것은 각 작업 공정에서 실수하지 않아야 한다는 점으로, 온라인 매뉴얼 등으로 미리 내용을 확인해두고 공정별로 스케줄을 짜서 계획적으로 시행하여 방지할 수 있습니다.

그림 3-23 계정 작성 화면의 예

AWS 계정 작성 화면의 예

GCP 계정 작성 화면의 예

❶ 계정 작성
- 대형 클라우드 사업자는 메일 주소, 비밀번호, 계정명 및 신용카드 등의 정보를 등록하면 무료로 일정 기간 이용할 수 있다

그림 3-24 웹 서버 이동까지의 공정

관리자 등

❶서버의 작성
- CPU와 메모리 등으로 리스트에서 고른다
- 디스크 용량을 정한다

(예)

	CPU	메모리
Linux 저~중성능	XX	XX
Linux 저~중성능	XXX	XXX
Linux 고성능	YYY	YYYY
Windows	YY	YYY
...	...	...

일반 사용자

❷구축한 서버로 안전하게 접속할 수 있도록 준비
- 관리자 등으로 특정한 단말에서 SSH 접속
- 인증용의 특별한 파일을 작성
- 방어벽 설정이기도 하다

❸OS 최신화와 Apache 설치(그림 3-19 참조)

❹HTTP 프로토콜로 서버에 접속할 수 있도록 한다
- 일반 사용자가 웹 사이트를 볼 수 있게 한다

❺고정 IP 주소 할당과 서버로 연결
- 고정 IP 주소를 취득하고 서버에 연결한다
- 도메인명과 IP 주소 연결을 시행한다
  (도메인명을 취득한 사업자의 시스템에서 시행한다)

❻콘텐츠 업로드
- 권한 설정 및 콘텐츠 업로드로 열람할 수 있게 한다

※2021년 2월 현재의 순서이며, 사업자의 사정으로 바뀔 수 있습니다. 실제로 시행하는 경우에는 온라인 매뉴얼 및 최신 서적 등을 확인하고 진행해야 합니다

※여기에서는 웹 사이트로서 열람할 수 있도록 만드는 과정을 중심으로 설명하는데, 실무에서 이용할 때는 보안에도 주의하고 관련된 서비스 검토도 하길 바랍니다

Point

✔ 클라우드 서비스에서는 기본적인 환경이 조성되어 있으므로 그 안에서 서버를 작성한다

✔ 작업을 시작하기 전에 온라인 매뉴얼 등을 통해 공정을 확인하고 계획적으로 진행시키면 실수가 없다

해 보자

DNS 서버와 통신한다

3-5절에서 DNS 서버의 설명을 했습니다.

도메인명과 IP 주소를 연결해서 도메인명으로부터 IP 주소로 변환해 줍니다.

실제로 Windows PC에서 DNS 서버와 통신해 봅시다.

명령 프롬프트에서 「nslookup」이라고 입력합니다.

이 명령은 DNS 서버에 직접 요청을 올립니다. 제대로 통신이 되면 결과가 표시됩니다.

nslookup 명령어의 표시 예

```
c:\> nslookup 확인할 호스트명
서버: DNS 서버의 이름
Address: DNS 서버의 IP 주소

이름: 확인할 호스트명
Address: IP 주소의 결과
```

확인할 호스트명에는 예를 들어 google.com 등으로 입력해 봅시다. 프로바이더의 웹 서비스를 활용하고 있는 기업 및 단체에서는 IP 주소가 표시되지 않을 수도 있습니다.

웹 서버를 직접 구축하는 유명한 사이트 및 기업이 좋은 예라고 생각합니다. DNS 서버의 이름은 가정에서와 기업 및 단체의 네트워크로부터 접속하는 경우에는 다릅니다.

웹 보급과 확산

계속 확대되는 이용자와 시장

Web Technology

» 다양화하는 웹의 세계

웹을 통한 비즈니스 장소가 증가하고 있다

웹 기술은 비즈니스를 운영하고 있는 기업이나 개인에게 그 어느 때보다 중요한 존재가 되고 있습니다. 클라우드 서비스의 발전 등으로부터 웹에서 전개할 수 있는 시스템도 같이 증가하고 있습니다.

그림 4-1을 보면 사용자 측에서는 접근하는 수단이 다양해지고, 제공하는 측의 입장에서 봐도 비즈니스 장소나 제공할 수 있는 매체가 증가하고 있습니다. 그것들이 인터넷을 통해서 곱셈을 하듯이 비즈니스 기회가 증폭되고 있습니다.

여기에서 이해해야 하는 것은 웹 시스템은 중요하고 중심적인 존재지만, 다양한 등장인물이 둘러싼 세계 속에 존재하고 있다는 것입니다. 게다가 그 세계는 조금씩 변해 갑니다.

예를 들면, 실제 점포에 추가로 웹 사이트가 있는 것뿐만 아니라 외부의 **쇼핑 사이트**나 **SNS**, 동영상 사이트 등과 같이 웹 사이트에 필적하는 구조가 다수 존재하고 있기 때문에 넓은 시야로 어떤 구조를 사용할지 혹은 사용하지 않을지를 생각하는 것이 중요합니다.

자신의 비즈니스에 적합한 이용

직접적으로 혹은 간접적으로라도 웹 시스템에 종사하는 사람은 웹을 둘러싼 환경에 항상 관심을 가져야 합니다. 예를 들어, 사진이나 동영상을 찍어서 제품을 판매하는 점포 및 기업 등에서는 SNS나 동영상 사이트 등의 활용이 매출 확대에 기여할 가능성이 있습니다. 개인 매장이라면 자신의 웹 사이트를 갖고 있지 않아도 SNS 및 외부 포스팅만으로 프로모션 및 매출 확대를 할 수도 있습니다(그림 4-2).

한편, 변호사 등 전문 직종이라면 쇼핑 사이트를 이용할 수 없으므로 포스팅 사이트 및 비즈니스 매칭 사이트 등을 살펴봐야 합니다.

다음 절부터는 웹 시스템을 둘러싼 환경에 대해 살펴보겠습니다.

그림 4-1　웹을 둘러싼 세계

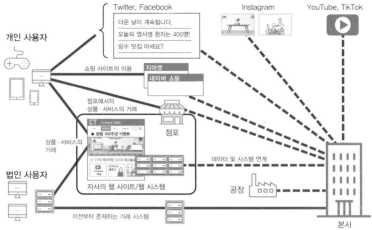

- 소비자 대상의 기업이라면 웹은 극히 중요한 존재가 되고 있다
- 상기 외에 자사 전용의 자체 앱을 배포하는 기업도 있다
- 기업 사이에서도 웹의 존재감은 확실히 증가하고 있다
- 기업의 웹 사이트는 코퍼레이트, 브랜딩, 프로모션, 이커머스, 리크루트 등으로 각각 따로 구축하기도 한다

그림 4-2　점포 및 비즈니스에 따라서 웹 사이트는 불필요

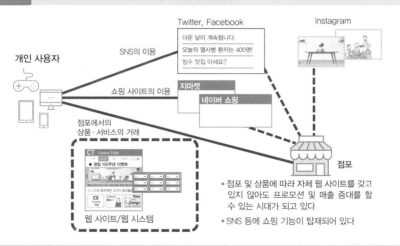

- 점포 및 상품에 따라 자체 웹 사이트를 갖고 있지 않아도 프로모션 및 매출 증대를 할 수 있는 시대가 되고 있다
- SNS 등에 쇼핑 기능이 탑재되어 있다

Point

✔ 비즈니스 상황에서 웹 시스템은 극히 중요한 존재가 되었는데 이를 둘러싼 환경도 살펴 봐야 한다

✔ 대체나 보완해 주는 매체 및 기능이 있기 때문에 웹 사이트를 갖는 것이 반드시 필수는 아닌 시대가 되어가고 있다

≫ 스마트폰의 등장으로부터

스마트폰의 상륙부터 현재까지 \\\

1-10절에서 설명한 것과 같이 사용자가 이용하는 단말 중에서는 스마트폰이 최상위
의 위치에 있습니다.

2009년에 **아이폰**과 **안드로이드폰**이 상륙한 것을 시작으로, 2010년 iPad 및 안드로이
드 태블릿 발매 등을 통해 현재에 이르렀습니다. 물론 주로 국내 중심이었지만 2002
년에 시작한 WIPI 서비스와 같은 기술이 사용되던 시기도 있었습니다. 이 내용을 정
리한 것이 그림 4-3입니다.

웹 시스템을 개발하는 측의 입장으로 보면 현재의 스마트폰과 PC의 양강 시대를 맞
이할 때까지는 다양한 종류의 피처폰을 포함해 단말마다 브라우저가 달라서 이에 따
라 웹 페이지를 동적으로 바꾸어 가야 했던 힘든 시기가 있었습니다. 다수의 단말과
브라우저를 지원하기 위해서 주요 휴대전화 통신사와 단말 제조사를 알아내 작업을
진행해야 하는 상황이었습니다. 또한, 웹 사이트 자체는 PC용을 기본으로 하고, 별
도로 스마트폰 접근 전용 페이지를 준비했습니다.

반응형 대응 \\\

현재는 단말 자체도 어느 정도 동일하게 표준화되었고 웹 사이트의 개발 기술도 진보
되어 왔기 때문에 **반응형** 웹 디자인으로 대응하는 것이 표준이 되고 있습니다.

반응형은 브라우저에 따른 웹 페이지를 제공하는 것인데, 예를 들어 최근 유행은
한 페이지에서 다양한 디바이스에 대응하는 특징이 있습니다

실제로 그림 4-4와 같이 디바이스에 따라 보이는 페이지가 다른 예를 자주 볼 수 있
습니다. 현재 웹 사이트 개발에서는 반응형 대응이 필수 기능입니다.

그림 4-3 스마트폰의 변천과 개발 측의 상황

2002	2009	2010	2022
WIPI 시비스 시작	iPhone과 안드로이드 휴대폰이 상륙	iPad 및 안드로이드 태블릿이 발매	

<참고>
• SAMSUNG Galaxy 시리즈의 변천
• 국내 제조업체는 이전과 비교하면 줄었다

	2010년	2013년	2016년	2022년
	Galaxy S	Galaxy S4	Galaxy S7	Galaxy S22
	화면 4인치	5인치	5.1인치	6.1인치
	카메라 500만 화소	1,200만 화소	1,200만 화소	1,220만 화소 트리플 렌즈

개발자에게 있어서 힘든 시기

• 단말과 브라우저의 종류가 많아서 힘들었다
• 단말과 브라우저에 따라 페이지를 변경했다
• PC용과 피처폰, 스마트폰용으로 URL을 나누거나 스마트폰 전용 페이지 등이 있었다

이전과 비교하면 안정되었다

• 비슷한 사양의 단말과 종류가 적어진 브라우저
• 딱 떨어지는 화면 크기를 중심으로 변경하면 된다

그림 4-4 같은 페이지라도 다르게 보이는 예

PC의 경우

• 도메인의 이미지 아래에 3개의 블록과 이미지가 나열되어 있는 예
• 2번째 단에 여러 개가 나열된 많이 볼 수 있는 디자인

스마트폰의 경우

• PC에서는 메인 이미지 아래는 3개의 블록으로 되어 있으나 스마트폰에서는 세로로 나열된다
• 화면 크기가 작아서 이렇게 된다. 무리해서 PC와 똑같이 하지 않는 것이 현재의 주류

Point

✔ 이전의 웹 시스템 개발에서는 단말과 브라우저의 종류가 많아서 힘들었다
✔ 현재는 반응형 웹 디자인으로 대응하는 것이 주류이다

≫ 많이 이용되는 브라우저는?

스마트폰과 PC에서 다른 점유율 //

스마트폰에서 웹 사이트의 열람이 주류인 시대가 되었지만, 여기서는 브라우저에 대해서 생각해 보겠습니다. 구글의 크롬(Chrome)처럼 여러 디바이스에서 이용할 수 있는 브라우저도 있지만, 기본적으로는 각각의 단말이 권장하는 브라우저를 사용하는 경우가 많을 것입니다. Windows PC는 Microsoft Edge, iPhone의 경우 **Safari** 등입니다.

여기에서 현재 브라우저의 점유율을 살펴보겠습니다. 역시 많은 사용자가 이용하는 브라우저가 강한 것은 사실입니다.

먼저 스마트폰 등의 **모바일 브라우저**인데, 그림 4-5의 예처럼 한국에서는 Chrome, Samsung, Safari의 순서입니다. 국내는 Galaxy의 점유율이 높기 때문에 세계 점유율과는 다릅니다.

이어서 PC 브라우저인데 그림 4-5와 같이 세계와 국내 모두 1위는 Chrome이지만, Naver의 영향으로 인해 국내에서는 Whale의 점유율이 비교적 높은 특징이 있습니다.

조사 기관은 달라도 대체로 비슷한 순위입니다. 또한, 스마트폰에서는 Samsung, Safari가 서서히 점유율을 늘리고 있는 경향이 있습니다.

Chrome이 인기 있는 이유 //

Chrome이 인기 있는 이유로는 **여러 단말에서 이용할 수 있는 사용자의 입장에서의 편리성** 이외에도 다른 브라우저보다 시작 시간이 짧은 점, Gmail 등 구글이 제공하는 다양한 기능과의 연계 등을 들 수 있습니다(그림 4-6). 또한 제2장에서도 설명했는데, 개발자 도구를 다양한 상황에서 사용할 수 있는 점으로 인해 개발자 입장에서도 편리합니다. 사실은 웹 시스템의 세계에서는 사용자와는 별도로 개발자가 선호하는 구조가 중요하다고 보는 경향이 있습니다.

그림 4-5 모바일과 PC 브라우저의 점유율의 예

국내 모바일 브라우저 점유율 (2022/4)

브라우저	점유율
Chrome	35.57%
Samsung	26.51%
Safari	23.40%
Whale	12.71%
기타	1.81%

출처_ https://gs.statcounter.com/browser-market-share/mobile/south-korea

세계 모바일 브라우저 점유율 (2022/4)

브라우저	점유율
Chrome	63.59%
Safari	24.83%
Samsung	4.90%
Opera	1.88%
기타	4.80%

출처_ https://gs.statcounter.com/browser-market-share/mobile/worldwide

국내 PC 브라우저 점유율 (2022/4)

브라우저	점유율
Chrome	71.73%
Microsoft Edge	14.92%
Whale	5.71%
Firefox	2.47%
Safari	2.45%
IE	1.79%
기타	0.93%

출처_ https://gs.statcounter.com/browser-market-share/desktop/south-korea

세계 PC 브라우저 점유율 (2022/4)

브라우저	점유율
Chrome	66.58%
Microsoft Edge	10.07%
Safari	9.62%
Firefox	7.87%
Opera	2.44%
IE	0.98%
기타	2.44%

출처_ https://gs.statcounter.com/browser-market-share/desktop/worldwide

그림 4-6 Chrome이 강한 이유

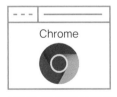

Chrome

스마트폰, PC, 태블릿 등 단말이
달라도 똑같이 이용할 수 있다

Edge와 IE

Windows PC가
중심

Safari

iPhone 및 Mac이
중심

시작에 걸리는 시간이 짧고, Gmail 및 Google 맵 등과의 연계 등이 Chrome이 인기 있는 이유이다.
그외에 브라우저 자체를 좋아하는 사람에게는 커스터마이즈 하기 쉬운 Firefox 등이 있다

Point
✔ 국내 및 세계에서의 브라우저 점유율도 봐 둘 것
✔ Chrome 점유율이 늘고 있으며, 여러 단말에서 이용할 수 있는 등의 장점이 있다

» 많이 이용되는 검색 엔진은?

검색 엔진의 국내 점유율

검색 엔진은 현재는 기본적으로 브라우저에 구현되어 있지만, 이전에는 별도로 존재하던 시절이 있었기 때문에 지금도 브라우저와는 별도로 구분해서 이야기하는 경우가 많습니다. 서치 엔진이라고도 하는데 사용자가 텍스트 박스에 단어나 문장 등의 키워드를 입력하고 검색 버튼을 클릭 또는 탭을 히면 관련된 웹 사이트를 표시해 주는 구조입니다.

그림 4-7에 국내와 세계에서의 검색 엔진 점유율을 정리합니다. 국내에서 보면 브라우저의 점유율 및 순위는 단말에 따라 크게 달라지지만 검색 엔진은 크게 다르지 않습니다. Google, Naver, Bing이 우위를 차지하고 있습니다. Bing은 Windows PC를 구입한 상태에서 Microsoft Edge를 시작했을 때에 기본으로 설정된 검색 엔진입니다.

검색 엔진 대응의 중요성

브라우저 대응이 이전보다 쉬워진 현재는 검색 엔진 대응의 존재감이 한층 늘고 있습니다. 웹 사이트를 제대로 보여주고 싶은 제작자 및 개발자의 관점에서는 브라우저 대응이 중요한데, 많은 사용자가 봐주는 비즈니스의 관점에서는 검색 엔진 대응 쪽이 오히려 중요하다는 사고방식도 있습니다(그림 4-8).

검색 결과 노출 대책을 강구해서 사용자로부터 웹 사이트에 대한 접근 수를 증가시킬 수 있습니다. 상용 웹 사이트의 운용에 있어서는 고객에게 어필하는 디자인 및 사양의 사이트를 개설하는 것과 함께 중요한 항목이 되고 있습니다. 상용 웹 세계에서는 디자이너뿐만 아니라 SEO(4-9절 참조) 컨설턴트도 직업으로서의 지위를 쌓아가고 있습니다.

그림 4-7   국내와 세계의 검색 엔진의 점유율

국내 모바일 검색 엔진 점유율 (2022/4)

브라우저	점유율
Google	72.33%
Naver	25.87%
DuckDuckGo	0.40%
Yahoo!	0.39%
Bing	0.38%
기타	0.63%

출처_ https://gs.statcounter.com/search-engine-market-share/mobile/south-korea

세계 모바일 검색 엔진 점유율 (2022/4)

브라우저	점유율
Google	95.43%
Baidu	1.48%
Yahoo!	0.79%
Yandex	0.71%
Bing	0.53%
기타	1.06%

출처_ https://gs.statcounter.com/search-engine-market-share/mobile/worldwide

국내 PC 검색 엔진 점유율 (2022/4)

브라우저	점유율
Google	77.91%
Naver	11.67%
Bing	5.53%
Daum	3.92%
Yahoo!	0.47%
DuckDuckGo	0.20%
기타	0.30%

출처_ https://gs.statcounter.com/search-engine-market-share/desktop/south-korea

세계 PC 검색 엔진 점유율 (2022/4)

브라우저	점유율
Google	85.21%
Bing	8.05%
Yahoo!	2.63%
Yandex	1.21%
DuckDuckGo	0.99%
Baidu	0.90%
기타	1.01%

출처_ https://gs.statcounter.com/search-engine-market-share/desktop/worldwide

그림 4-8   웹 사이트의 제작과 비즈니스로 성과를 올리는 것은 관점이 다르다

브라우저에 대응해서 아름다운 페이지를 제공한다
〈웹 사이트의 제작 및 개발에서 중요한 관점〉

Chrome 및 Microsoft Edge 등   Safari 및 Chrome

• 주요 브라우저에서 보이는 쪽의 테스트를 꼼꼼하게 시행해 사용자에게 있어 보기 쉬운 페이지 및 인상적인 페이지를 제공한다

SEO 대책으로 접근 수를 올린다
〈비즈니스에서 중요한 관점〉

사용자에 의한 검색   검색 결과의 표시

검색 엔진

테이블 고급 1장 판자

검색

〈광고〉 XX가구
국내 최대급의 구색!
인천에 가구라고
하면 XX

YY 다이닝
북유럽과 캐나다에서
최신모델을 직수입.
매년 3월은 클리어런스.

Century Table
100년 3세대 이상에서
사용할 수 있는
테이블, 가족과 역사와
현재를 평온하게 보낸다

• 키워드에 따라 다르지만, 가능한 한 첫 페이지 및 상위 등에 표시하고 싶다

• 위의 예에서는 인천 거주 및 가까운 지역은 XX가구, 해외 및 클리어런스에 흥미가 있는 분은 YY 다이닝, 유니크한 가격을 추구하는 분은 Century Table을 각각 탭하면 실행된다

• 검색 결과로 차별화할 수 있는 요소가 필요

Point

✔ 국내에서의 검색 엔진은 Google, Naver, Bing이 우위

✔ 특히 상용의 웹 사이트에서는 양호한 사이트의 제작 · 제공과 함께 검색 결과 노출 대책이 매우 중요하다

≫ 온라인 쇼핑의 성장

현재도 성장이 계속되는 시장 \\

웹 기술의 보급 및 발전에 공헌하고 있는 요소 중 하나로 현재도 계속되고 있는 온라인 쇼핑 시장의 성장을 들 수 있습니다. 지금은 쿠팡이나 네이버 스마트스토어를 모르는 사람이 거의 없습니다.

쿠팡은 2010년에 설립되어 로켓배송을 무기로 급성장히어 2021년 뉴욕증권거래소 상장에 이르렀습니다. 검색 엔진으로 익히 알려진 네이버는 자사의 사용자층을 바탕으로 네이버 쇼핑을 설립, 스마트 스토어로 대표되는 다양한 판매자들이 특징입니다.

3대 이커머스 업체 중 하나인 지마켓글로벌에서 운영하는 **옥션**과 **G마켓**은 2000년대 초, 오픈마켓 시장 초기에 자리 잡아 현재에 이르고 있습니다.

현재의 네이버 쇼핑이나 쿠팡의 이용자 수는 그림 4-9와 같이 1000만을 훌쩍 넘겨 2000만에 도달한 업체도 있습니다. 네이버 쇼핑 및 쿠팡의 2020년도 거래액은 합계 52조 원으로 발표되었을 정도로 e커머스 시장 자체가 이미 큰 시장이기도 하며, 앞으로의 성장도 기대되고 있습니다.

오픈마켓 등 온라인 쇼핑 사이트의 구조는 거의 같다 \\\\\\\\\\\\\\\\\\\\\\\\\\\\\\\\\\

오픈마켓은 네이버 스마트스토어, 11번가, G마켓 등이 있는데 이러한 곳에 출점하게 되면 비용을 지불하고 심사를 거치는 대신 몰 자체적으로 점포와 전용 시스템을 제공합니다.

이용하는 측의 입장에서 보면 각 회사 모두 대체로 같은 구조로 되어있습니다. 독자적인 웹 사이트를 개설하여, 온라인 숍을 조기에 개업하기 위해 전용 시스템을 이용하는 경우가 많아지고 있으며, 기본적으로 입력 항목도 동일하게 되어있습니다.

구체적으로는 점포 정보부터 개별 상품 등록까지 상품명, 상품 코드, 상품 이미지, 가격, 재고 수 등 입력 순서 및 화면에 약간의 차이는 있으나 각각에 큰 차이는 없습니다(그림 4-10). 사업자나 구조를 바꾸어도 출점 시 준비 사항이 같은 점도 온라인 쇼핑이 보급된 이유일지도 모르겠습니다.

그림 4-9 국내 3대 이커머스 사이트 이용자 수 등

국내 3대 이커머스 사이트 이용자 수

이름	이용자 수
네이버 쇼핑	2700만 이상(추정)
쿠팡	2500만
신세계 (G마켓 + 옥션 + SSG)	1040만

국내 이커머스 사업자 매출 순위

매출 순위 및 시장 점유율 순위는 어디까지의 영역을
포함하느냐에 따라 변동되나, 삼강인 것은 변함없다

오픈마켓이 아닌 주요 쇼핑 사이트는 다음과 같다

그림 4-10 오픈마켓 및 온라인 쇼핑 사이트 관리 시스템

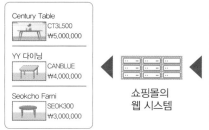

사용자

쇼핑몰의
웹 시스템

상품 관리 시스템

상품 코드	상품명	상품 이미지	가격	재고 수
CT3L500	3LHinoki		5,000,000	2
CT4L600				

- EC몰의 점포가 이용하는 상품 관리 시스템 혹은 자사의
  EC 사이트의 상품 관리 시스템의 화면 이미지
- OSS의 EC 사이트로는 카페24와 고도몰이 유명하다

- 몰의 사업자 및 소프트웨어가 달라도 기본적인 입력 항목은 대체로 같다
- 상품은 각각의 점포마다 다른데 생각해 보면 굉장한 구조이다
- 실제 상품이 다른 점포에서 똑같이 관리를 하는 것은 어렵지 않을까?

Point

✔ 온라인 쇼핑은 2000년 무렵에 원형이 생겼고, 현재도 성장을 계속하고 있다

✔ 점포의 입장에서 보면 오픈마켓 및 자사에서 쇼핑 사이트를 구축해도 입력 항목 등이
대체로 같은 구조로 되어 있는 것은 편리

» SNS의 활용

활용 검토가 필수인 도구

기업에서 마케팅을 담당하는 사람이나 점포를 경영하는 사람 등은 자신의 웹 사이트 외에 SNS(Social Networking System)의 활용을 무시할 수 없는 상황이 되었습니다. SNS는 등록한 회원끼리 이용할 수 있는 교류 서비스인데, 비즈니스 계정으로 회원이 되어 고객과의 교류를 넓혀가고 있는 기업 및 점포도 있습니다.

현재의 CMS 등에서도 **트위터, 페이스북, 인스타그램** 등 각 서비스에서의 계정명을 입력하면 바로 연결할 수 있게 되어 있습니다. 카카오톡을 고객 및 회원 관리의 게이트 웨이 시스템으로서 이용하는 대형 소매점 등도 있습니다. 그만큼 SNS가 비즈니스의 중요한 수단이 되고 있는 것입니다. 그림 4-11에 주요 SNS의 이용자 수 등을 정리합니다.

적절한 서비스를 선정한다

SNS의 활용에 있어서 점포나 사무실 등을 보유하고 있으며, 사업 기반이 있는 기업 등이라면 이미 확보된 고객이 있기 때문에 어느 정도의 효과 및 실제 비즈니스와의 상승효과를 예상할 수 있습니다. 그러나 이제 비즈니스를 시작하는 사람에게는 기존 고객이 없으므로 웹 사이트와 마찬가지로 단기간에 효과를 올리는 것은 어렵습니다. 또한, 이용 회원의 특성, 트렌드, SNS 그 자체의 유행을 타는 것 등도 있기 때문에 모든 것에 대응하려고 생각할 필요는 없습니다.

제공하는 상품 및 서비스에 맞춰 다양한 SNS 중에서 적절한 서비스를 선정하는 것이 중요합니다. 예를 들어, 상품 및 서비스가 문자로 전달되는지, 사진 이미지인지, 혹은 개인의 소문이나 추천이 필요한지 등 비즈니스 및 상품에 따라 다릅니다(그림 4-12).

시야를 넓혀 대응하는 것이 중요하지만, 폭을 너무 넓히면 관리에 드는 노력이 너무 방대해 대응에 지쳐 삶이 피폐해지고 비용이 과도하게 드는 등의 부작용도 있으므로 주의해야 합니다.

그림 4-11	주요 SNS의 이용자 수와 특징

주요 SNS

	트위터	페이스북	인스타그램	라인	유튜브	틱톡
세계에서의 월간 사용자 수(1억 명)	3.4	27	10	1.7	20	8
일본에서의 월간 이용자 수 또는 회원 수(1만명)	4,500	2,600	3,300	8,600	6,200	950
특징	• 청년층 중심 • 리트윗	• 연령층이 높다 • 인스타그램과 연계	• 청년층 중심 • 여성이 많다	• 일본 톱 • 폭 넓은 세대	동영상 공유	짧은 동영상

그 밖의 SNS

	note	Linkedin	Pinterest	Snapchat	LIPS	Qiita
세계에서의 월간 이용자 수(1억명)	–	7	4	2.5	–	–
일본에서의 월간 이용자 수 또는 회원 수(1만명)	260	200	530	8,400	1,000	50
특징	게시 기사 중심	비즈니스에서의 이용	이미지 공유	이미지 차트	미용, 화장품 특화	엔지니어 대상

※2021년 1월 기준 보도 각 회사의 보도 자료 등을 참고로 해서 작성

Chapter 4 SNS의 활용

그림 4-12	상품 및 서비스에 따른 검토의 예

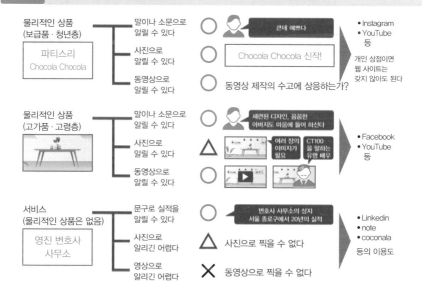

> **Point**
> ✔ 사업을 운영하고 있는 기업 및 개인에게 SNS는 무시할 수 없는 존재
> ✔ 모든 서비스가 아닌 상품 및 서비스에 맞는 SNS를 선정한다

4-7 인스타그램 인사이트

» SNS의 안쪽

관리자와 개발자의 시점으로 본다 ///////////////////////////////

인스타로 친숙한 인스타그램(Instagram)은 페이스북과도 연계된 이미지를 중심으로 한 SNS입니다. 현재는 쇼핑 기능 등도 갖추고 있으며, 외부 웹 사이트로 링크도 가능해서 업종이나 상품·서비스에 따라서는 효과적입니다.

이 설에서는 주목해야 하는 2가지 기능인 **인스타그램 인사이트**와 개발자 도구를 살펴 보겠습니다. 그 밖의 주요 SNS 등에서도 이러한 기능이 있으므로 반드시 사용자 입 장에서 보이는 쪽만이 아니라 관리자 및 개발자 측에서의 보이는 쪽 및 관리, 또한 제공되고 있는 도구 및 서비스 등도 확인하도록 합니다. 어떤 종류의 익숙함은 필요 한데, 서비스가 달라 보여도 사실은 내부에서는 비슷한 기능이 제공되고 있습니다.

인스타그램 인사이트와 개발자 도구 ///////////////////////////////

인스타그램 인사이트는 접근의 분석 결과 등을 제공해 주는 서비스입니다. 예를 들 어, 스마트폰에서 인스타그램의 애플리케이션을 열어 「프로필 화면」이나 각 게시 이 미지 등의 왼쪽 아래에 있는 「인사이트 보기」를 탭 하면 게시 인사이트가 표시됩니 다. 그림 4-13의 예에서는 게시에 「좋아요」를 탭 한 계정 수 및 이 게시를 본 계정 수 를 나타내는 「도달」의 횟수를 알 수 있습니다. 인사이트에서 부지런히 체크해서 어떤 게시가 효과적인지 알 수 있습니다.

PC에서 개발자 도구를 사용해서 인스타그램에 게시도 할 수 있습니다. 2-8절에서 도 설명한 Google chrome에서 인스타그램을 실행합니다(그림 4-14). 스마트폰과 비교하면 게시까지 다소 시간이 걸립니다. 그러나 개발자 도구를 활용할 수 있으면 게시 이미지의 미세한 조정을 할 수 있을 뿐만 아니라 문자 입력을 극적으로 효율화 할 수 있으므로 편리합니다. 각각의 SNS에 맞는 개발자 도구가 제공되므로 확인하 고 진행해 주세요.

그림 4-13　인스타그램의 인사이트 예

- 인스타그램 인사이트는 프로페셔널 계정으로 이용할 수 있다
- 주로 기업 및 단체, 점포 등에서 이용하고 있다
- 물론 개인 계정에서 프로페셔널 계정으로 변환할 수 있나

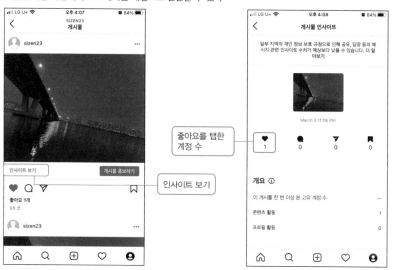

좋아요를 탭한
계정 수

인사이트 보기

그림 4-14　Google Chrome에서의 게시 예

크롬을 열고 도구 더보기에서
개발자 도구를 열고
인스타그램을 호출한다

이 아이콘을 클릭하면
모바일 표시로 바뀐다

Responsive에서 단말
선택도 할 수 있다

Point

✔ SNS를 다룰 때는 사용자로서의 보이는 쪽뿐만 아니라 관리자 및 개발자 측의 도구 및 서비스도 확인한다

✔ 제공되고 있는 도구와 개발자 도구를 잘 활용하는 것이 필요하다

» 기업에서의 웹 시스템의 활용

처음에는 내부 시스템부터

현재는 대기업 시스템의 대부분은 웹 시스템으로 자리잡아가고 있습니다. 중견 · 중소기업 등에서 SaaS(6-2절 참조)의 이용도 늘어남에 따라 도저히 이행할 수 없는 시스템을 제외하고 대부분은 웹 시스템으로 전환되고 있는 시대입니다. 지금은 이러한 상황인데 거슬러 올라가면 기업에서 웹 시스템의 활용은 1990년대 후반부터 시작되었습니다.

그림 4-15과 같이 원래는 소규모의 이른바 정보 시스템부터 시작했습니다. 각 부문에서 엑셀로 이뤄졌던 실적 관리 등을 **인트라넷** 및 웹 상에서 브라우저에서 입력하는 등의 변화가 있었습니다. 중 · 대규모 이상의 예에서는 교통비나 휴가 신청 등의 근태 관리 시스템 등도 있습니다. 이러한 시스템의 공통점은 한정적인 업무로 단위 시간당 동시에 이용하는 사용자 수는 적다는 것입니다.

대외적인 시스템으로

2000년대에 들어서면서 제조업을 중심으로 부품 및 자재의 조달 · 구매 및 고객과의 거래 등을 시작으로 대외적인 시스템으로 확대되어 갔습니다. 기업 간의 수주와 발주 등의 시스템은 근태 관리 등과 비교하면 상시 가동하고 있고 단위 시간당의 사용자 수도 많은데, 앞장의 그림 2-22에서 본 것처럼 웹 앱의 데이터베이스의 이용 방법이 정형화된 점과 제9장에서 설명하는 부하 분산 등의 기술 확립을 그 배경으로 들수 있습니다(그림 4-16). 그 이후로도 보급되어 현대의 기업 간 시스템은 웹이 기본이 되고 있습니다.

소비자 대상으로는 온라인 쇼핑의 발달과 함께 음악 및 게임의 전송, 극히 일부지만 동영상 전송 등도 시작되었으므로 비즈니스 시스템과 함께 역시 2000년 무렵에 현재와 같은 웹 시스템 이용의 원형이 만들어졌다고 할 수 있습니다.

그림 4-15 일본 기업에서의 웹 시스템의 보급 사례

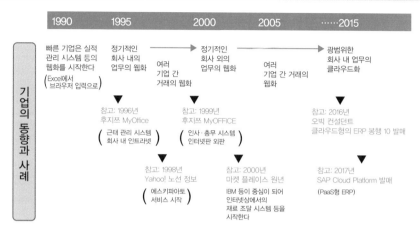

- 20년 동안 기업의 여러 시스템이 웹화되어 왔다(개별 시스템의 웹 대응)
- 최근 몇 년은 클라우드화가 진행되고 있다(처음부터 클라우드의 서버상에 존재하는 시스템을 이용)

그림 4-16 기업에서의 웹 시스템 보급의 배경

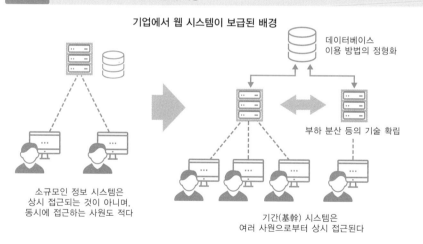

기업에서 웹 시스템이 보급된 배경

Point

✔ 기업 시스템의 웹화는 1990년대의 후반, 기업 내부에서 이용하기 시작하였다

✔ 2000년대 이후부터는 대외적인 시스템으로도 확대되어 현재는 웹 시스템이 당연하게
되었다

» 웹 전용의 직업

SEO 컨설턴트의 존재

2-2절에서 웹은 외형을 중시하는 시스템으로 개발 및 운용 체제에 전임 디자이너가 참가하는 경우가 있음을 설명했습니다. 웹 사이트의 디자인을 직업으로 하는 웹 디자이너는 IT 업계에서도 웹 시스템 고유의 존재입니다. 그중에는 파비콘(제7장 「해보자」참조) 전문 디자이너도 있을 정도이니 마켓의 크기와 여러 니즈가 있음을 알 수 있습니다.

시스템을 개발하는 관점에서 보면 다른 시스템과 개발 환경이 약간 다른 점 등을 제외하면 크게 다르지는 않지만, 납기 기한이 짧다는 특징이 있습니다. 소규모나 중간 정도 규모의 사이트라면 AP 서버, DB 서버의 구현까지 포함해도 1개월 전후로 납기할 수도 있습니다. 웹 시스템 개발 전문이라고 내세우고 있는 회사도 다수 있습니다 (그림 4-17).

웹 디자이너 외에 특징적인 직업으로 이른바 **SEO**(Search Engine Optimization) 대책을 지원하는 SEO 컨설턴트가 있습니다.

웹 사이트를 개설할 때의 2가지 문제

SEO는 당초, 대상이 되는 웹 페이지가 검색 엔진으로 상위에 표시되는 것을 의미했습니다. 최근에는 SNS 및 기타 매체로 인해 영역이 넓어져, 웹 사이트뿐만 아니라 그 밖의 매개체도 포함해서 대상 고객을 효율적으로 잡는 방법을 의미합니다.

그렇다고는 해도, 웹 사이트에서의 검색 엔진 대책, SNS에서의 프로모션과 링크 등 인터넷 환경에서의 대응이 기본입니다.

실적이 있는 기업 및 점포 등이 웹 사이트나 SNS를 리뉴얼하거나 혹은 이제 막 비즈니스를 시작하는 기업 및 점포·개인 등은 웹 시스템의 개발과 운용(어느 시스템에서도 공통인 것)뿐만 아니라 웹 사이트의 디자인, SEO 대책이라는 과제에 직면합니다. 그림 4-18과 같이 필요한 부분에서는 전문가와 상담하는 것이 좋을 것입니다.

그림 4-17 웹 사이트 개설까지의 패키지

필수 웹 페이지(Top의 예)

백야드 시스템

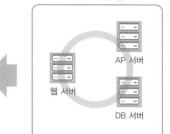

AP 서버

웹 서버

DB 서버

- 웹 시스템 개발에서는 필수인 웹 페이지(Top, 상품·서비스 소개, 프로필, 문의, FAQ) 등과 백야드 시스템 구축이 세트로 이뤄져 있는 경우가 많다
- 기업 및 점포가 콘텐츠를 갖고 있으면, 1개월 전후의 「짧은 시간」에 웹 사이트가 개설되는 경우도 많다. 웹 서버뿐이라면 1개월도 걸리지 않는다
- 디자이너를 포함한다·포함하지 않는다, SEO를 포함한다·포함하지 않는다, SNS를 포함한다·포함하지 않는다 등의 선택 옵션이 있다
- 전문직으로는 크게 사이트 디자인, 개발, SEO 3개가 있다

그림 4-18 사용자의 입장에서 본 전문가와의 협의법

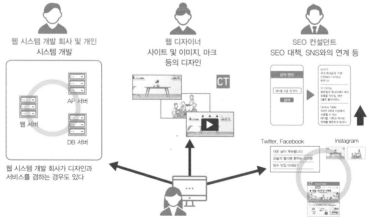

웹 시스템 개발 회사 및 개인
시스템 개발

웹 디자이너
사이트 및 이미지, 마크
등의 디자인

SEO 컨설턴트
SEO 대책, SNS와의 연계 등

AP 서버

웹 서버

DB 서버

웹 시스템 개발 회사가 디자인과
서비스를 겸하는 경우도 있다

Twitter, Facebook

Instagram

사용자 기업 및 점포, 혹은 개인

- 직접 할 수 있는 것과 할 수 없는 것을 분리해서 의뢰한다
- 최근에는 실제로 만나지 않고 웹 환경에서 업무를 진행하는 경우도 많다

Point

✓ 웹 전용 직업으로 웹 디자이너와 SEO 컨설턴트를 들 수 있다

✓ 현재의 SEO는 웹 사이트와 그 밖의 인터넷 매체도 포함해서 대상 고객을 효율적으로 잡는 방법을 가리킨다

» 5G가 바꾸는 웹의 세계

영상과 대용량 데이터 통신

웹 기술에 관심이 있는 분에게는 5G(5th Generation: **제5세대 이동 통신 시스템**)에 대한 최소한의 지식도 빼놓을 수 없습니다. 5G와 4G와의 차이를 한마디로 나타내면 뭐니뭐니 해도 **통신 속도의 차이**입니다.

그림 4-19에서는 통신 속도에 따른 메이디의 다운로드에 소요되는 시간을 나타냅니다. 2G에서 5G까지의 휴대전화 시스템 이론상 생각할 수 있는 **최대 통신 속도**를 나타내고 있습니다. 특징적인 것은 4G가 제공하는 100Mbps로 10분 전후를 필요로 했던 파일 전송이 5G의 20Gbps에서는 불과 3초 만에 됩니다.

5G를 이용하기까지 다양한 실증 실험이 이루어져 왔습니다. 그중 대부분은 실시간으로 동영상을 송수신하면서 어떤 판단 및 처리를 실행하는 것이었습니다. 그러한 실험으로부터 알 수 있듯 5G에서는 「동영상」과 「대용량 데이터의 송신」이 주요 테마가 되고 있습니다.

계속되는 고속화와 바뀌는 웹 세계

처음에 5G 혜택을 받는 단말기로 스마트폰을 들 수 있습니다. 대응하는 네트워크 기기 및 제품이 늘어나면 기업 및 단체의 오피스 LAN 등에도 영향을 줄 가능성이 높습니다. 그림 4-20과 같이 이미 클라우드 사업자나 일부 대기업의 내부 네트워크에서는 수십 Gbps LAN에 대응하는 움직임도 있습니다. 5G의 전개는 과거에도 그랬던 것처럼 틀림없이 데이터 통신의 고속화에 박차를 가할 것입니다.

5G가 활성화되면 지금까지 없었던 선명한 이미지나 정교한 일러스트 등을 표시하는 웹 사이트를 실현할 수 있게 됩니다. 우리에게 익숙한 다소 절제된 화소 수의 이미지로 구성되는 웹 사이트에서 고해상도 이미지나 동영상을 보여주는 지금까지와 다른 웹 세계로 바뀌어 나가는 것입니다. 머지않아 많은 톱 페이지가 바뀔 것입니다.

지금부터 연구를 해서 준비해 나가야 할 것입니다.

그림 4-19 각 세대에 따른 통신 속도와 고속화

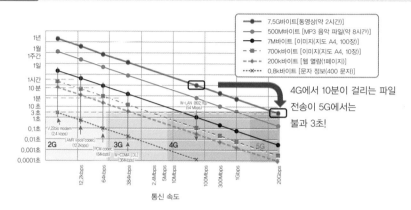

4G에서 10분이 걸리는 파일 전송이 5G에서는 불과 3초!

그림 4-20 이미 시작된 고속화와 5G로 바뀐 웹 사이트의 예

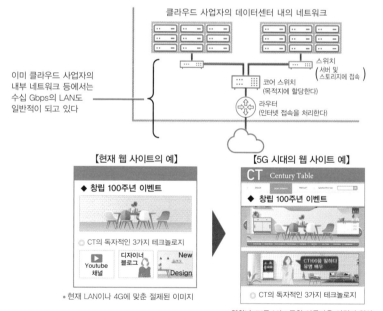

✓ 5G는 지금까지의 세대와 비교하면 통신 속도가 훨씬 빠르다

✓ 5G가 도입되면 기존의 웹 사이트는 크게 달라질 가능성이 높다

해 보 자

개발자 도구를 사용해 본다

제2장 및 제4장에서 개발자 도구를 이용함으로써 웹 페이지의 안쪽 및 각종 데이터를 주고받는 모습을 살펴봤습니다. 여기서는 Microsoft Edge 및 Google Chrome의 개발자 도구를 실제로 조작합니다. 조작 자체는 간단합니다.

개발자 도구의 Network 탭에서 응답 시간을 측정한다

다음은 Windows PC에서의 예입니다.

◆ **Microsoft Edge**
   설정 등 (···) → 기타 도구 → 개발자 도구
◆ **Google Chrome**
   Google Chrome 설정 (···) → 도구 더보기 → 개발자 도구

모두 F12키로 표시할 수 있습니다. Network 탭을 클릭한 후에, 대상이 되는 페이지를 읽어 들입니다.

Microsoft Edge의 화면 예

Google Chrome의 화면 예

위 화면은 Ctrl + R로 새로고침을 한 결과인데, 1.39, 1.55초였습니다. 관심있는 사이트에서 직접 해 보세요.

Chapter 5

웹과 다른 시스템

웹에 실리지 않는, 싣지 않는 시스템

≫ 웹으로 할 수 없는 시스템

웹과 다른 시스템 //

지금까지 웹 기술의 개요를 설명해 왔습니다.

세상의 정보 시스템 중에서 웹 기술을 이용한 시스템은 상당히 늘어나고 있습니다. 한편, 현재 상태에서 **웹으로 이행할 수 없는 시스템** 및 애초 웹에 적합하지 않은 시스템도 있습니다(그림 5-1).

이 장에서 웹화할 수 없는 시스템을 살펴보는 것으로 웹 기술에 대한 이해가 한층 깊어질 거라 생각합니다.

웹으로 할 수 없는 시스템 혹은 웹 이외의 시스템은 어떠한 것이 있을까요?

소규모 온프레미스 시스템 //

우선 예로 들 수 있는 것은 소규모로 사용자가 한정되어 있는 분야에서의 **온프레미스** (on-premise) 시스템입니다. 온프레미스는 자사에서 IT 기기나 그 밖의 IT 자산을 보유하고 자신이 관리하고 있는 환경 내에 설치하여 운용하는 형태입니다.

온프레미스 시스템 안에서도 웹으로 이행하지 않거나 불가능한 시스템은 외부 네트워크에 접속하지 않은 형태입니다. 인터넷을 이용하는 시스템은 다양한 장소 및 다른 네트워크에서 접속할 수 있는 것이 큰 장점이기 때문에 그럴 필요가 없는 시스템입니다. 따라서 이런 시스템은 앞으로도 웹화되는 일은 없을 것입니다(그림 5-2).

그럼 그것들과 조건은 다르지만 규모가 큰 혹은 외부 네트워크로의 접속 필요성이 있을 법한 시스템은 어떨까요? 이후에 설명하는 예처럼 사실은 시스템 규모와 웹화에 관계는 없습니다. 외부 네트워크에 접속할 필요가 없다기보다는 내부 네트워크에만 사용하고 싶은 시스템이라고 바꿔 말하는 편이 적절할지도 모르겠습니다.

그림 5-1 정보 시스템 전체에서의 웹 시스템의 비중

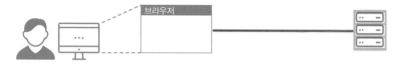

지금처럼 많은 시스템이 웹화되다 보면, 모든 시스템이 인터넷 및 클라우드를 이용하고 있는 것처럼 생각되는데, 웹으로 이행할 수 없는 시스템이나 웹에 적합하지 않은 시스템도 있다

그림 5-2 웹화하기 어려운 시스템의 위치

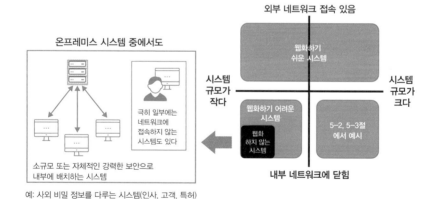

Point

✔ 웹 시스템을 이해하기 위해서는 반대의 입장에 있는 웹화할 수 없는 시스템을 보면 이 해하기 쉽다

✔ 극히 소규모로 외부의 네트워크 접속이 필요 없는 시스템, 내부에만 배치하고 싶은 시 스템은 웹화할 필요는 없다

» 멈출 수 없는 시스템①

교통 기관의 시스템

현재의 교통 시스템은 웹으로 예약이 되고 그 정보를 바탕으로 티켓을 발권하지 않아도 승차나 탑승할 수 있습니다.

그렇지만, 안쪽에서 우리의 이동을 지원하고 있는 전차나 비행기 등의 운행을 관리하는 시스템은 각 회사의 닫힌 전용 네트워크 안에서 동작하고 있습니다. 관제실에 도달할 역이나 전차 등으로부터의 정보에 만에 하나 지연이 발생하면 전체 운행에 지장이 생기기 때문에 인터넷 접속으로 전환할 수 없습니다(그림 5-3).

또한, 우리가 일상적으로 이용하고 있는 자동 개찰 시스템은 자동 개찰기와 IC 카드로 어느 정도 처리를 할 수 있는 것과 시스템의 블록마다 분업화가 진행되어 있기 때문에 부분적으로 인터넷 통신으로 할 수 있는 가능성이 있습니다.

전력 회사의 시스템

철도 회사와는 다른 시스템이지만 전력 회사 등이 발전소를 관리하는 시스템도 마찬가지로 자체적인 네트워크로 동작되고 있습니다.

발전소 등에서 문제가 발생했을 때 인터넷을 통한 통신처럼 타임 래그나 어떠한 원인으로 통신 오류가 있으면 전력 공급이 멈추는 시간 및 빈도가 증가할 수 있습니다. 이런 시스템도 웹으로 전환하는 것은 어렵습니다(그림 5-4).

사회 기반 인프라에 관련된 시스템은 24시간 365일 멈출 수 없기 때문에 이전에는 **미션 크리티컬 시스템**이라고 하기도 했습니다. 이것들은 중요성은 물론이고, 업무 자체나 사용자가 허용할 수 있는 **응답 시간**이 극히 짧은 것도 공통된 요구 사항입니다.

그림 5-3 철도 회사 시스템의 예

철도 운행 관리 시스템

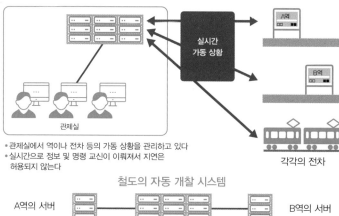

- 관제실에서 역이나 전차 등의 가동 상황을 관리하고 있다
- 실시간으로 정보 및 명령 교신이 이뤄져서 지연은 허용되지 않는다

철도의 자동 개찰 시스템

- 자동 개찰기에서 터치하고 나서 0.X 초의 성능으로 IC 카드에 써넣고 정기적으로 서버와 통신을 하고 있다
- 자동 개찰기, 역이나 거점 서버, 센터 서버 등의 시스템 블록으로 분업이 되어 있어서 인터넷 환경으로 하는 것도 불가능한 것은 아니다

그림 5-4 전력 회사 시스템의 예

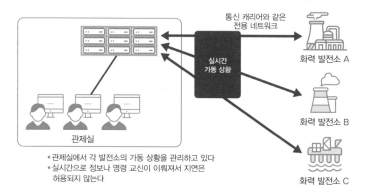

- 관제실에서 각 발전소의 가동 상황을 관리하고 있다
- 실시간으로 정보나 명령 교신이 이뤄져서 지연은 허용되지 않는다

Point

✔ 철도 회사 및 전력 회사는 강고한 전용 네트워크를 보유하고 있다

✔ 사회 기반의 시스템을 웹으로 전환하는 것은 멈출 수 없는 중요성 및 엄격한 응답 시간에 대한 요구 등으로 인해 어렵다

≫ 멈출 수 없는 시스템②

은행 거래 시스템 //

5-2절에서 철도나 전력회사 등의 시스템은 웹으로 전환하는 것이 어렵다고 했습니다. 우리 생활과 더욱 친밀한 시스템에도 그런 것이 있습니다.

사회 기반 시스템과 나란히 미션 크리티컬 시스템으로서 은행과 같은 금융기관의 시스템이 있습니다.

예를 들어 **ATM**의 출금 기능이 정상적으로 동작하고 있으면 특별히 스트레스를 느낄 만한 기다림은 없을 것입니다. ATM이 입출금 전용 기계로서 기능하고 있는 것은 전용 네트워크가 지탱하고 있기 때문입니다(그림 5-5). 개인이나 법인의 생활이나 사업이 있기 때문에 돈을 사용할 수 없는 사태만큼은 피해야 합니다. 또한, 약속 어음 등의 지불을 할 수 없으면 부도 처리되어 금융기관 전체와의 거래가 어려워집니다. 도산으로 이어질 가능성도 있는 등 은행 거래 시스템의 정지는 비즈니스 세계에 큰 영향을 줍니다. 최근에는 송금이나 외화 거래 등 인터넷에서의 거래가 증가해 왔는데 현금의 움직임이 있는 한 멈출 수 없는 시스템입니다.

클라우드화가 진행되고 있는 의료 세계 //

교통, 사회 인프라, 금융 등과 함께 의료 관련 시스템도 멈출 수 없는 시스템의 하나로 들 수 있습니다.

병원에서는 산업계의 ERP에 해당하는 가장 중요한 시스템으로 **전자 진료 기록 카드 시스템**이 있습니다. 종합병원 등에서 의사가 PC상에서 환자의 진료 기록을 보고 진단을 실시하는 등 사무를 포함한 병원 업무 전반에 이용되고 있습니다. 이 분야는 조금씩 변화가 일어나고 있으며 일부에서는 이미 클라우드화가 진행되고 있습니다(그림 5-6).

「왜, 전자 진료 기록 카드는?」이라고 생각할지도 모르겠지만 밀리초 세계에서의 응답 요구가 아니라는 점과 원래 병원이 강고한 전용 네트워크를 보유하고 있지 않는 점이 배경에 있습니다. 즉, 웹화에 대한 키는 응답 시간과 자체 네트워크의 필요성 여부에 있습니다.

그림5-5 은행 시스템이 정지하면 · · ·

은행 시스템이 정지하거나 불안정해지면...

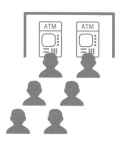

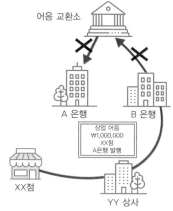

어음 교환소

A 은행   B 은행

상업 어음
₩1,000,000
XX점
A은행 발행

XX점

YY 상사

- ATM에서의 원활한 입출금을 할 수 없게 된다
- 현금을 인출할 수 없어서 생활이 어려운 사람도 나온다
- ATM은 예시이지만, 은행 거래를 관리하는 메인 시스템은 「코어 뱅킹」이라고 한다
- 인터넷 은행처럼 현금을 수반하지 않는 거래는 웹화가 진행되고 있는데, 직접적인 현금에 관한 부분의 웹화는 어렵다

- 어음 발행한 측의 부도나 어음을 입수한 측의 자금 융통에도 영향을 미친다
- 도산 등으로 이어질 우려가 있다

그림5-6 병원의 전자 진료 기록 카드 시스템의 예

병원의 전자 진료 기록 카드 시스템

병원 LAN의 네트워크

진찰 → 회계

- 전자 진료 기록 시스템에서는 환자(고객)의 동선과 함께 시스템이 연동된다
- 일반적으로는 알려져 있지 않지만, 산업계의 ERP와 같은 가장 중요한 시스템

클라우드 형태의 전자 진료 기록 카드 시스템

진찰 → 회계

- 응답 요구가 엄격하지 않은 것
- 강고한 전용 네트워크는 아니기 때문에 보안이 유지되면 클라우드화도 허용
- 중간 규모의 병원에서는 점점 클라우드화가 진행되고 있다

Point

✔ 은행의 현금 거래에 관한 시스템이 멈추면 입출금을 할 수 없으므로 웹화하는 것은 어렵다

✔ 의료 세계에서 가장 중요한 업무 시스템인 전자 진료 기록 카드 시스템은 점점 클라우드화가 되고 있다

Chapter
5

멈출 수 없는 시스템②

≫ 기존 시스템의 클라우드화의 장벽

클라우드 서버는 가상 서버

기존 시스템을 웹화하는 경우에는 그것을 위한 인프라가 정비되어 있는 클라우드 환경에 올리는 것이 지름길인데, 그때 장벽이 되는 것은 클라우드 서비스로 제공되고 있는 서버가 **가상 서버**인 점입니다. 가상 서버는 Virtual Machine(VM), 인스턴스 등이라고 **부릅니다**.

물리 서버를 예로 들어 설명하면, 1대의 서버 안에 여러 대의 서버 기능을 가상적 혹은 논리적으로 갖게 하는 것을 의미합니다(그림 5-7). 물리 서버에 가상 환경을 구축하는 전용 소프트웨어를 설치하여 실현하는데, 클라우드 서비스에서 서버 생성 및 대여 서버를 이용할 때 주의해서 보지 않으면 가상 서버라고 눈치채지 못하는 경우도 있습니다.

가상 환경으로 되어 있는지 확인한다

가상화 소프트웨어로는 VMWare나 Hyper-V, OSS(오픈소스 소프트웨어)의 Xen, KVM 등이 유명합니다. 물리 서버에 대하여 가상의 서버를 할당하는데, 가상화 소프트웨어상에서 가상 서버의 보이는 쪽은 그림 5-8과 같이 단순합니다. 운용 감시 소프트웨어가 다수의 서버의 가동 상황을 보는 것과 동일하게 관리할 수 있습니다.

기업 및 단체의 시스템에서도 가상 서버의 도입은 상당한 비율로 진행되고 있는데 비교적 오래된 시스템에서는 가상 환경으로 되어 있지 않은 것도 많습니다.

클라우드 사업자나 대량의 임대 서버를 보유하고 있는 ISP에서는 가상 서버가 있어 효율적으로 운용할 수 있게 되어 있습니다.

시스템이 오래된 것도 많기 때문에 기존 시스템에서 갱신 등이 요구될 때는 가상 환경으로 되어 있는지 확인을 해야 합니다. 가상화되어 있고 같은 가상화 소프트웨어라면 비교적 원활하게 클라우드 서비스 및 임대 서버로 전환할 수 있습니다.

그림5-7 가상 서버의 개요

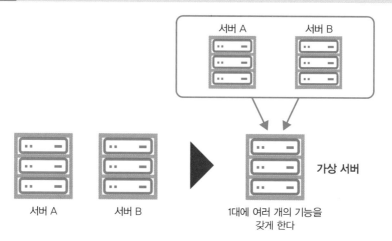

서버 A　　　　　　서버 B

서버 A　　　　서버 B　　　　　　가상 서버

1대에 여러 개의 기능을
갖게 한다

그림5-8 가상 서버의 보이는 쪽의 예

Hyper-V 매니저의 화면 예

1대의 물리 서버에 business process A·B, hadoop #0~#3의
6대의 가상 서버가 설정되어 있는 예

Point

✔ 클라우드 서비스 및 임대 서버에서는 기본적으로 가상 서버로 서비스가 제공되고 있다
✔ 기존 시스템을 클라우드화하고 싶은 경우에는 가상화가 되어 있는지 여부를 확인해야
　한다

≫ 웹과 궁합이 좋은 메일 서버

메일을 송신하는 기능 및 서버

1-10절에서 설명한 것처럼 메일 시스템은 웹에 포함되어 있지 않지만 웹과 궁합이 좋고 함께 이용되는 경우도 많기 때문에 간단하게 살펴봅니다. 메일은 송신과 수신의 프로토콜이 다르기 때문에 기능과 함께 서버를 따로 구축하기도 합니다.

먼저 메일 송신은 **SMTP**(Simple Mail Transfer Protocol) 서버로, 메일을 송신하는 프로토콜을 이용합니다. 메일 송신의 흐름은 그림 5-9와 같이 메일 소프트웨어로 메일 송신용으로 설정하는 SMTP 서버에 메일 데이터를 보내는 것부터 시작합니다. SMTP 서버는 메일 주소의 @ 뒤에 있는 도메인명을 확인하고, DNS 서버에 IP 주소를 질의합니다. IP 주소를 확인했으면 메일을 송신합니다.

메일을 수신하는 기능 및 서버

메일 수신은 **POP3**(Post Office Protocol Version 3) 서버로, 메일을 수신하는 프로토콜을 이용합니다. 그림 5-10을 보면 SMTP 서버에는 송신 측의 서버와 수신 측의 서버가 있습니다. 그림과 같이 송신 측의 SMTP 서버에서 수신 측의 SMTP 서버로 서버 간의 주고받기로 메일 데이터가 도착합니다. 그리고 수신 측의 SMTP 서버에 사용자가 메일을 받으러 갈 때 POP3 서버를 이용합니다. SMTP 서버는 송신 명령이 있으면 즉시 상대의 SMTP 서버로 데이터를 보내는데, POP3 서버는 메일 소프트웨어에 설정된 정기 간격으로 확인하는 등 처리의 차이도 있습니다.

SMTP와 POP3는 별도 서버로서 독립하기도 하지만, 소규모인 경우에는 웹 서버 안에 기능으로 포함시켜 구성하는 경우도 많습니다.

그림 5-9 SMTP 서버의 개요

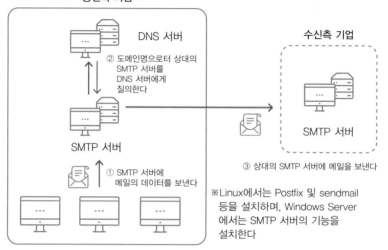

송신측 기업

DNS 서버

② 도메인명으로터 상대의
SMTP 서버를
DNS 서버에게
질의한다

수신측 기업

SMTP 서버

SMTP 서버

③ 상대의 SMTP 서버에 메일을 보낸다

① SMTP 서버에
메일의 데이터를 보낸다

※Linux에서는 Postfix 및 sendmail
등을 설치하며, Windows Server
에서는 SMTP 서버의 기능을
설치한다

Chapter
5

웹과 궁합이 좋은 메일 서버

그림 5-10 POP3 서버의 개요

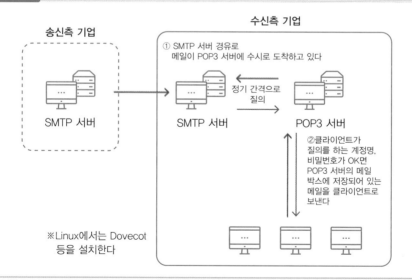

수신측 기업

송신측 기업

① SMTP 서버 경유로
메일이 POP3 서버에 수시로 도착하고 있다

정기 간격으로
질의

SMTP 서버

SMTP 서버

POP3 서버

②클라이언트가
질의를 하는 계정명,
비밀번호가 OK면
POP3 서버의 메일
박스에 저장되어 있는
메일을 클라이언트로
보낸다

※Linux에서는 Dovecot
등을 설치한다

Point

✔ 메일 송신에서는 SMTP 서버 및 기능, 수신에서는 POP3 서버가 이용되고 있다

✔ 소규모 시스템에서는 웹 서버에 메일 기능이 함께 있는 경우가 많다

≫ 인터넷 이외의 네트워크

기업 및 단체 네트워크의 기본

현재 대부분의 기업 및 단체가 인터넷을 이용하고 있는데, 내부 네트워크의 기본은 **LAN**(Local Area Network)입니다. 거점 간은 캐리어가 제공하는 통신망인 **WAN**(Wide Area Network)을 이용하고 있습니다. 이 LAN과 WAN으로 구성된 기업 내 네트워그는 **인트라넷**이라고 합니다(그림 5-11).

지금까지 설명한 것처럼 이러한 상태를 전제로 한 후, 모든 시스템의 웹화나 클라우드화, 할 수 있는 것을 클라우드화, 특별히 그럴 필요가 없는 기업이나 단체. 이렇게 3가지 타입으로 나눌 수 있습니다.

어느 쪽이든 LAN과 WAN의 네트워크, 인터넷 서비스를 이용하고 있습니다. WAN 부분은 전용선을 시작으로 하는 고정 회선의 서비스입니다. 직원 등에 의한 외부에서의 접속을 위해 VPN(Virtual Private Network) 등을 이용하는 경우도 증가하고 있습니다. 정보 시스템 전체로 보면 아직도 유선이나 무선 LAN을 중심으로 한 시스템이 많은 것이 현실입니다.

LAN이 남은 이유

아직까지 LAN이 남은 이유로 각종 시스템의 서버와 서버에 접속되어 있는 네트워크 기기가 유선 LAN으로 연결되어 있다는 것이 있습니다(그림 5-12). 데이터 통신의 품질과 보안의 관점에서 이렇게 되어 있지만, 그 때문에 서버를 물리적으로 자유롭게 외부로 이동할 수는 없습니다.

제3장 후반부에서 보았듯이 새로운 시스템의 서버를 클라우드로 만드는 것은 온프레미스보다 쉽지만 기존 시스템을 통째로 인터넷 환경으로 이행하는 것은 5-4절에서도 설명한 것처럼 그렇게 간단하지 않습니다. 이전부터 웹화나 클라우드화가 주창되고 있어 비율이 급속히 증가해 왔으나 미션 크리티컬한 시스템을 빼도 모든 시스템이 인터넷상에 올라오려면 아직 시간이 필요합니다.

그림 5-11 **LAN과 WAN의 예**

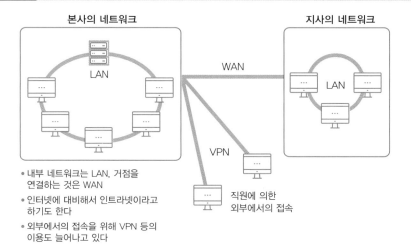

- 내부 네트워크는 LAN, 거점을 연결하는 것은 WAN
- 인터넷에 대비해서 인트라넷이라고 하기도 한다
- 외부에서의 접속을 위해 VPN 등의 이용도 늘어나고 있다

그림 5-12 **서버의 물리적인 접속은 유선 LAN**

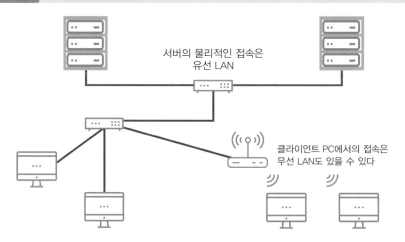

Point

✔ 기업 및 단체의 네트워크 기본은 LAN과 WAN

✔ 기업 시스템의 웹화 및 클라우드화는 급속히 진행되고 있지만 아직 내부 네트워크에 닫힌 시스템도 남아있다

≫ 서버의 기능 차이

사무실에서 일반적인 파일 서버 \\

제3장의 후반에서는 웹 서버의 구축에 대해 설명했습니다. 설치 작업을 마치고 구축
한 웹 서버를 보면 다양한 기능이 있는 것으로도 생각됩니다. 그러나 웹 서버는 다양
한 서버 중에서도 특별한 존재입니다.

예를 들어, 사무실에서 일상적으로 사용되고 있는 **파일 서버**에 대해서 생각해 봅시
다. 클라이언트 PC가 Windows, 서버가 Windows Server면 소프트웨어의 기능
으로「파일 서버」와「파일 서버 리소스 매니저」를 추가해야 합니다. 서버가 Linux면
Samba 설치 및 설정을 해야 합니다(그림 5-13).

이러한 파일 서버의 기능은 사무실에서 압도적으로 많은 Windows PC의 클라이언
트가 어딘가의 네트워크 그룹에 속해 있다고 하는 마이크로소프트의 Windows 네트
워크 사고방식을 전제로 하고 있습니다. 네트워크 접속도 LAN이 전제가 됩니다.

웹 서버에는 내부 시스템은 함께 있지 않다 \\\

반면에 웹 서버의 기능은 웹 서버에 업로드되어 있는 콘텐츠를 인터넷을 통해 열람
할 수 있도록 하는 것에 있으므로, 일부 비슷한 기능은 있지만 전혀 다른 시스템입니
다. 또한, 불특정 다수의 외부 단말기에서 접속을 받을 수 있는 웹 서버 중에 내부 네
트워크에서 공유하는 각종 업무의 파일을 두거나 파일 서버의 기능을 함께 있게 하는
것은 기본적으로는 없습니다(그림 5-14).

사무실 내에서 운영되고 있는 파일 서버와 각종 업무 시스템 등은 같은 네트워크 환
경 안에서 함께 있는 경우도 많은데, 웹 서버는 그것들과는 다른 존재로서, 특별한
가치를 제공하고 있습니다.

그림 5-13   Windows Server의 파일 서버와 Samba

Windows Server의 「서버의 역할 선택」   Linux(CentOS)에서의 Samba 설치 화면

Windows Server의 파일 서버   Linux의 파일 서버

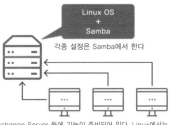

Windows Server
+
(파일 서버)
(파일 서버 리소스 매니저)

각종 설정은 파일 서버 리소스
매니저에서 한다

Linux OS
+
Samba

각종 설정은 Samba에서 한다

그 밖의 예로서 메일 서비스는 Windows에서는 메시징 플랫폼인 Exchange Server 등에 기능이 준비되어 있다. Linux에서는
SMTP 서버용에 Postfix 및 Sendmail, POP3/IMAP 서버용에 Dovecot 등을 개별적으로 설치 또는 설정한다

그림 5-14   외부와 내부의 시스템은 따로

웹 서버(외부 대상 시스템)

• 웹 서버는 외부 단말에서의 접속을
  받으므로 외부의 공유 파일 및
  시스템 등을 함께 두지 않는다
• FTP 및 메일 기능이 함께 있기도
  하다

파일 서버(내부 대상 시스템)

파일 서버는 내부 단말에서의 접속에만
허용돼 있으므로 업무 시스템 등과
함께 있는 경우가 많다

Point

✔ 파일 서버를 구축하려면 Windows Server에서는 파일 서버의 기능 추가, Linux에서는
  Samba 설치 및 설정이 필요하다.

✔ 외부의 불특정 다수의 단말기에서 접속되는 웹 서버에 내부의 파일 서버 및 업무 시스
  템이 함께 있는 일은 없다

해 보자

ping 명령어

업무 시스템에서도 웹에서도 사용하기도 하는 명령어로 ping 명령어가 있습니다. ping 명령어로 조작하고 있는 디바이스로부터 상대의 디바이스(여기에서는 웹 서버 등)에 통신이 되고 있는지 여부를 확인할 수 있습니다. 업무 시스템이면 서버와의 통신이 되고 있는지 확인을 위해 이용합니다. Windows PC, Linux 단말 모두에서 사용할 수 있는 편리한 명령어입니다. 실제로 해 봅시다. Windows PC에서는 명령 프롬프트를 실행합니다.

ping 명령어 실행 후의 예

이 예에서는 ping 명령어의 다음에 IP 주소를 입력합니다.

왼쪽이 Windows PC, 오른쪽이 Linux의 예입니다. 보여주는 방식은 약간 다르지만 대체로 같은 정보를 취득할 수 있습니다.

Windows에서의 ping 명령어의 예

```
C:₩>ping 182.22.59.229

Ping 182.22.59.229 32바이트 데이터 사용:
182.22.59.229의 응답: 바이트=32 시간=64ms TTL=45
182.22.59.229의 응답: 바이트=32 시간=45ms TTL=45
182.22.59.229의 응답: 바이트=32 시간=46ms TTL=45
182.22.59.229의 응답: 바이트=32 시간=45ms TTL=45

182.22.59.229에 대한 Ping 통계:
    패킷: 보냄 = 4, 받음 = 4, 손실 = 0 (0% 손실),
왕복 시간(밀리초):
    최소 = 45ms, 최대 = 64ms, 평균 = 50ms
```

Linux에서의 ping 명령어의 예

```
         ~]$ ping 182.22.59.229
.59.229 (182.22.59.229) 56(84) bytes of data.
rom 182.22.59.229: icmp_seq=1 ttl=31 time=159 ms
rom 182.22.59.229: icmp_seq=2 ttl=31 time=160 ms
rom 182.22.59.229: icmp_seq=3 ttl=31 time=160 ms
rom 182.22.59.229: icmp_seq=4 ttl=31 time=159 ms

.59.229 ping statistics ---
ransmitted, 4 received, 0% packet loss, time 3003ms
/max/mdev = 159.959/159.997/160.036/0.490 ms
```

ping 명령어 뒤에 도메인명을 직접 입력해도 같은 결과를 얻을 수 있습니다. 제3장의 「해 보자」의 nslookup 명령어로 취득한 IP 주소 등을 입력해서 시험해 보세요.

또한, 그외의 네트워크 관련 명령어로 ipconfig(Windows PC용 명령어, Linux의 경우 ifconfig), tracert(Windows PC용 명령어, Linux의 경우는 traceroute), arp(Windows, Linux 공통) 등이 있습니다.

클라우드와의 관계

현재 웹 시스템의 기반을 이해한다

Web Technology

≫ 클라우드의 개요와 특징

클라우드란?

클라우드란 **클라우드 컴퓨팅**의 약칭으로 정보 시스템, 서버 및 네트워크 등의 IT 자산을 인터넷을 통해 이용하는 형태를 말합니다. 근래에는 웹 시스템을 클라우드상에서 제공하는 것도 늘어났습니다.

클라우드는 클라우드 서비스를 제공하는 사업자와 그러한 서비스를 이용하는 기업 및 단체, 개인으로 구성됩니다. 원래는 인터넷을 표현하던 구름 마크로 표현되는 경우도 많아졌습니다(그림 6-1).

클라우드 서비스의 특징

클라우드 서비스에는 그림 6-2처럼 몇 가지 특징이 있는데 웹 시스템 및 서비스와의 궁합이 뛰어납니다.

① 이용에 관한 특징

◆ 종량 과금
　시스템을 이용한 시간 및 양에 따라 비용이 발생한다.

◆ 이용량의 확대 및 축소가 쉽다
　이용 상황에 따른 조정을 쉽게 할 수 있다

② IT 기기 및 시스템에 관한 특징

◆ IT 기기 및 관련 설비는 클라우드 사업자가 보유

◆ 기기 및 설비 등의 운용은 클라우드 사업자가 시행한다

◆ 보안 및 다양한 통신 수단에 대한 대응이 정비되어 있다

3-9절 이후에서 웹 서버나 시스템을 구축할 때 자가, 임대 서버, 클라우드 서비스의 차이를 설명했습니다. ①뿐만 아니라 ②의 특징도 있으므로 많은 변화가 예상되어 앞날을 예측하기 어려운 서비스 및 시스템 등에 적합합니다.

그림 6-1 클라우드의 등장 인물

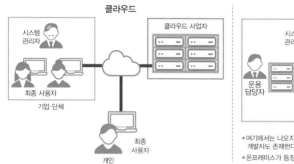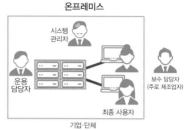

그림 6-2 클라우드 서비스의 특징

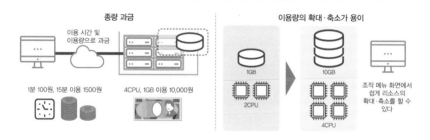

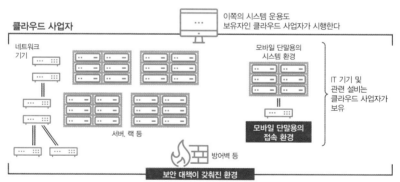

Point

✔ 클라우드는 정보 시스템 및 서버, 네트워크 등의 IT 자산을 인터넷을 통해 이용하는 형태

✔ 플렉시블한 이용량의 변경, 보안 및 다양한 통신 수단에 대한 대응 등 변화가 예상되는 서비스 및 시스템에 적합하다

» 클라우드 서비스의 분류

클라우드의 주요 3가지 서비스

현재의 클라우드에서는 ICT 리소스 전부가 제공되고 있으며 서비스의 다양화가 진행되고 있습니다. 기업 및 단체가 필요하거나 서툰 부분만을 이용할 수 있게 되어 있는데 여기에서 다시 3가지 주요 서비스를 살펴보겠습니다(그림 6-3).

◆ laaS(Infrastructure as a Service)
사업자가 서버 및 네트워크 기기, OS를 제공하는 서비스로 미들웨어와 개발 환경, 애플리케이션은 사용자가 설치합니다.

◆ PaaS(Platform as a Service)
laaS에 더해 미들웨어와 애플리케이션 개발 환경이 미리 구현되어 있습니다. ISP의 임대 서버는 웹 시스템에 특화된 laaS 및 PaaS입니다.

◆ SaaS(Software as a Service)
사용자가 애플리케이션과 그 기능을 이용하는 서비스로, 애플리케이션의 설정·변경 등을 시행합니다.

클라우드 네이티브의 등장

웹 사이트를 포함한 웹 앱 및 시스템에서는 IaaS나 PaaS가 선택됩니다. **클라우드 네이티브**라고 불리듯이 클라우드 환경에서 시스템을 개발하여 그대로 운용하는 형태도 많아졌기 때문에 PaaS의 이용량이 증가하고 있습니다(그림 6-4).

IaaS나 PaaS는 업계에서의 호칭이며 클라우드 사업자의 대부분은 양쪽 서비스를 제공합니다.

그림 6-3 IaaS, PaaS, SaaS의 관계

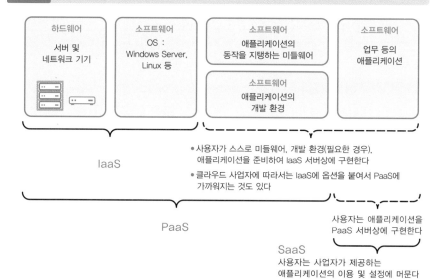

하드웨어	소프트웨어	소프트웨어	소프트웨어
서버 및 네트워크 기기	OS : Windows Server, Linux 등	애플리케이션의 동작을 지탱하는 미들웨어	업무 등의 애플리케이션
		소프트웨어 애플리케이션의 개발 환경	

IaaS

• 사용자가 스스로 미들웨어, 개발 환경(필요한 경우), 애플리케이션을 준비하여 IaaS 서버상에 구현한다
• 클라우드 사업자에 따라서는 IaaS에 옵션을 붙여서 PaaS에 가까워지는 것도 있다

PaaS

사용자는 애플리케이션을 PaaS 서버상에 구현한다

SaaS
사용자는 사업자가 제공하는 애플리케이션의 이용 및 설정에 머문다

그림 6-4 클라우드 네이티브에 의한 시스템 개발

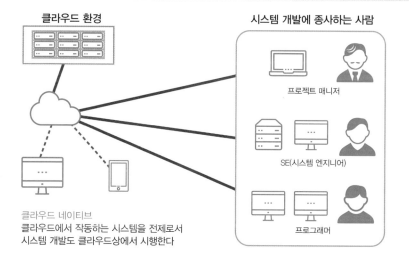

클라우드 환경

시스템 개발에 종사하는 사람

프로젝트 매니저

SE(시스템 엔지니어)

프로그래머

클라우드 네이티브
클라우드에서 작동하는 시스템을 전제로서
시스템 개발도 클라우드상에서 시행한다

Point

✔ 검토하고 있는 서비스나 이용하고 있는 서비스를 IaaS, PaaS, SaaS의 3가지 관점에서 살펴본다

✔ 클라우드 환경에서 시스템 개발에서 운용까지 할 수 있을지 여부를 생각한다

≫ 클라우드의 2가지 조류

클라우드라고 하면 퍼블릭 //

일반적으로 클라우드 서비스라고 할 때는 이른바 **퍼블릭 클라우드**를 가리키는 경우가 많습니다.

퍼블릭 클라우드는 클라우드 서비스의 상징적인 존재인 아마존의 AWS, 마이크로소프트의 Azure, 구글의 GCP 등이 불특정 다수의 기업이니 단체, 개인에 대해서 제공하고 있는 서비스입니다.

퍼블릭 클라우드의 특징은 비용적인 장점과 최신 기술을 빠르게 이용할 수 있다는 점을 들 수 있는데, 사용자가 이용하는 서버 등에 관해서는 시스템 전체 구성 중에서 최적인 장소인 CPU·메모리 디스크에 할당되어 있기 때문에 자신이 계약하고 있는 서버가 어느 것인지 보이지 않습니다(그림 6-5).

프라이빗 클라우드와 웹 시스템 //

이에 반해 자사를 위해 클라우드 서비스를 제공하거나 혹은 데이터센터 등에 자사를 위한 클라우드 공간을 구축하는 것이 **프라이빗 클라우드**입니다. 이 형태라면 어느 시스템이 어느 서버를 이용하고 있는지 파악할 수 있습니다(그림 6-6).

클라우드 시장 자체는 매년 확대되고 있는데 최근에는 프라이빗 요구가 늘고 있습니다.

현재의 동향으로는 사내나 거래처 등을 포함하는 특정 사용자를 위한 웹 시스템이라면 프라이빗으로 제공하는 경우가 늘어날 것으로 예상되며, 불특정 다수의 사용자용이나 변경이 많은 시스템에서는 지금까지와 마찬가지로 퍼블릭 클라우드가 선택될 것입니다.

클라우드와 임대 서버를 구분해 사용하는 기준점은 제공하는 서비스 및 시스템의 패턴 및 규모가 정해져 있는지 여부를 들 수 있습니다.

그림 6-5 퍼블릭 클라우드에서는 어디에 계약한 서버가 있는지 보이지 않는다

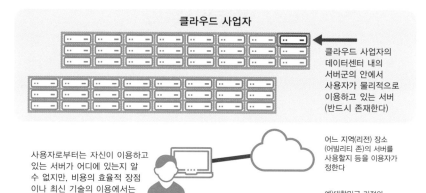

클라우드 사업자

클라우드 사업자의 데이터센터 내의 서버군의 안에서 사용자가 물리적으로 이용하고 있는 서버 (반드시 존재한다)

사용자로부터는 자신이 이용하고 있는 서버가 어디에 있는지 알 수 없지만, 비용의 효율적 장점 이나 최신 기술의 이용에서는 우수하다

사용자

어느 지역(리전) 장소 (어빌리티 존)의 서버를 사용할지 등을 이용자가 정한다

예)대한민국 리전의 서울 어빌리티 존

그림 6-6　프라이빗 클라우드의 특징

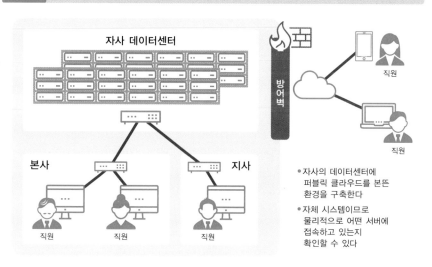

자사 데이터센터

방어벽

직원

직원

본사　　　　　　　　　지사

직원　　　　직원　　　　직원

• 자사의 데이터센터에 퍼블릭 클라우드를 본뜬 환경을 구축한다

• 자체 시스템이므로 물리적으로 어떤 서버에 접속하고 있는지 확인할 수 있다

Point

✔ 일반적으로 클라우드 서비스라고 할 때는 퍼블릭 클라우드를 가리키는 경우가 많다

✔ 프라이빗 클라우드가 증가하고 있는데, 웹 시스템에서는 특정 사용자용이면 적합하다

Chapter 6
클라우드의 2가지 조류

>> 가상의 프라이빗 클라우드

프라이빗 클라우드를 퍼블릭상에서 실현한다

6-3절에서 퍼블릭 클라우드와 프라이빗 클라우드를 설명했습니다.

사실은 프라이빗 클라우드를 퍼블릭 클라우드상에서 실현하는 서비스도 있습니다. 이를 **VPC**(Virtual Private Cloud)라고 합니다.

자사에서 보유·관리하는 데이터센터는 물리적인 사업소이지만, VPC로 구현하는 프라이빗 클라우드 센터는 가상 데이터센터입니다(그림 6-7).

현실의 이용 상황에서는 여러 개의 클라우드화할 수 있는 시스템 및 웹 시스템 등을 통합해서 운용·관리하고 싶은 경우에 사용됩니다. 혹은 프라이빗 클라우드를 구축하기 전 단계로서 사용되기도 합니다.

비교적 규모가 큰 웹 시스템이 VPC상에 구축되는 경우도 늘고 있습니다.

웹 시스템을 두는 장소

클라우드 사업자의 데이터센터 내에 구축되는 VPC 네트워크와 자사의 네트워크는 VPN이나 전용선 등에서 접속됩니다. VPC 내의 가상 서버나 네트워크 기기에는 프라이빗한 IP 주소를 할당할 수 있으므로 자사 거점 간에 서버 등의 IP 주소를 지정해서 접근하는 것과 같이 접속할 수 있습니다.

지금까지 내용을 정리하면 웹 시스템을 물리적으로 두는 장소는 ISP의 데이터센터 내에 있는 임대 서버 등의 이용, 퍼블릭 클라우드 안의 서비스 이용, 퍼블릭 클라우드 안의 VPC, 데이터센터 사업자, 자사의 데이터센터 및 프라이빗 클라우드 환경 등이 실질적인 선택지가 되는 것입니다(그림 6-8).

그림 6-7 VPC의 개요

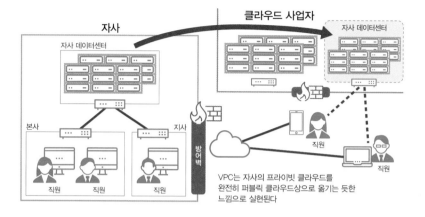

자사

클라우드 사업자

자사 데이터센터

자사 데이터센터

본사   지사

방어벽

직원   직원   직원

직원

직원

VPC는 자사의 프라이빗 클라우드를
완전히 퍼블릭 클라우드상으로 옮기는 듯한
느낌으로 실현된다

그림 6-8 웹 시스템을 두는 장소

ISP 임대 서버 또는 퍼블릭 클라우드의 이용

자사 데이터센터 및
프라이빗 클라우드 환경

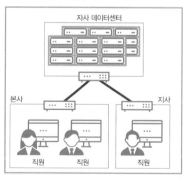

자사 데이터센터

본사   지사

직원   직원   직원

퍼블릭 클라우드 안의
VPC 또는 데이터센터 사업자 내

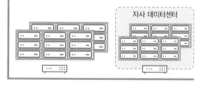

자사 데이터센터

Point

✔ 퍼블릭 및 프라이빗 클라우드에 더해서 VPC라는 선택지도 있다

✔ 웹 시스템을 두는 장소가 다양화되고 있는데 다른 시스템을 두는 장소와 아울러 검토
한다

Chapter

6

가상의 프라이빗 클라우드

6-5

메가 벤더, 파트너

≫ 클라우드 사업자의 개요

클라우드 사업자의 4가지 분류 ////////////////////////////////

클라우드의 세계적인 **메가 벤더**로 아마존, 마이크로소프트, 구글을 들 수 있는데, 각각 고유한 특징을 갖고 있습니다. 메가 벤더를 뒤쫓는 후발주자로 국내는 네이버 클라우드 등이 있지만 이러한 기업은 메가 벤더의 **파트너**이기도 합니다(그림 6-9).

클라우드 사업자는 비즈니스 백그라운드나 퍼블릭과 프라이빗 어느 쪽에 축을 두는지에 따라 그림 6-10과 같이 크게 4가지로 분류할 수 있습니다.

- ◆ **3대 메가 벤더**: 초대형 규모인 인터넷 비즈니스 및 개인을 포함한 데이터 처리의 경험
- ◆ **IT 대기업&데이터센터**: 오픈소스를 기반으로 서비스 제공, 대규모 시스템의 구축 실적, 클라우드 이전부터의 데이터센터 비즈니스 경험
- ◆ **통신 캐리어**: 통신 사업자로서의 기반을 활용한 서비스 제공
- ◆ **ISP**: ISP의 경험을 살린 특징적인 서비스를 제공하는 동시에 클라우드 사업자로서 서비스를 확대하고 있다

그밖에 해외에서 강한 사업자, 업종마다 강한 사업자 등이 있습니다.

클라우드 사업자의 선정 ////////////////////////////////

웹 시스템에서 클라우드를 이용할 때는 실현하고 싶은 서비스나 시스템이 목표로 하고 있는 부분과 퍼블릭인지 프라이빗인지, 더불어 클라우드 사업자가 제공하고 있는 서비스에 맞는지가 중요합니다.

또한, 앞으로 클라우드에 관한 식견을 높이려면 현재 양강 구도인 AWS와 Azure, OSS 클라우드의 기반이 되는 OpenStack에 대해서 배우길 권합니다.

138   Chapter 6 클라우드와의 관계

그림 6-9 메가 벤더와 기타 주요 클라우드 사업자

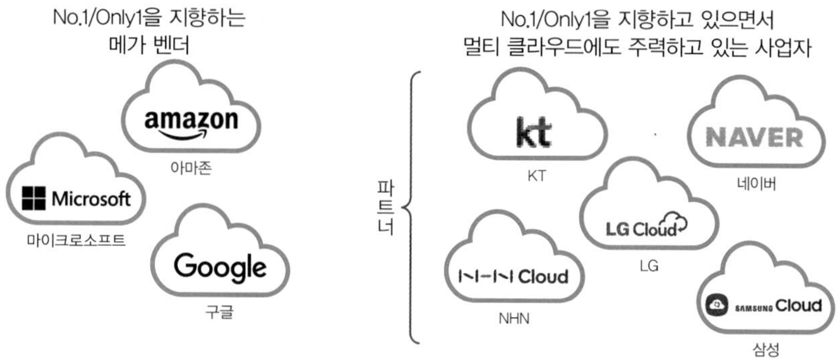

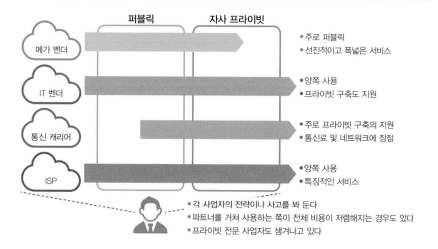

No.1/Only1을 지향하는
메가 벤더

amazon
아마존

Microsoft
마이크로소프트

Google
구글

No.1/Only1을 지향하고 있으면서
멀티 클라우드에도 주력하고 있는 사업자

파트너

kt
KT

NAVER
네이버

LG Cloud
LG

NHN Cloud
NHN

SAMSUNG Cloud
삼성

- 메가 벤더의 파트너 기업으로서의 면모도 갖고 있다
- 이들 외에도 여러 가지 양호한 준대기업이나 중견 사업자가 존재한다
- 글로벌 시장에서는 중국의 알리바바 등도 상위에 랭킹된다
- 아마존과 마이크로소프트가 투톱으로 3위부터는 항상 랭킹이 바뀌는 전국시대

그림 6-10 클라우드 사업자의 분류 예

퍼블릭   자사 프라이빗

메가 벤더
- 주로 퍼블릭
- 선진적이고 폭넓은 서비스

IT 벤더
- 양쪽 사용
- 프라이빗 구축도 지원

통신 캐리어
- 주로 프라이빗 구축의 지원
- 통신료 및 네트워크에 장점

ISP
- 양쪽 사용
- 특징적인 서비스

- 각 사업자의 전략이나 사고를 봐 둔다
- 파트너를 거쳐 사용하는 쪽이 전체 비용이 저렴해지는 경우도 있다
- 프라이빗 전문 사업자도 생겨나고 있다

Point

✔ 클라우드 사업자는 비즈니스의 배경을 바탕으로 정리하면 알기 쉽다
✔ 클라우드를 전문적으로 배운다면 AWS 및 Azure, OpenStack의 지식은 꼭 필요하다.

≫ 데이터센터와 클라우드

데이터센터란?

데이터센터는 1990년대부터 보급되어 현재는 클라우드를 지탱하는 시설의 기반이 되고 있습니다.

주요 건축 회사 및 IT 벤더에서 설립되어 있는 일본 데이터센터 협회(JDCC: Japan Data Center Council)에서는 데이터센터를 분산하는 IT 기기를 집약 · 설치하여 효율적으로 운용하기 위해 만들어진 전용 시설이라고 정의하며, 인터넷용의 서버 및 데이터 통신, 고정 · 휴대 · IP 전화 등의 장치를 설치 · 운용하는 데 특화된 건물의 총칭을 가리킵니다(그림 6-11).

데이터센터가 제공하는 서비스

데이터센터를 사업으로서 운영하는 벤더가 제공하는 서비스는 크게 3개의 타입이 있습니다(그림 6-12).

- ◆ **호스팅 서비스**: 데이터센터의 시설(건물, 관련 설비)의 보유와 함께 ICT 운용, ICT 리소스도 보유하여 제공하며, 사용자는 소프트웨어를 어떻게 할지에 집중할 수 있습니다.
- ◆ **하우징 서비스**: ICT 기기 등의 리소스는 사용자가 보유하고 있고, 운용 감시 등은 센터 측에서 시행합니다.
- ◆ **코로케이션 서비스**: 데이터센터는 시설 제공에 그칩니다.

데이터센터의 서비스에서는 **클라우드는 호스팅에 해당합니다.** ISP 임대 서버도 호스팅입니다.

하우징이나 코로케이션은 네트워크 접속의 편의성, 견고한 시설 이용 등의 요구로 이용됩니다. 3가지 타입의 용어는 현재도 사용되므로 차이를 기억해 둡시다.

그림 6-11　데이터센터의 설비

서버 및 네트워크 기기 등의 IT 기기 이전에 설치하는
전원, 공조 설비, 랙 그리고 그것들을 수용하는 건물이 필요

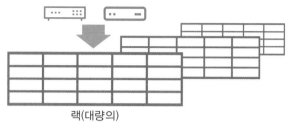

랙(대량의)

대형의 전원 설비

대형의 공조 설비

건물(데이터센터)

그림 6-12　호스팅, 하우징, 코로케이션의 차이

	데이터센터의 건물	데이터센터의 설비 (전원, 공조, 랙, 보안 설비 등)	ICT 운용 (시스템 감시, 매체의 교환 등)	ICT 리소스·기기 (서버, 네트워크 기기 등)
호스팅 서비스	사업자 보유	사업자 보유	사업자가 시행한다	사업자 보유
하우징 서비스	사업자 보유	사업자 보유	사업자가 시행한다	사용자 보유
코로케이션 서비스	사업자 보유	사업자 보유	사용자가 시행한다	사용자 보유

클라우드는 호스팅 서비스와 마찬가지로 건물, 설비, 운용, 기기는 전부 사업자의 보유 및 실행으로 한다

Point
✔ 데이터센터는 주로 호스팅, 하우징, 코로케이션 3가지 서비스로 제공된다
✔ 클라우드 및 임대 서버는 호스팅 서비스에 해당한다

Chapter 6

데이터센터와 클라우드

>> 대량의 IT 리소스를 관리하는 구조

대량의 IT 리소스 관리

클라우드 사업자나 ISP 데이터센터에서는 대량의 서버 및 네트워크 기기, 스토리지 등이 배치되어 있습니다. 대규모인 센터가 되면 서버만도 1만 대가 넘습니다. 이 절에서는 참고로 데이터센터 측의 구조를 설명합니다.

클라우드 사업자의 데이터센터에는 **컨트롤러**라는 서버가 있으며, 서비스를 일원적으로 관리 · 운용하고 있습니다. 클라서버 시스템의 서버가 다수의 클라이언트 PC를 관리하는 것과 마찬가지로 컨트롤러가 대량의 서버 및 네트워크 기기 등을 관리합니다 (그림 6-13).

컨트롤러의 기능

컨트롤러가 갖고 있는 주요 기능을 정리하면 다음과 같습니다.

- ◆ 가상 서버, 네트워크, 스토리지 관리(그림 6-14)
- ◆ 리소스 배분(사용자 할당)
- ◆ 사용자 인증
- ◆ 가동 상황 관리

기본적으로 규모는 별개로, 시스템의 운용 관리에서 필수적인 기능입니다.

클라우드 사업자의 데이터센터에서는 그림 6-14와 같이 물리적인 양의 확장이 용이한 구성을 취하는 것이 특징인데, 이러한 발상은 다양한 시스템에서 참고가 됩니다.

또한, OSS를 이용하여 클라우드 서비스를 제공하는 사업자 간에는 IaaS는 OpenStack, PaaS는 Cloud Foundry와 같이 사실상 표준이 되는 기반 소프트가 있습니다.

그림 6-13 | 컨트롤러의 개요

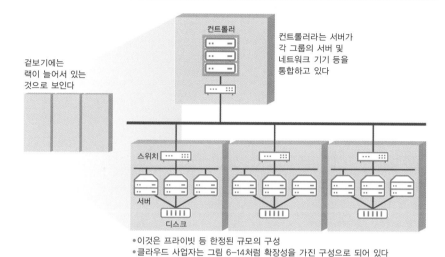

컨트롤러

겉보기에는
랙이 늘어서 있는
것으로 보인다

컨트롤러라는 서버가
각 그룹의 서버 및
네트워크 기기 등을
통합하고 있다

스위치

서버

디스크

• 이것은 프라이빗 등 한정된 규모의 구성
• 클라우드 사업자는 그림 6-14처럼 확장성을 가진 구성으로 되어 있다

Chapter
6

대량의 IT 리소스를 관리하는 구조

그림 6-14 | 컨트롤러의 주요 기능

컨트롤러   관리용 DB

네트워크 관리

네트워크를
관리하는 서버

가상 서버 관리

스토리지 관리

대량의 물리 서버와
그 안의 가상 서버군

스토리지를 관리하는 서버

클라우드 사업자의 데이터센터에서는
물리적인 양에 대응할 수 있도록
각각의 유닛을 증가하는 것만으로
확장할 수 있게 한다

Point

✔ 대량의 서버 및 네트워크 기기 등을 관리하기 위해서 컨트롤러라는 서버가 존재한다
✔ 컨트롤러는 클라서버 시스템의 서버와 같은 역할을 한다

≫ 기존 시스템을 클라우드화하려면?

2단계의 이행 작업

클라우드에 관한 이해가 깊어진 참에 기존의 시스템을 클라우드화 하는 경우에 대해서 생각해 보겠습니다. 웹화한다고도 말할 수 있습니다.

시스템을 다른 환경으로 이행하는 것을 **마이그레이션**이라고 하는데, 실제의 이행 작업은 그다지 간단하지 않습니다. 가상 환경이 아닌 시스템을 클라우드 환경으로 전환하기 위해서는 크게 두 단계가 필요합니다(그림 6-15).

- ◆ 단계 1: 서버의 가상화
  클라우드 서비스는 기본적으로는 가상 환경을 전제로 합니다. 그러므로 기존 시스템을 가상 환경으로 이행합니다.

- ◆ 단계 2: 클라우드 환경으로의 이행
  가상화된 시스템을 클라우드 상으로 이행합니다. 시스템 규모나 이용하고 있는 소프트웨어의 많고 적음으로 인해 공수는 달라집니다.

1단계에 대해서는 이전에는 이행 계획서에서 순서를 정하여 면밀하게 실시했으나 최근에는 가상화 소프트웨어 마이그레이션 도구를 이용하여 실시합니다.

물론 1단계가 끝나 있으면 2단계만 진행합니다.

클라우드로의 이행 작업 전용 서버

클라우드로의 이행에서는 온프레미스의 가상 서버에서 클라우드의 가상 서버에 마이그레이션을 하기도 합니다. 그러나 확실하게 진행하고 싶거나 환경 및 하드웨어·소프트웨어의 친화성 등을 고려하여 클라우드 사업자 측에 전용 물리 서버(베어메탈이라고도 한다)를 준비하고, 일단 거기에 백업을 생성하고 나서 전개하는 경우가 증가하고 있습니다(그림 6-16).

그림 6-15 **클라우드로의 이행 – 2가지의 단계**

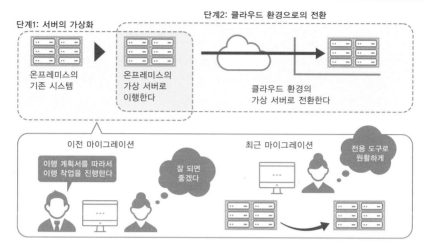

단계2: 클라우드 환경으로의 전환

단계1: 서버의 가상화

온프레미스의
기존 시스템

온프레미스의
가상 서버로
이행한다

클라우드 환경의
가상 서버로 전환한다

이전 마이그레이션

이행 계획서를 따라서
이행 작업을 진행한다

잘 되면
좋겠다

최근 마이그레이션

전용 도구로
원활하게

이행을 위해서 공수나 비용이 발생하기도 하므로 기술적인 관점과 함께 유의해 둔다

그림 6-16 **베어메탈을 이용한 전환 방법**

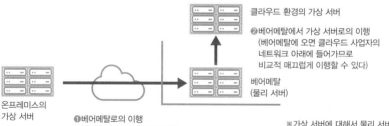

클라우드 환경의 가상 서버

❷베어메탈에서 가상 서버로의 이행
(베어메탈에 오면 클라우드 사업자의
네트워크 아래에 들어가므로
비교적 매끄럽게 이행할 수 있다)

베어메탈
(물리 서버)

온프레미스의
가상 서버

❶베어메탈로의 이행
(온프레미스의 서버에 비교적
가까운 환경의 베어메탈을
준비해서 이행한다)

※가상 서버에 대해서 물리 서버는
베어메탈이라고 한다

유의점
• 일반적으로 온프레미스의 물리 서버에서 가상 서버로 시스템을 이행하면 시스템의 응답은 약간 느려지는
경우가 많다
• 가상화 소프트웨어가 OS에 추가되거나 혹은 여러 개의 가상 서버에서 리소스를 공유하므로 무선 LAN이
때때로 불안정해지지만 사용자로서는 익숙해질 수밖에 없다

Point
✔ 기존 시스템을 클라우드에 이행하려면 서버의 가상화, 가상화된 서버를 클라우드 환경
으로 이행순으로 실시하는 경우가 많다
✔ 클라우드 사업자 내에 베어메탈이라는 물리 서버를 설치해서 가상 서버로의 이행을 실
시하는 경우도 있다

Chapter
6

기존 시스템을 클라우드화하려면?

해 보 자

리소스의 이용 상황을 본다

서버의 사용 상황을 확인하는 것은 웹 시스템의 운용에서 매우 중요하다는 점을 설명했습니다. 이 사고방식은 서버만이 아니라 PC에도 해당합니다. 일상적으로 리소스 이용 상황을 봐 두는 것, 웹 시스템이 디바이스에게 주는 부하를 확인하는 것은 중요합니다. 여기에서는 일반적인 Windows PC에서 리소스의 이용 상황을 확인합니다.

Windows 10의 태스크 매니저의 예

Windows PC 1대에서 클라우드 상의 서버에 접근했을 때를 예로 들겠습니다. SSH로 클라우드 서비스의 서버에 접속하고 서버의 이용 상황을 보면서 브라우저로 데이터베이스를 조작한 전후의 상태를 살펴봅니다.

데이터베이스를 돌리지 않는다

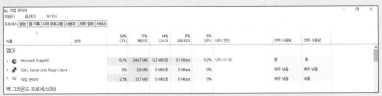

데이터베이스를 돌린다

데이터베이스를 둘러보면 브라우저와 서버 간의 주고받는 부하가 커짐에 따라 PC 측의 부하도 커지면서 CPU 사용률이 급격히 올라가고 있습니다.

이처럼 서버 측만이 아니라 디바이스 측의 이용 상황을 확인하는 것도 매우 중요합니다.

Chapter 7

웹 사이트의 개설에 즈음하여

확인하고 싶은 사항

Web Technology

≫ 데이터베이스를 사용할지 여부

웹 사이트와 웹 앱의 판단 //

제 1장에서 웹 사이트, 웹 앱, 웹 시스템의 차이에 대해 설명했습니다. 사용자 입장에서 봤을 때는 모두 웹 사이트로 보입니다. 웹 기술을 잘 아는 사용자라면 뒤에서는 데이터베이스로 관리되고 있다고 생각할지 모르지만 이는 웹 사이트의 관리자 및 개발자의 관심입니다.

중요한 것은 목표로 하는 사이트가 어떤 수준인지 사전에 파악하는 것입니다.

우선은 개설할 사이트가 웹 사이트에만 한정된 것인지 웹 앱까지 확장될 것인지 여부인데 이것은 데이터베이스의 필요성에 따라 판별합니다.

구체적인 예로는 **회원 관리, 상품 판매**, 서비스 예약 및 거래 등이 있는지 여부입니다. 이것들은 데이터베이스가 중요합니다(그림 7-1).

추천 상품의 소개 및 투고 기사를 제공해서 고객의 관심을 높이는 것이라면 정적인 페이지의 집합체로도 충분합니다.

웹 앱과 웹 시스템의 판단 //

더욱 처리가 복잡해지고 규모가 커지는 경우는 웹 시스템 수준이 됩니다. 다음의 예를 들 수 있는데 다기능을 갖추는 경우와 다른 시스템과의 데이터 연계가 필요한 경우입니다(그림 7-2).

- ◆ 결제 대행사와 시스템을 접속하여 다양한 결제 수단에 대응한다
- ◆ 위치 및 날씨 등의 외부로부터의 정보와 연계한 서비스를 제공한다
- ◆ 웹으로 비즈니스를 하고 싶은 기업이나 개인에게 서비스로서 시스템을 제공한다
- ◆ IoT 디바이스 등으로부터 정기적으로 데이터가 업로드된다

이것들은 외부 시스템과의 연계나 자신의 애플리케이션에 IoT 기능 추가가 필요한 경우입니다.

그림 7-1 **데이터베이스가 필요한 처리의 예**

데이터베이스가 필요한 처리의 예

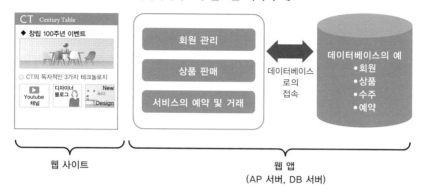

웹 사이트   웹 앱
(AP 서버, DB 서버)

그림 7-2   **웹 앱과 웹 시스템 판단의 예**

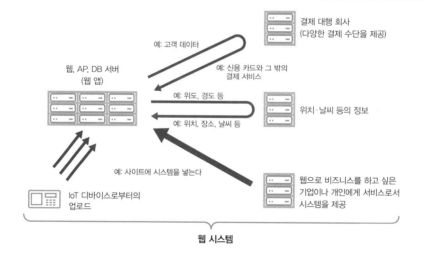

Point

✔ 데이터베이스를 이용한다면 정적인 웹 사이트가 아닌 웹 앱의 수준이 된다

✔ 다른 회사의 시스템과의 연계 및 다기능이 되면 웹 시스템이 되며, 한층 충실한 서비스를 제공할 수 있다

» 타깃은 누구?

누구를 대상으로 한 웹 사이트인가?

비즈니스인지 아닌지 등의 이용 상황과 웹 사이트 및 시스템을 고려한다면 중요한 것은 누구를 위한, 누가 이용하는 사이트 및 시스템인가입니다. 비즈니스 및 정보 발신을 시작할 때 기획자의 머릿속에 타깃이 그려져 있다면 진행은 빠를 것입니다.

누구를 대상으로 하는지 정해지지 않으면 웹 사이트의 디자인과 조작방법이 결정되지 않습니다. 예를 들어, 그림 7-3처럼 20~30대 대상 사이트와 50~60대 대상 사이트는 이미지의 색채나 디자인 등 내용은 전혀 달라집니다. 일반적으로 젊은 층 대상으로는 다소 조작이 바뀌어도 무방하지만, 연령층이 올라갈수록 통일감이나 프로세스가 확실하고 알기 쉬운 조작이 요구됩니다.

최근에는 **페르소나**라는 타깃 층 안에서도 구체적인 인재나 가공의 사용자를 정하고, 그것에 근거해서 사이트의 디자인 및 조작 설계를 하는 경우가 늘고 있습니다.

페르소나의 설정 예

모델의 경우 디자인에 공들인 몇 백만 원짜리 대형 식탁을 구입하는 사용자로 페르소나를 설정합니다(그림 7-4). 실제로 비즈니스 경험이 있으면 기존 고객에서 선정할 수도 있습니다. 모델이 되는 사용자의 개인 정보, 구입 이력 및 방법 등의 정보를 정리하여 설계합니다. 또 다른 페르소나의 설정은 여러 데이터를 바탕으로 해서 가공 모델부터 구성합니다. 타깃이 어긋날 위험도 있지만 비즈니스의 가능성을 넓혀주기도 합니다.

페르소나의 설정은 사이트 디자인뿐만 아니라 SEO 대책이나 시스템화의 범위 등에도 관련되므로 검토되는 경우가 늘고 있습니다.

또한, 페르소나에 더해 고객의 구매 행동을 분명하게 하는 **고객 여정 지도**라는 방법이 이용되는 경우도 늘고 있습니다.

그림 7-3　중년층 대상과 청년층 대상의 디자인과 조작 방법의 차이 예

50~60대 대상

디자인의 예

50~60대 대상에서는
• 잘 정리되어 있다
• 침착한 배색
• 알기 쉽다
등이 선호된다

20~30대 대상

20~30대 대상에서는
• 멋지다
• 밝은 배색
• IT나 AI 등의 키워드
등이 선호된다

조작 방법의 예

• 비슷한 화면으로 바뀜
• 같은 위치에 버튼을 배치

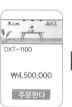

조작이 약간 바뀌어도 문제없다

그림 7-4　페르소나의 설정 예

가격: 수백만 원
크기: 대형 식탁

50대	회사 임원
자택 이용	
동거 가족 있음	자가
온라인 사이트에서 구입	PC 이용

A씨

40대	레스토랑 경영
비품으로서 구입	
온라인 사이트에서 구입	PC 이용

B씨

40대	치과 의사
별장에서 이용	
부동산 회사로부터의 소개 및 다른 사이트로부터의 링크로 구입	스마트폰 이용

C씨

구입 이력(여러 번)으로부터 모델을 선정하는 예

• 구입 이력으로부터 모델을 선정한 경우는 큰 변경은 없다
• 현재 사이트에서 판매되고 있기 때문에 크게 변경할 필요는 없다

가공의 모델을 설정하는 경우

• 가공의 모델을 선정한 경우는 큰 변경이 있을 수 있다
• 비즈니스 방식을 재검토할 기회이기도 하다

Point

✔ 누구를 대상으로 하는 웹 사이트인지에 따라 디자인 및 조작 방법은 크게 다를 수 있다
✔ 페르소나를 설정함으로써 비즈니스의 가능성을 넓혀 주기도 한다

» 사이트 개설 준비

웹 사이트의 구축과 운영의 요소 //

비즈니스 및 웹 시스템의 개요, 사용자 층이 결정되면 웹 사이트 개발을 진행할 수 있습니다.

웹 사이트가 가동되기 위해서는 사이트 구축에 관련된 작업과 개설 후의 운영이 필요합니다. 지금까지도 언급했듯이 웹 사이트가 설립되는 시점의 **콘텐츠 제작**, 사이트 디자인, 시스템 개발 및 서비스 선정, 더욱이 가동 후의 관리에 대해서도 검토해둬야 합니다. 이것들의 관점은 시스템의 복잡함이나 규모에 따라 비중이 바뀌지만 각 요소 자체는 불변입니다. 그림 7-5에서는 세로로 항목을 나열하여 개설까지와 가동 후로 나눠서 정리합니다. 더욱 구체적으로 반영시킬 수 있다면 각각의 비중(어려움)이나 체제 등도 이미지화할 수 있습니다.

물론 직접 할 수 있는 것은 하면 좋지만, 현실적으로는 전문성이나 시간적인 이유 등으로부터 다른 회사에 의뢰하는 경우가 많습니다.

가동 후에 가해지는 요소 //

웹 사이트를 개설할 때 콘텐츠 제작이나 시스템 개발로 분주해지므로 힘들 것으로 생각되지만 실제로는 가동 후도 마찬가지입니다.

당초 설계가 적절하면 시스템은 수정이나 변경에 그치지만 콘텐츠의 유지·관리와 새로운 콘텐츠의 추가는 계속됩니다. 이것은 사이트 규모에 관계없이 계속하는 한 그에 상응하는 공수가 필요합니다. 또한, **접근 해석**이나 시스템 운용·감시 등 새로운 요소도 더해집니다(그림 7-6).

일반적으로 사이트의 내용에 따라서 다르지만, 가동 후에도 시작 직전과 상응하는 분주함이 있습니다. 마치 매장을 새롭게 꾸미는 느낌인데, 비즈니스의 유무(쇼룸 기능에만 머무는 등), 대규모·소규모, 내점객이 많고 적음 등에 따라 분주함의 정도는 다릅니다.

그림 7-5   준비와 가동 후의 업무 예

	개설을 위한 준비 · 설립	가동 후
콘텐츠 제작	개설 시의 콘텐츠	• 가동 후의 추가, 기존 콘텐츠의 갱신 및 삭제 • 접근 해석 및 SEO 대책의 영향도 받는다
사이트 디자인	톱 페이지를 비롯한 디자인	• 톱 이미지의 교체, 리뉴얼 등 • 접근 해석 및 SEO 대책 영향도 받는다
시스템 개발, 서비스 선정	웹 앱 및 시스템 등에 맞춘 개발, SaaS 등의 서비스나 플랫폼을 이용했을 경우에는 개발 불필요	주로 변경 및 추가
SEO 대책	검색 엔진에 대응한 검색 키의 설정	접근 해석이나 정해준 내용을 바탕으로 검색 키의 설정 · 변경, 링크 설정 등을 실시한다
접근 해석	설립 시점에서는 해석 방법, 도구의 선정 등을 정해 둔다	정기적으로 해석을 실시, 사이트 이용 목적에 따른 변경을 촉구한다
시스템 운용 · 감시	설립 시점에서는 운용 및 감시의 진행 방법, 도구의 선정 등에 머무른다	• 가동 상황의 파악, 정기 백업 등 • 기본적으로는 자동화되어 있다

※ 콘텐츠 제작 전에 7-2절에서 설명한 페르소나 및 고객 여정 지도 등에 의한 콘셉트 메이킹을 필요로 하기도 한다

그림 7-6   개설 전후에서의 주요 업무의 예

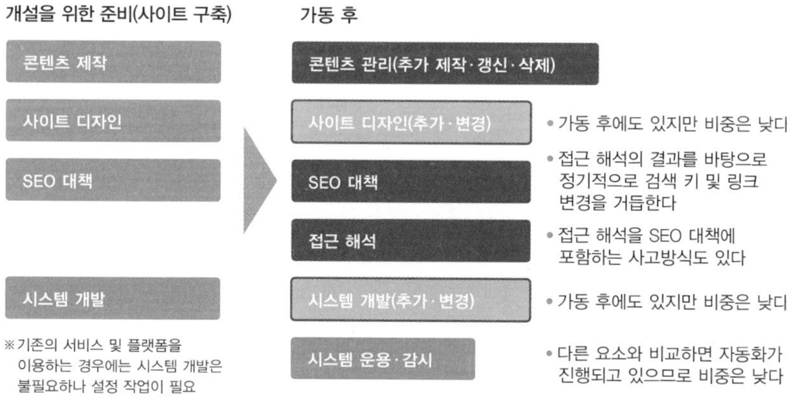

개설을 위한 준비(사이트 구축)   **가동 후**

콘텐츠 제작 → 콘텐츠 관리(추가 제작 · 갱신 · 삭제)

사이트 디자인 → 사이트 디자인(추가 · 변경)
• 가동 후에도 있지만 비중은 낮디

SEO 대책 → SEO 대책
• 접근 해석의 결과를 바탕으로 정기적으로 검색 키 및 링크 변경을 거듭한다

접근 해석 → 접근 해석
• 접근 해석을 SEO 대책에 포함하는 사고방식도 있다

시스템 개발 → 시스템 개발(추가 · 변경)
• 가동 후에도 있지만 비중은 낮다

※ 기존의 서비스 및 플랫폼을 이용하는 경우에는 시스템 개발은 불필요하나 설정 작업이 필요

시스템 운용 · 감시
• 다른 요소와 비교하면 자동화가 진행되고 있으므로 비중은 낮다

Point

✔ 웹 사이트를 제작할 때 개설까지와 가동 후에서의 업무를 사전에 정리하고 진행한다
✔ 콘텐츠 제작 및 관리는 웹 사이트가 있는 한 계속하는 일이다.

» 콘텐츠 관리

웹 사이트에서 가장 중요한 업무 //

웹 사이트 개설 전 및 가동 후의 운용에 있어 가장 중요하고 큰 비중을 차지하는 것
이 콘텐츠의 관리입니다.

상용 사이트라면 새로운 상품이나 서비스의 소개뿐만 아니라 이전부터 있는 상품의
소개도 필요합니다. 새로운 콘텐츠 제작과 더불어 이전 내용에 대해서도 수시로 갱
신해야 하기 때문에, 웹 사이트를 유지해 가는 이상 사이트의 규모와는 별도로 정기
적·일상적으로 발생하는 업무입니다(그림 7-7).

콘텐츠의 제작 및 관리는 이전에는 홈페이지 빌더 등의 소프트웨어를 이용해서 했으
며, 전용 소프트웨어나 웹 서버와는 다른 단말에서 제작한 콘텐츠를 게재했습니다.
그러나 현재는 웹 서버상에서 제작해서 관리하는 것과 다양한 매체에서의 정보 제
공을 상정한 관리로 이분되고 있습니다(그림 7-8). 물론 잊어서는 안 되는 전제로서
「누가 할지」, 누가 콘텐츠 관리자인지가 있습니다.

CMS의 이용 //

웹 사이트 단체라면 웹 서버상에서 제작하고 공개부터 운영까지를 시행하는 **콘텐츠
관리 시스템**(Content Management System: **CMS**)의 이용이 현재의 주류입니다.
WordPress나 Drupal 등의 OSS나 Adobe Experience Manager와 같은 제품·
서비스 등 다양하며, SNS에 연계하는 것도 있습니다. 한편, CMS를 이용하지 않고
HTML이나 이미지 등의 파일군으로 관리하는 기업이나 개인도 있습니다.

CMS는 각각 특징을 가지고 있지만, 콘텐츠 자체의 제작, 콘텐츠의 자산·버전 관
리, 기업 등에서 요구되는 공동 작업 및 제작부터 공개까지의 워크 플로우, SEO 대
책이나 마케팅 기능 등 요구하는 니즈에 따라 기호가 나눠지는데, 어느 정도 규모 이
상의 웹 사이트라면 CMS를 이용하는 것이 편리하며, 주류가 되고 있습니다.

그림 7-7 **콘텐츠 관리는 가동 후에도 상응하는 관리가 필요**

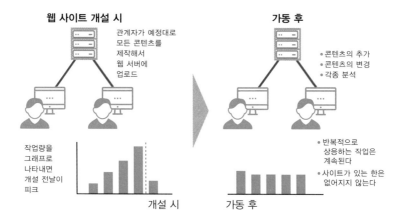

웹 사이트 개설 시

관계자가 예정대로
모든 콘텐츠를
제작해서
웹 서버에
업로드

작업량을
그래프로
나타내면
개설 전날이
피크

개설 시

가동 후

● 콘텐츠의 추가
● 콘텐츠의 변경
● 각종 분석

● 반복적으로
  상응하는 작업은
  계속된다
● 사이트가 있는 한은
  없어지지 않는다

가동 후

그림 7-8 **콘텐츠 제작 환경의 변화**

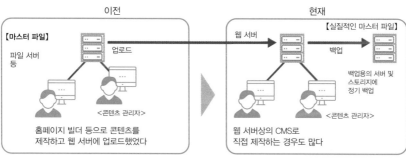

이전

【마스터 파일】

파일 서버
등

업로드

<콘텐츠 관리자>

홈페이지 빌더 등으로 콘텐츠를
제작하고 웹 서버에 업로드했었다

현재

웹 서버

【실질적인 마스터 파일】

백업

백업용의 서버 및
스토리지에
정기 백업

<콘텐츠 관리자>

웹 서버상의 CMS로
직접 제작하는 경우도 많다

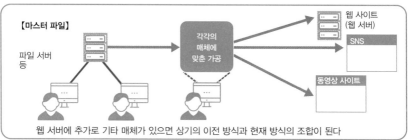

【마스터 파일】

파일 서버
등

각각의
매체에
맞춘 가공

웹 사이트
(웹 서버)

SNS

동영상 사이트

웹 서버에 추가로 기타 매체가 있으면 상기의 이전 방식과 현재 방식의 조합이 된다

Point

✔ 웹 사이트에서 가장 중요한 업무로서 콘텐츠 관리가 있는데, 누가 할지 명확하게 할 것
✔ 일정 이상 규모의 웹 사이트라면 니즈에 맞춘 CMS를 이용하는 것을 권한다

Chapter
7

콘텐츠 관리

≫ 도메인명의 취득

레지스트라와 레지스트리

이 절에서는 자체적인 도메인을 취득하여 사이트를 공개하는 경우를 상정합니다.

기업 및 단체에서는 시스템 관리자가 클라이언트 PC에 IP 주소를 할당, 컴퓨터 이름 붙이기 등을 합니다. 인터넷의 세계에서도 같은 일을 행하고 있습니다. 예를 들어, 어떤 조직이나 개인이 독자적인 도메인명을 취득하고 싶을 때 대부분의 경우는 웹 서버 및 인터넷 환경을 제공해 주는 ISP나 클라우드 등의 사업사에게 신청합니다.

실제로는 그림 7-9와 같이 접수를 한 사업자가 **레지스트라**(ICANN 인정 레지스트라)라는 도메인명의 등록 신청을 받는 사업자를 통해서 닷컴(.com), 닷케이알(.kr) 등의 **최상위 도메인** 등으로 나뉘어 있는 **레지스트리**라는 관리 사업자에게 신청 데이터가 전달되어 등록이 이뤄집니다. 「.com」은 미국의 Verisign이 관리하며 「.kr」은 한국 인터넷 정보센터(KRNIC)가 실무를 담당합니다.

도메인명 취득의 진행 방식

.com이나 .kr 등의 독자적인 도메인을 취득하기 위해서는 위와 같은 절차가 필요한데, ISP나 클라우드 사업자 사이트에서 간단한 필수 정보를 입력하고 신청하면 1~2일 정도면 바로 이용할 수 있게 됩니다. .com이나 .kr 등이 아니라면 자유롭게 취득할 수도 있습니다.

자체적인 도메인을 취득해서 웹 사이트를 개설한다면 그림 7-10처럼 이용하고 싶은 도메인명이 현재 사용되고 있는지 여부를 조사하는 동시에 어느 사업자로부터 웹 서버를 빌릴지를 병행해서 조사합니다. 후자가 정해지면 서버 계약과 함께 신청하는 것이 일반적입니다. 일부 대기업 등을 제외하면 이와 같은 진행 방식이 많은데 자체적인 도메인이 없으면 자체 메일 주소를 가질 수 없습니다. 사용하고 싶은 도메인명이 떠오르면 이용할 수 있는지 여부를 바로 조사할 것을 권합니다.

그림 7-9　도메인명 신청의 흐름

- 기업 및 단체에서는 정보 시스템 부분 및 시스템 관리자가 자사의 네트워크를 관리한다
- 인터넷은 자유로운 세계이지만 한편으로 공공성 등의 성격도 띠고 있기 때문에 도메인명은 다양한 기관이 제휴해서 체계적으로 관리하고 있다

그림 7-10　도메인명의 일반적인 예

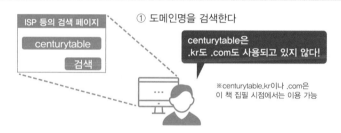

① 도메인명을 검색한다

centurytable은
.kr도 .com도 사용되고 있지 않다!

※centurytable.kr이나 .com은
이 책 집필 시점에서는 이용 가능

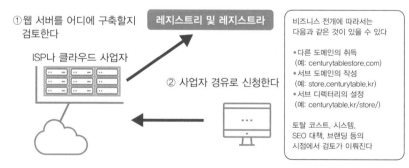

①웹 서버를 어디에 구축할지 검토한다

ISP나 클라우드 사업자

레지스트리 및 레지스트라

② 사업자 경유로 신청한다

비즈니스 전개에 따라서는 다음과 같은 것이 있을 수 있다

- 다른 도메인의 취득
  (예: centurytablestore.com)
- 서브 도메인의 작성
  (예: store.centurytable.kr)
- 서브 디렉터리의 설정
  (예: centurytable.kr/store/)

토탈 코스트, 시스템, SEO 대책, 브랜딩 등의 시점에서 검토가 이뤄진다

Point

✔ 기업 내에서 시스템 관리자가 IP 주소 및 컴퓨터명을 할당하듯이 인터넷 세계에서도 같은 방식이 이뤄지고 있다

✔ .com이나 .kr 등의 독자적인 도메인을 취득하려면 간단한 사무 절차가 필요

≫ 개인 정보 보호에 대한 대처

웹 사이트에 필수인 메뉴

비즈니스를 하고 있는 웹 사이트라면 개인 정보 보호를 준수해야 합니다. 개인 정보는 이름이나 기타 기술로 개인을 특정할 수 있는 정보를 가리킵니다. 흔한 성만으로는 개인을 특정할 수 없지만 소속된 기업이나 학교, 주소 등의 정보를 더하면 누구인지 알 수 있습니다. 개인 정보 보호는 2020년에 개정돼 **개인 정보 보호법** 시행으로부터 개인 정보를 취급하는 모든 기업 및 개인이 준수해야 할 법입니다.

그러므로 개인 정보를 취급하는 웹 사이트에서는 「개인 정보 보호 처리 방침」 페이지로 사고방식이나 구체적인 대책을 나타내고 동의를 구하는 것이 필수입니다. 또한, 2020년 6월부터는 Cookie에 의한 정보 취득에 대해서도 동의가 필요하게 되었습니다. 이와 같은 개인 정보 보호 움직임은 웹 사이트나 시스템의 보안 강화에 박차를 가하고 있습니다. **GDPR**(General Data Protection Regulation: EU의 일반 데이터 보호 규칙) 동향의 영향도 받기 때문에 뉴스 등에도 관심을 가집시다.

비즈니스 사이트를 개설할 때 개인 정보 보호 처리 방침은 고정 페이지로 반드시 넣어야 할 메뉴 중 하나인데, 방침, 이용 목적, 제삼자에게의 제공, 개시 등 최근 몇 년간 템플릿화가 진행되고 있습니다(그림 7-11).

온라인 판매에 필요한 표시

일본의 경우 온라인 판매 시 개인 정보 보호와 함께 표시가 필요한 사항으로 **특정 상거래법** 표기가 있습니다. 온라인 판매가 특정 상거래법 유형의 통신 판매에 해당되기 때문입니다. 특상법 표기에서는 문제를 방지하기 위해서 지불 방법이나 반품 진행 방법 등을 명시합니다(그림 7-12).

이 절에서는 법률의 관점에서 필수 페이지에 한정해 설명했는데, 일반적으로는 문의나 FAQ, 기업이라면 회사 개요 등도 필수 페이지입니다.

그림 7-11   개인 정보 보호 처리 방침의 예

제1조 개인 정보
「개인 정보」라 함은 개인 정보 보호법에서 말하는 「개인 정보」를 가리키며 생존하는 개인에 관한 정보로, 해당 정보에 포함되는 성명, 생년월일, 주소, 전화번호, 연락처 그 밖의 기술 등으로 특정의 개인을 식별할 수 있는 정보 및 용모, 지문, 성문에 관한 데이터 및 건강보험증의 보험자 번호 등의 해당 정보 단체에서 특정인을 식별할 수 있는 정보(개인식별정보)를 말합니다.

제2조 개인 정보의 수집 방법
당 사이트에서는 이용자가 이용등록을 할 때 성명, 생년월일, 주소, 전화번호, 이메일 주소 등의 개인 정보를 요구할 수 있습니다. 또한 사용자와 제휴처 등과의 사이에서 이루어진 개인 정보를 포함하는 거래 기록 및 결제에 관한 정보를 당 사이트의 제휴처(정보 제공처, 광고주, 광고 송신처 등을 포함) 등에서 수집하는 경우가 있습니다.

그밖에 개인 정보를 수집·이용하는 목적, 이용 목적의 변경, 개인 정보의 제삼자 제공, 개인 정보의 개시나 문의 창구 등이 이어집니다.

- 상용 사이트에서는 개인 정보 처리 방침의 정형문이 표시된다
- 대기업의 사이트에서는 메뉴에 없을 수도 있으나 그 경우는 개인 정보를 필요로 하는 실제 비즈니스는 자회사가 운영하고 있는 것에 따른다
- 개인 특정으로 이어질 가능성이 있다면 앙케트를 실시하는 것만으로도 개인 정보 보호 동의를 얻어야 함

그림 7-12   특정 상거래법의 표시 예(일본)

책임자, 소재지, 전화번호, 문의 창구, 홈페이지 URL, 등의 뒤에 아래 등이 이어진다.

판매 가격: 구매 절차 시 화면에 표시됩니다. 소비세는 세금 포함으로 표시합니다.

판매 가격 외에 발생하는 금전: 인터넷 접속 요금, 통신 요금은 고객 부담입니다.

인도 시기: 구매 절차 시 화면에 표시됩니다.

지불 방법: 아래의 지불 방법을 이용할 수 있습니다.

- 신용 카드
- 편의점 결제
- 대금 상환

……반품 등에 관한 규정 등이 이어진다

- 특정 상거래법이라고 표시하기도 하고, 특상법 등으로 축약되어 메뉴 표시되는 경우도 있다
- 개인 정보 처리 방침과 함께 필요성을 확인하고 싶은 페이지

Point

✔ 개인 정보를 다루는 웹 사이트에서는 개인 정보 보호 처리 방침에 관한 페이지 설치가 필수

✔ 일본 내 온라인 쇼핑 사이트에서는 개인 정보 보호에 덧붙여 특정 상거래법의 표기도 필수

≫ https 접속을 지원하는 기능

웹 사이트 전체를 https로 표시한다 //

개인 정보 및 결제 정보를 다루는 상용 사이트에서는 3-7절에서 설명한 SSL에 대응하는 https 접속이 기본이 되고 있습니다. 주요 브라우저에서는 http 접속의 경우에는 보안 보호가 없다는 등의 경고가 표시됩니다.

한편, 자신의 웹 사이트를 https로 안내하고 있어도 브라우저에 http로 입력하는 사용자도 있습니다. 이 경우에도 보안을 유지하기 위해 http에서 https로 전환해야 합니다. 이런 사이트나 페이지의 전환을 **리다이렉트**라고 합니다. 리다이렉트는 사이트 개설 후에도 설정할 수 있지만 기본적으로는 개설 전부터 생각하고 진행해 두는 작업입니다.

https로의 리다이렉트를 위해서는 다음 작업이 필수입니다. 서버의 구축 방법에 따라 세부 작업은 다릅니다(그림 7-13).

  ◆ SSL 증명서 구입 및 설정
    SSL 증명서를 서버에 설치하고 설정해야 합니다.
  ◆ 포트 80(http)에서의 접근을 포트 443(https)으로 전환
    전환을 실행하는 전용 설정 등이 필요하게 됩니다.

모두 각각의 환경에서 이미 시행되고 있으므로 매뉴얼에 상응하는 것이 있습니다.

리다이렉트의 예 //

사이트 개설 후에 리다이렉트를 실행하려고 하면 일시적으로 이전 페이지와 새로운 페이지가 혼재할 가능성이 높아서, 운용의 번잡함 및 검색 엔진에 미치는 영향 등으로 인해 가능한 피하는 것이 좋습니다.

그림 7-14는 Apache의 예인데, 리다이렉트 전용 파일을 작성해서 사이트 단위에서 페이지 단위까지 실행할 수 있습니다.

그림 7-13 리다이렉트에 필수인 설정

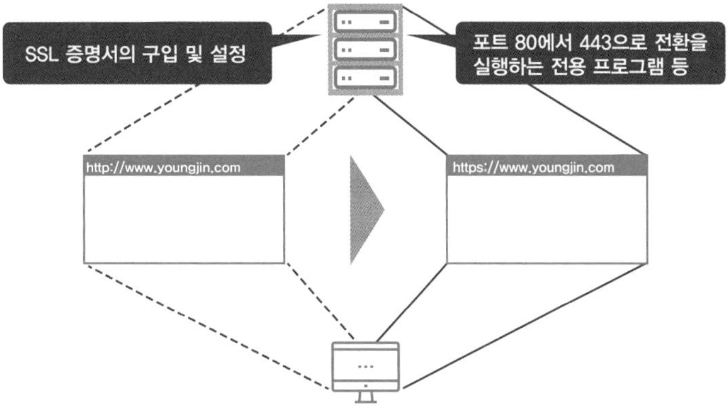

SSL 증명서의 구입 및 설정

포트 80에서 443으로 전환을 실행하는 전용 프로그램 등

http://www.youngjin.com

https://www.youngjin.com

- http로 입력하여도 자동으로 https로 전환한다
- 기업 내의 인프라에서도 SSL이 이용되고 있다

그림 7-14 사이트 전체에서 리다이렉트를 실현하는 예

- 예를 들어 아파치의 웹 서버라면 .htaccess(닷에이치티액세스)라는 파일을 작성해서 업로드함으로써 리다이렉트를 실현할 수 있다
- .htaccess는 아파치 서버의 디렉터리 단위로 설정을 할 수 있는 파일

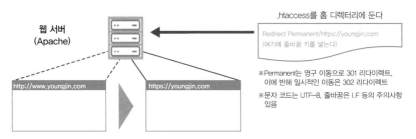

.htaccess를 홈 디렉터리에 둔다

웹 서버
(Apache)

Redirect Permanent/https://youngjin.com
(여기에 줄바꿈 키를 넣는다)

http://www.youngjin.com

https://youngjin.com

※Permanent는 영구 이동으로 301 리다이렉트,
이에 반해 일시적인 이동은 302 리다이렉트

※문자 코드는 UTF-8, 줄바꿈은 LF 등의 주의사항
있음

- 페이지 단위에는 RewriteRule라는 명령어로 전송원과 전송처를 기술한다

- .htaccess로는 여러 가지를 할 수 있지만 한편으로 기술을 잘못하면 자신이 관리하지 않는 다른 사이트로 가는 등 곤란한 일이 발생하므로 주의가 필요하다

- WordPress 등에서는 .htaccess가 아닌 전용 플러그인 소프트웨어를 이용하는 경우도 있다

Point

✔ https로의 리다이렉트 설정에는 SSL 증명서, 사용자로부터의 접근 전환 등이 필요하나 서버 구축 방법에 따라 자세한 설정은 다르다

✔ 여러 가지 사정이나 요구로 리다이렉트를 하는 일이 있을 수 있는데, 주의해서 진행해야 한다

>> 스마트폰과 PC 양쪽에 대응한다

축소 혹은 다른 디자인

그림 4-4에서 반응형을 다루었습니다. 웹 서버에 접근하는 단말은 주로 스마트폰과 PC인데, 웹 시스템에서는 다양한 단말에 대한 대응이 요구됩니다. 기업의 업무 시스템에서도 다양한 단말과 브라우저를 이용하는 경우가 늘고 있으므로 반응형 웹의 검토는 필수가 되고 있습니다.

일반적으로 브라우저에서의 보이는 방식은 시스템에 따라 다른데, 두 가지 방식이 있습니다(그림 7-15).

- ◆ **디자인이 바뀌지 않는 타입:** 단말의 크기에 상관없이 동일하게 보여준다
  단말이 작아지면 줄여지므로 기본은 PC 화면에 맞춥니다.
- ◆ **디자인이 바뀌는 타입:** 단말의 크기에 따라 보이는 방식이 다르다
  단말의 크기에 따라 디자인이 바뀝니다.

현재 웹 사이트의 주류는 후자이지만, 업무 시스템 등에서는 비슷한 화면과 조작이 선호되므로 전자가 선택되기도 합니다. 따라서 실제로는 모두 이용되고 있습니다.

화면 크기와 브레이크 포인트

현재의 반응형 대응에서는 단말기의 **화면 크기**(가로 폭)를 취득하고 판별해서 스마트폰용의 CSS와 PC용의 CSS로 분기합니다. 그러한 의미에서는 디자인이 바뀌는 것이 반응형 디자인입니다.

분기하는 화면 크기는 **브레이크 포인트**라고 합니다. PC · 태블릿과 스마트폰처럼 경계선에 해당하는 값을 브레이크 포인트로 분기하는 것이 현재 대부분의 경향입니다(그림 7-16). 물론 수년 전부터 단말의 크기가 바뀌어 가므로 그것에 맞춰서 브레이크 포인트도 바뀝니다. 지금은 반응형 대응이 필수 기능입니다.

그림 7-15   디자인이 바뀌지 않는 타입과 바뀌는 타입의 예

【디자인이 바뀌지 않는 타입(PC 화면에 맞춘다)】

- 오래된 웹 사이트에서 볼 수 있으며 스마트폰에서는 문자가 작다
- 기업의 업무 시스템에서는 이와 같은 타입이 많다
- 단말이 달라도 비슷하게 조작할 수 있는 장점이 있다

【디자인이 바뀌는 타입(단말의 화면 크기에 맞춘다)】

- 웹 사이트의 현재 주류
- 사용자 입장에서도 보기 쉽다 (이미지가 보기 쉬운 크기가 된다)

그림 7-16   반응형 대응을 실현하는 코드

```
<!DOCTYPE html>
<html>
<head>
<meta charset="UTF-8">
<meta name="viewport" content="width=device-width,initial-scale=1">
<!-- 디바이스 화면 크기가 764px 이상의 경우에는 PC용의 CSS를 읽어 들인다 -->
<link rel="stylesheet" type="text/css" href="./css/sample_pc.css" media="screen and
(min-width:764px)">
<!-- 디바이스 화면 크기가 763px 이하인 경우에는 스마트폰용의 CSS를 읽어 들인다 -->
<link rel="stylesheet" type="text/css" href="./css/sample_smartphone.css"
media="screen and (max-width:763px)">
<title>샘플 코드</title>
</head>
<body>
            <header>
```

- meta 태그의 viewport 이후에 분기하는 sample_pc.css와 sample_smartphone.css를 기술하고 있음
- 이 예에서는 스마트폰의 화면 크기를 763px 이하로 하고 있다
- 최근에는 스마트폰 열람을 기본으로 하고 필요에 따라 PC의 레이아웃을 검토하는 경우도 많다
- 주요 CMS나 화면 표시 프레임워크에서는 이미 구현되어 있으며 위와 같은 코드를 쓸 필요는 없다

Point

✔ 시스템 화면의 보이는 방식으로 단말의 크기에 따라 디자인이 바뀌는 타입과 바뀌지 않는 타입이 있다

✔ 화면 크기의 브레이크 포인트로 디자인이 바뀌는 것이 반응형이며 현재의 주류

>> 보완하는 디바이스로의 대응

다양한 디바이스에 대한 대응 //

웹 페이지를 열람하는 메인 디바이스로 스마트폰, PC, 태블릿 등을 들 수 있습니다. 7-8절에서 화면 크기에 맞춰서 보이는 방식을 바꾸는 것을 설명했는데, 그 밖의 특별한 디바이스에도 대응시키고 싶다는 니즈가 나올 수도 있습니다. 이러한 경우에는 7-8절의 PC나 스마트폰처럼 CSS로 디바이스를 추가해 나갑니다.

HTML과 CSS의 안에서 **미디어 타입**으로 지정함으로써 디바이스별로 디자인을 변경할 수 있습니다. 미디어 타입에서 실제로 많이 이용되고 있고 사용자도 실제로 볼 수 있는 것은 프린터입니다. PC에서는 화려하고 컬러풀한 페이지라도 프린터로 출력할 때는 배경색을 흰색, 글자는 검정색의 인쇄용으로 수정됩니다(그림 7-17).

지정할 수 있는 디바이스의 종류 //

프린터를 예로 들었는데, 미디어 타입으로 지정할 수 있는 디바이스에는 그 밖에도 다음과 같은 것이 있습니다(그림 7-18).

- ◆ 텔레비전
- ◆ 모바일 단말
- ◆ 프로젝터
- ◆ 점자 출력 기기
- ◆ 음성 출력 기기

여기에 게임기는 포함되어 있지 않은데, 게임기에는 브라우저가 탑재되어 있어서 스마트폰이나 PC와 마찬가지로 화면 크기로 최적화를 합니다.

그림 7-17 미디어 타입에 프린터를 지정한 예

HTML으로의 기술 예

```
<!DOCTYPE html>
<html>
<head>
<meta charset="UTF-8">
<link rel="stylesheet" type="text/css" href="./css/sample_mediatype.css">
</head>
<body>
```

※미디어 타입별로 CSS를 나누는 기술도 있다

CSS로의 기술 예   페이지 열람   페이지 인쇄(프리뷰로 확인)

```
@media  print{
  body{font-size:small;
  }
```

인쇄할 때는 간단한 표시가 되는 경우가 많은데, CSS에서
기재하고 있는 것에 따른다

그림 7-18 미디어 타입으로 지정할 수 있는 기기의 예

기기에 맞는 디자인을 제공할 수 있다

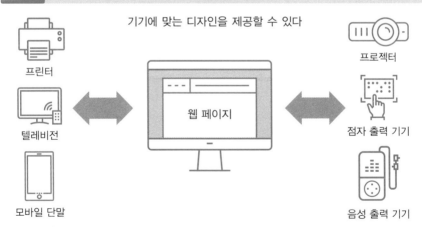

프린터

프로젝터

텔레비전

점자 출력 기기

웹 페이지

모바일 단말

음성 출력 기기

Point

✔ HTML과 CSS의 미디어 타입으로 디바이스별로 페이지 디자인을 변경할 수 있다
✔ 특히 프린터로 출력할 때 자주 이용된다

» 이미지 파일의 종류

웹에서 사용되는 이미지 파일

대부분의 웹 사이트에서는 톱 페이지를 비롯한 대부분의 웹 페이지에서 이미지 파일이 이용되고 있습니다. 주로 이용되는 파일 형식으로는 JPEG, PNG, GIF가 있습니다 (그림 7-19).

◆ **JPEG(Joint Photographic Experts Group):**
JPEG는 디지털카메라나 스마트폰으로 촬영했을 경우의 표준 이미지 파일로 최대 1,677만 색을 다룰 수 있습니다. 촬영한 원본 이미지로부터 사람의 눈으로는 알 수 없는 부분에서 화질을 낮춰서 파일 크기를 줄이는 특징이 있습니다.

◆ **PNG(Portable Network Graphics):**
JPEG와 마찬가지로 1,677만 색을 다룰 수 있습니다. 이미지 위치에 따라 투명도를 조정하여 파일 크기를 줄일 수 있으므로 톱 페이지나 상품의 견본 이미지 등에서 자주 이용됩니다.

◆ **GIF(Graphics Interchange Format):**
256색까지 밖에 다루지 못하지만 애니메이션으로 이용하는 경우가 많습니다. 최근에는 동영상이 많아지고 디자인 및 색상에 신경을 쓰는 페이지가 많아져서 이용 빈도는 줄어들고 있습니다.

외형과 응답으로 판단한다

SNS 등에서는 스마트폰으로 촬영한 이미지를 그대로 업로드하는 경우가 많아서 JPEG가 주류지만, 웹 사이트에서는 PNG의 이용이 늘고 있습니다. 그 경우에도 JPEG 이미지와 PNG를 모두 만들고 비교해서 판단을 하는 경우도 있습니다(그림 7-20). 결국 외형과 응답으로 결정하는데, 웹 사이트의 특징에 따라 이용되는 이미지 파일이 어느 정도 정해집니다.

그림 7-19 JPEG, PNG, GIF의 특징

파일 형식	색	데이터 크기	압축과 화질	투과 처리
JPEG	1,677만 색	중간 (화질은 떨어지지만 압축 가능)	데이터의 압축으로 화질은 나빠짐	불가능
PNG	1,677만 색	중간 (불필요한 배경을 투과시켜서 축소 가능)	데이터의 압축에 의해 화질이 나빠지지는 않음	가능 (범위 지정)
GIF	256색	작음	위와 같음	가능 (색 지정)

- JPEG로의 데이터 압축은 손실 압축이라고 하며, 원본 이미지로는 돌아갈 수 없다
- PNG 및 GIF는 원본 이미지로 돌아갈 수 있다

그림 7-20 외형과 응답으로 판단하는 예

JPEG의 이미지

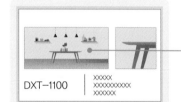

PNG의 이미지

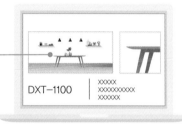

PNG에서는 투과 처리로
파일이 가벼워진다

- JPEG 이미지와 PNG 이미지를 비교하는 것은 실무에서 자주 있는 일(물론 나란히 비교하지 않아도 된다)
- 사용자 입장에서 어떻게 보이는지, 혹은 제작자 측에서 전하고 싶은 메시지가 전달되는지, 개발자 도구 등에서의 응답 시간 검증도 시행한다
- 최근의 특징으로는 톱 페이지에서 PNG를 사용하여 매끄러운 표시를 하는 경우가 많다
- 화면 크기 등에 의해 최적의 이미지를 CSS로 지정할 수도 있다
- 5G가 보급되면 가장 예쁜 이미지가 선택될 것이라 생각된다

Point

✔ 최근 웹 사이트에서는 JPEG와 PNG가 많이 이용되고 있다
✔ 외형과 응답으로부터 최적의 이미지 파일을 선정한다

≫ 복사 방지는 필요한가?

일반적인 복사 방지의 대책

웹 사이트를 제공하는 입장에서 보면 돈을 들여 제작한 페이지의 이미지를 함부로 복사하는 것을 금지하고 싶다고 생각하는 운영자가 있는 반면, 프로모션을 위해서 복사해서 널리 활용하기를 바라는 운영자도 있을 것입니다.

사용자의 입장에서는 URL 안내뿐만 아니라 텍스트의 인용이나 이미지를 이용한 소개 등을 자유로이 할 수 있는 것이 편리할 것입니다.

복사 방지의 기본은 드래그나 오른쪽 클릭 등의 조작을 할 수 없도록 하여 CSS나 그밖의 파일에 **복사 방지 코드**를 추가하는 것이 있으며, 또한 전용 소프트웨어를 덧붙이는 방법도 있습니다(그림 7-21). 다만, 개발자 도구를 이용하는 사용자 및 시스템 환경에 따라서 완전히 기능하지 않는 경우도 있습니다.

예를 들어, 스마트폰의 경우에는 기종에 따라 다르지만 화면을 길게 누르면 복사 방지 처리를 한 이미지도 캡처할 수 있습니다. 또한, 아무리 대책을 세운다고 해도 스크린샷을 막기는 어렵습니다.

어쩔 수 없는 상황을 전제로 한 대책

특히 이미지나 영상의 경우, 복사되는 것은 어쩔 수 없으므로 이미지 그 자체에 대책을 시행하는 사고방식도 필요합니다(그림 7-22).

- ◆ 복사되어도 허용할 수 있는 수준까지 화질을 떨어뜨린다
- ◆ 복사할 수 있을 것 같은 이미지에는 모두 워터마크를 넣는다

복사 방지에 관해서는 사이트로서 일관성을 갖는 것이 중요합니다. 예를 들어, https로 완전화되어 개인 정보 보호에 관해서 안전하다는 인상이 있는 웹 사이트에서 콘텐츠 복사를 쉽게 할 수 있도록 허용한다면 일관성을 지킬 수 없게 됩니다. 어쨌든 리다이렉트와 마찬가지로 복사 방지 역시 개설 전에 준비해야 하는 포인트 중 하나입니다.

그림 7-21 복사 방지 코드의 예

html로 기술하는 예

```
<img src="sample_image.jpg" width="600"
height="300" oncontextmenu="return
false; ">
```

JavaScript로 기술하는 예

```
document.oncontextmenu = function
( ) {return false; }
```

- 최근에는 대책의 주류로 Javascript나 TypeScript로 기술하는 예가 많다
- WordPress 등에서는 전용 플러그인을 추가한다
- 안타깝게도 개발자 도구 등에서 오른쪽 클릭 금지 코드를 해석할 수 있는 수준의 사람이라면 오른쪽 클릭 금지를 해제하는 방법도 알고 있으므로 큰 효과는 없다

그림 7-22 이미지 자체에 대한 대책의 예

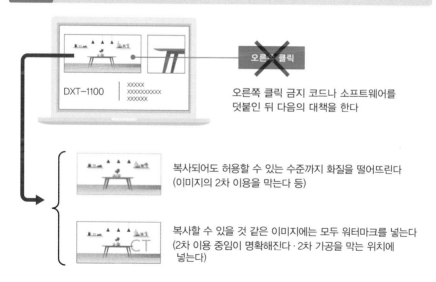

오른쪽 클릭 금지 코드나 소프트웨어를 덧붙인 뒤 다음의 대책을 한다

복사되어도 허용할 수 있는 수준까지 화질을 떨어뜨린다 (이미지의 2차 이용을 막는다 등)

복사할 수 있을 것 같은 이미지에는 모두 워터마크를 넣는다 (2차 이용 중임이 명확해진다 · 2차 가공을 막는 위치에 넣는다)

Point

✔ 복사 방지는 CSS나 전용 소프트웨어 등으로 대응한다
✔ 복사되는 것은 어쩔 수 없다는 전제 하에 시행하는 대책도 있다

≫ 동영상 및 음성 파일

파일 형식에 주의한다

제공하고 있는 상품이나 서비스에 따라서는 동영상 등을 활용해서 한층 알기 쉽게 내용을 전달하고 싶다는 니즈도 있습니다.

그때 검토해야 할 것은 배포하는 파일 형식과 배포 방법입니다.

예를 들어, 아이폰으로 촬영한 동영상은 mov 파일 포맷이고, 안드로이드의 스마트폰에서는 mp4 파일 포맷입니다(그림 7-23).

Windows PC에서 작성한 음성 파일은 wav가 될 수 있는데, wav는 일반 스마트폰으로 재생할 수는 없습니다. 파일 형식이 다른 경우는 자주 있지만 조심해야 합니다. 현시점에서는 동영상의 경우 각종 단말에서 재생할 수 있는 mp4가, 음성이면 mp3가 무난한 선택이 됩니다.

동영상의 배포 방법

동영상의 배포 방법으로는 주로 다음 두 가지가 있습니다(그림 7-24).

- ◆ **다운로드**: 웹 서버에서 다운로드 할 수 있다. 다운로드가 완료되지 않으면 재생이 안 되지만 한번 다운로드하면 사용자는 언제든지 볼 수 있으며, 파일의 저작권을 지키는 것이 어렵다
- ◆ **스트리밍**: 파일을 세세하게 분할하여 전달하므로 다운로드하면서 재생할 수 있다. 저작권은 지킬 수 있지만 전용 구조가 필요하다

또한, 스트리밍은 실시간, 온 디맨드 등과 같이 이용 상황을 상정해 제공해야 합니다.

최근에는 간단한 방법으로 동영상 공유 사이트의 동영상을 웹 사이트에 게재하는 형태가 증가하고 있습니다.

그림 7-23 **mov와 mp4의 개요**

파일 형식	파일 작성	이용 상황	이용할 수 있는 주요 동영상 코덱
mov	• Apple의 표준 동영상 형식 • QuickTime의 이용이 기본	MAC 등의 PC에서 편집하는 원본 파일로는 적합하다	H.264, MJEG, MPEG4
mp4	현재 가장 일반적인 형식으로 Android 등에서의 동영상 형식	Youtube 등에서도 추천하는 동영상 공유 사이트의 정석	H.264, Xvid

- 동영상 코덱(동영상 파일의 규격 · 형식)으로 압축하는 것을 인코드, 압축한 파일을 되돌려서 재생하는 것을 디코드라고 한다
- mov나 mp4는 비디오, 오디오, 이미지나 자막 등을 하나의 파일에 컨테이너로서 넣어두는 형식으로 동영상의 화질이나 파일 크기는 코덱에 따라 결정된다
- MPEG4는 Moving Picture Experts Group의 이름이 의미하는 대로 동영상이나 음성 데이터를 압축하는 규격의 하나이며, MP3는 음성 압축 규격의 하나이다

그림 7-24 **다운로드와 스트리밍의 차이**

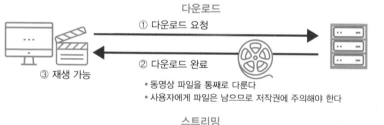

다운로드

① 다운로드 요청

② 다운로드 완료

③ 재생 가능

- 동영상 파일을 통째로 다룬다
- 사용자에게 파일은 남으므로 저작권에 주의해야 한다

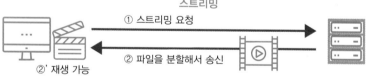

스트리밍

① 스트리밍 요청

② 파일을 분할해서 송신

②' 재생 가능

- 동영상 파일을 세세하게 분할하고 있고, 수신된 것부터 재생해 나간다. 재생이 끝난 데이터는 삭제되기 때문에 저작권 문제는 발생하지 않는다
- 스트리밍 전송 전용의 기능이 필요하다
- 다운로드와 스트리밍의 중간에 해당하는 프로그레시브 다운로드라는 것도 있다

Point

✔ 사용자의 단말을 고려해서 최적의 파일 형식을 선정한다
✔ 영상 배포 방법에는 주로 다운로드와 스트리밍이 있다

» 관리자로서 웹 서버에 접속하는 방법

관리자의 권한

웹 사이트를 개설하면 콘텐츠의 추가 변경, 동작 확인, 소프트웨어 업데이트 등과 같은 관리자 입장에서 웹 사이트나 서버를 뒤쪽에서 보는 경우와 사용자로서 접속해서 보이는 쪽을 확인하는 경우가 있습니다. ISP 등에서는 전자는 **도메인 관리자, 사이트 관리자**, 후자는 사용자 등으로 권한에 따라 호칭도 나누고 있습니다.

도메인 관리자는 대상이 되는 도메인 내의 자산에 모두 접근할 수 있으며, 사용자 추가 및 변경 등과 같이 관리자 권한도 보유합니다. 메일 주소가 같은 도메인이라면 이쪽도 관리 대상이 됩니다. 콘텐츠 추가·변경 등은 할 수 있으나 사용자 추가나 변경은 할 수 없습니다. 사용자는 대상 도메인의 메일 주소를 사용할 수 있습니다. 웹 사이트의 열람에 있어서는 일반 사용자와 차이는 없습니다(그림 7-25).

외부에서 웹 서버에 접속하는 방법

외부에서 웹 서버에 접속하려면 크게 세 가지 방법이 있습니다(그림 7-26).

◆ HTTP(HTTPS) 접속: 사용자 입장에서 웹 사이트를 확인한다
◆ FTP 접속: FTP 소프트웨어를 이용해 접속. 주로 콘텐츠의 추가나 변경을 목적으로 한다
◆ SSH(Secure SHell) 접속: 세부 절차는 ISP나 클라우드 사업자에 따라 다르지만 안전한 접속의 주류가 되고 있다. SSH의 소프트웨어를 이용하여 접속하는 단말 및 IP 주소를 특정함과 동시에 키 파일을 교환해서 안전한 접속을 한다(그림 7-26). 서버 내부의 교체 등도 할 수 있다.

이러한 권한에 따른 적절한 접속 방법이 있는 것을 확인해봅시다.

그림 7-25 도메인 관리자, 사이트 관리자, 사용자의 차이

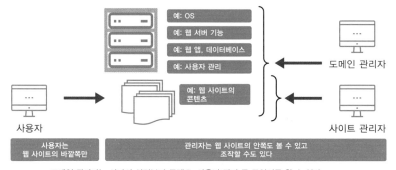

- 도메인 관리자는 서버의 설정부터 콘텐츠, 사용자 관리 등 무엇이든 할 수 있다
- 사이트 관리자는 웹 사이트 콘텐츠의 관리만을 할 수 있다
- 사용자는 안쪽을 볼 수 없다

그림 7-26 외부의 웹 서버로의 3가지 접속 방법과 SSH 접속의 예

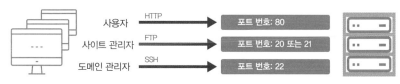

- CMS 및 로코드 개발 등에서는 FTP나 SSH를 이용하지 않고 HTTP로 유지 보수를 하기도 한다
- SSH는 서버 관리자가 서버에 안전하게 접속하는 것을 목적으로 하는 접속 방법
- 비밀번호와 공개 키 인증 방식이 있는데 주요 ISP나 클라우드 사업자에서는 후자가 주류

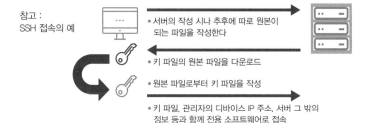

참고 :
SSH 접속의 예

- 서버의 작성 시나 추후에 따로 원본이 되는 파일을 작성한다
- 키 파일의 원본 파일을 다운로드
- 원본 파일로부터 키 파일을 작성
- 키 파일, 관리자의 디바이스 IP 주소, 서버 그 밖의 정보 등과 함께 전용 소프트웨어로 접속

Point

✔ ISP 등에서는 도메인 관리자, 사이트 관리자, 사용자 등과 같이 권한에 따라 호칭이 나뉘어 있다

✔ 외부의 웹 서버에 대해서는 권한에 따라 HTTP(HTTPS), FTP, SSH의 주로 세 가지 접속 방법이 있다

해 보자

파비콘으로부터 웹 비즈니스를 본다

웹 사이트를 잘 알거나 웹 사이트 관련 업무에 종사하신 분이라면 파비콘(사이트 아이콘, 즐겨찾기 아이콘이라고 한다)을 알고 있을 걸로 생각합니다.

파비콘(favicon)은 스마트폰에서는 검색 엔진의 결과 표시의 왼쪽 끝에 표시되는 마크로 PC의 브라우저에서는 웹 사이트의 왼쪽 상단에 표시됩니다. 이른바 웹 사이트 상에서의 심벌 미그입니다. 웹 비즈니스에 주력하고 있는 기업은 파비콘 디자인이 뛰어납니다. 관심이 있는 기업의 파비콘을 살펴봅시다.

파비콘의 예(톱 페이지 또는 오피셜 사이트)

- 인터넷 기업/온라인 쇼핑몰: 1 문자의 알기 쉬운 로고
  구글 아마존 네이버 쇼핑 쿠팡 G마켓
- 휴대전화: 대부분 점포의 간판과 같다
  SKT KT LG유플러스
- IT 벤더: 이미지 혹은 문자
  IBM 오라클 AWS
- 항공 회사: 로고가 간단하여 파비콘에 적합하다
  대한항공 아시아나항공
- 유통업: 인터넷 비즈니스로의 주력 정도에 따라 보기 쉬움에 차이가 있다
  유니클로 이케아 SSG 롯데
- 기타: 참고
  당근마켓 마이크로소프트 GS SHOP

이 책 집필 시점 기준 각 회사의 파비콘 예인데, 파비콘 전용 로고를 사용하고 있는 기업의 경우 보기 쉬운 것 같습니다. 스마트폰과 PC 등의 화면 크기가 다른 단말로 확인해 봅시다.

웹 시스템의 개발

사용할 수 있는 것은 사용해서 동작하게 한다

Web Technology

≫ 웹 앱의 백엔드 구성 요소

백엔드 데이터베이스의 대표 예 //

웹 앱은 기본적으로는 웹 서버, AP 서버, DB 서버의 기능으로 구성되어 있습니다. 실제로 흔히 볼 수 있는 형태는 DB 서버를 네트워크상의 안전한 곳에 배치하기 위하여 웹/AP 서버와 DB 서버 총 2대 혹은 각 1대씩 총 3대의 구성입니다.

웹 서버가 Linux인 경우에는 DB도 OSS(오픈 소스 소프트웨어)를 사용하는 경우가 많습니다. DB 소프트웨어 중에 반드시 이름이 거론되는 것이 **MySQL**입니다.

MySQL은 **LAMP**(Linux, Apache, MySQL, PHP 각각의 앞 글자를 취하고 있다)라는 웹 앱의 백엔드에 빼놓을 수 없는 대표적인 소프트웨어 중 하나로 인지되고 있습니다(그림 8-1). MySQL이 인기있는 이유는 무료로 사용할 수 있으며, Linux, Windows, macOS 등 다양한 운영체제에서 이용할 수 있는 것과 도구가 충실하다는 것에 있습니다. 3-9부터 3-12절까지 서버 구축 및 작성을 설명했는데, Linux와 Apache 설치 후에 PHP나 MySQL을 설치합니다.

MySQL의 대표적인 도구 ///

MySQL를 이용할 때는 초기 설정이나 테이블 작성 등을 브라우저에서 하기 위해 php MyAdmin이나 MySQL Workbench 등을 함께 사용하는 경우가 많습니다(그림 8-2).

MySQL은 다양한 곳에서 이용되고 있으며 WordPress의 백엔드에서도 MySQL이 동작하고 있습니다. ISP 임대 서버에서 WordPress를 이용하는 경우는 이용 신청만 하면 PHP나 MySQL 세팅을 해 주기도 하지만 클라우드 환경에서 직접 실시하는 경우에는 각각의 소프트웨어를 설치해야 합니다.

그림 8-1 **LAMP의 개요**

Linux	RHEL(Red Hat Enterprise Linux), CentOS, Ubuntu, SLES(SUSE Linux Enterprise Server) 등의 종류가 있다
Apache	• OSS 웹 서버의 대표 • 그 밖에 Nginx 등이 있다
MySQL	• 웹 앱 OSS 데이터베이스의 대표 • 그 밖에 PostgreSQL, MariaDB 등이 있다
PHP	• 서버 측의 스크립트 언어의 대표 • 프레임워크도 다수 있음, 중~대규모 시스템에서도 사용된다

- CentOS는 RHEL의 무료 버전이라는 점에서 자주 이용된다. 보안을 중시한다면 RHEL이 선호된다
- Ubuntu는 앱이 풍부하여 엔터테인먼트 및 교육 관련 현장에서 많이 이용된다
- SUSE는 최근 이용이 증가하고 있으며, 보안을 중시하는 유료 버전인 SLES와 OSS인 OpenSUSE가 있다.
- Linux는 위와 같이 디스트리뷰션(※)에 따라 다소 차이가 있지만 디스트리뷰터는 기업·단체·개인이 Linux를 이용할 수 있도록 OS(운영체제)와 필요한 응용 소프트웨어를 함께 제공해 준다.
- 기본적인 웹 앱이라면 LAMP를 사용하여 단기간에 만들 수 있다

※Linux를 기업·단체·개인이 이용할 수 있도록 OS와 필요한 애플리케이션 소프트웨어를 함께 제공해 주는 기업이나 단체를 말함

그림 8-2 **MySQL과 관련된 소프트웨어**

- MySQL Workbench에서는 데이터베이스의 설계·개발·관리 등을 할 수 있다
- 그림처럼 ER 모델의 작성, 서버 설정, 사용자 관리, 백업 등의 여러 가지 전문가적인 기능을 제공하는 공식 도구

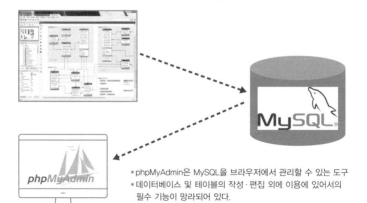

- phpMyAdmin은 MySQL을 브라우저에서 관리할 수 있는 도구
- 데이터베이스 및 테이블의 작성·편집 외에 이용에 있어서의 필수 기능이 망라되어 있다.

Chapter
8

웹 앱의 백엔드 구성 요소

Point

✔ 웹 앱의 백엔드에 빼놓을 수 없는 소프트웨어는 통칭 LAMP라고 부른다
✔ MySQL은 현재의 오픈 소스 데이터베이스의 기준이 되고 있다

≫ 웹 앱은 무료 소프트웨어를 이용한다

무료 소프트웨어로 기본 기능 구축

웹 서버를 구축할 때 OS는 Linux, 웹 서버 기능은 Apache나 Nginx 등 모두 **OSS**(오픈 소스 소프트웨어)가 이용되는 경우가 많아지고 있습니다. 물론 Windows Server 등의 유료 소프트웨어를 이용하여 웹 서비스를 제공하는 기업도 있습니다.

WordPress에도 무료 비전과 유료 버전이 있으며, 기본 기능은 무료 버전으로 구현할 수 있습니다. 게다가 백엔드의 LAMP도 OSS이기 때문에 소프트웨어에 관해서는 무료로도 다양한 웹 앱을 실현할 수 있습니다.

예를 들면, 온라인숍을 OSS로 구성하는 일례로서 그림 8-3과 같은 소프트웨어를 이용하는 경우가 많습니다.

동작 환경 및 버전업에 주의한다

OSS라고 해도 이용 실적이 많거나 점유율이 높은 것은 개발하고 있는 단체나 기업도 견고합니다. 다만, 버전이나 레벨업이 자주 있기 때문에 관리와 실행에 주의를 해야 합니다.

가능한 한 최신 버전을 사용하면 성능, 안정성, 보안 등은 향상되지만, 어떤 소프트웨어 입장에서 보면 다른 소프트웨어 최신판의 **동작 환경**의 보증이 되지 않은 경우도 있으므로 **업데이트** 타이밍에는 주의해야 합니다.

특히, LAMP에서 사용자에 가까운 층의 소프트웨어에 대해서는 더욱 신경 써야 합니다.

예를 들어, PHP 버전은 올라가 있지만 애플리케이션에 따라서는 대응과 동작 보증이 되어 있지 않은 경우 등이 있습니다.

최신 버전이 릴리즈가 되었다고 아무 생각 없이 업데이트하면 되는 것은 아닙니다. 그러나 시스템 동작상 필요한 업데이트도 있으므로 항상 확인을 해야 합니다. 이는 애플리케이션의 기본 기능에 다른 기능으로서 추가하는 **플러그인** 등도 동일합니다.

그림 8-3 온라인숍을 OSS로 구성하는 예

- 비교적 간단하게 온라인숍을 시작하고 싶다면 위와 같은 소프트웨어 구성을 예로 들 수 있습니다
- WooCommerce는 WordPress와 친화성이 높은 플러그인 소프트웨어
- 독립적인 중소 규모의 웹 사이트에서는 실제로 이러한 구성이 많다
- 사용자가 보는 것은 WordPress의 화면
- 소프트웨어 이용 시에는 무료 라이선스의 개념이나 유료가 되는 경우 등을 확인해서 사용할 것
- WordPress 설치 시 PHP도 같이 설치될 수 있음

그림 8-4 동작 환경(권장 환경) 차이의 예

- WordPress의 호스팅 환경(동작 환경)
- PHP 버전 7.4 이상
- MySQL 버전 5.7 이상 또는 MariaDB 버전 10.3 이상
  ※현재 시점의 WordPress의 최신판은 6

출처 : WordPress의 요건 페이지(2022년 6월)
URL : https://ko.wordpress.org/about/requirements/

- WooCommerce의 동작 환경(권장 환경)
- WordPress 5.7 이상
- PHP 버전 7.2 이상
- 데이터베이스 MySQL 5.6 이상

출처 : WooCommerce의 매뉴얼 페이지(2022년 6월)
URL : https://woocommerce.com/document/server
     -requirements/

- WordPress와 WooCommerce에서 PHP와 MySQL의 대응 버전이 각각 다르다
- 시간의 경과와 함께 각 소프트웨어의 버전업이 있으므로 동작 환경은 수시로 바뀌어 간다

Point

✔ Linux를 비롯해서 다양한 무료 소프트웨어를 활용함으로써 다양한 웹 앱을 실현할 수 있다

✔ 가능한 한 최신 버전을 이용하면 좋지만 동작 환경 보증 등의 이유로 오래된 버전을 사용하는 경우도 있다

≫ 애플리케이션 설계의 사고방식

웹 앱의 설계의 사고방식 모델

애플리케이션 개발에서는 설계가 필수입니다. 웹 앱을 설계하는 방법은 많이 있는데 대표적인 예로 **MVC 모델**이 있습니다.

MVC 모델은 애플리케이션을 모델(Model), 뷰(View), 컨트롤러(Controller) 3개 층으로 처리를 나누어 개발해 나가는 방법입니다. 처리의 분업화가 이후의 추가·수정을 원활하게 할 수 있는 장점이 있으며, 각각의 역할은 다음과 같습니다(그림 8-5).

- ◆ 모델: 컨트롤러의 명령을 받아 데이터베이스나 관련된 파일과 데이터 교환 및 처리를 담당한다
- ◆ 뷰: 처리 결과를 받아 그리기 표시를 담당한다
- ◆ 컨트롤러: 브라우저의 요청을 받아 응답 반환 시까지 제어한다

이러한 세 개의 층은 애플리케이션 내에서 각각의 처리를 물리적으로 독립시키면서도 연계하고 있습니다.

3층 구조에서의 위치

제1장부터 웹 앱은 웹 서버, AP 서버, DB 서버로부터 구성된다고 설명해 왔는데, 이 계층 구조의 사고방식을 **3층 구조** 및 3층 아키텍처라고 합니다.

MVC 모델은 서버 측에서의 설계 방법이므로 기본적으로는 3층 구조에서 AP 서버의 기능에 들어갑니다(그림 8-6).

실제 웹 앱 개발에서도 MVC 모델을 따라 개발 역할 분담이나 체계를 구성하는 경우가 많습니다.

그림 8-5　MVC 모델의 개요

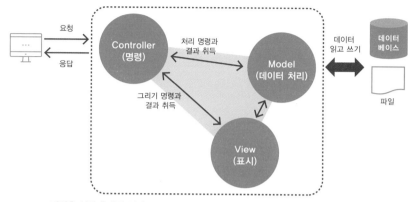

- 각각은 서버 측에서 처리
- 예를 들어, PHP나 HTML에서 기술하는 경우에는 컨트롤러의 PHP, 모델의 PHP, 뷰의 HTML과 PHP 등과 같이 나눈다
- MVC는 프레임워크의 특징이므로 MVP(Presenter), MVW(Whatever) 등으로 단어와 개념이 약간 바뀌기도 한다

그림 8-6　3층 구조에서 MVC 모델의 위치

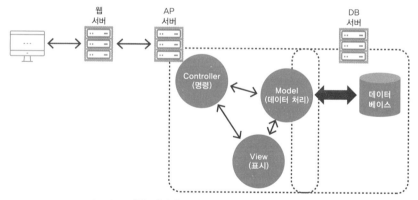

MVC 모델은 기본적으로는 AP 서버에 위치한다

>> 개발 프레임워크

프레임워크의 장점과 단점 //

웹 시스템의 개발에 있어서는 클라이언트가 브라우저를 이용하는 것을 전제로 하기 때문에 2-10절에서 설명한 것처럼 HTML, CSS를 전제로 JavaScript나 TypeScript, PHP나 JSP, ASP.NET, Ruby나 Python 등의 기술이 사용됩니다.

애플리케이션 개발에서는 Windows의 경우 .NET Framework 등과 같이 프레임워크가 이용됩니다. 프레임워크는 범용적 혹은 공통적으로 사용되는 처리의 흐름을 모형으로 제공해서 빠르고 좋은 것을 만들기 위한 구조입니다. 특히, 어느 정도의 인원으로 공동 작업을 하는 경우에는 개발의 효율화나 품질 관리에서 큰 효과를 발휘합니다(그림 8-7). 단점이 있다면 습득하기 위한 학습 시간이나 부하가 있다는 것입니다. 그림 2-19에서도 소개하고 있듯이 웹 시스템에서는 전용 프레임워크가 있습니다.

베이스가 되는 언어로 정해진다 //

예를 들어 JavaScript라면 React, Vue.js, jQuery 그리고 TypeScript면 Angular 등과 같이 기초가 되는 언어에 맞는 프레임워크가 선택됩니다. 각각 사용자 관리, 인증, 화면 표시 등의 처리에서 특징을 갖고 있으므로 무엇을 하고 싶은지와 모델이 되는 기존 웹 시스템에서 어느 프레임워크가 사용되고 있는지 등의 정보를 참고로 하여 선정하는 경우가 많습니다.

그림 8-8에서는 최근의 웹 시스템에서 이용되는 언어, 프레임워크, 실행 환경의 확장 등을 언어를 기초로 해서 정리했습니다. 몇 년 주기로 언어 및 프레임워크의 트렌드나 엔지니어 사이에서의 인기나 평가는 달라지는데 일단 기억해 두는 것이 좋습니다.

그림 8-7 **프레임워크를 이용하는 장점(프론트엔드의 예)**

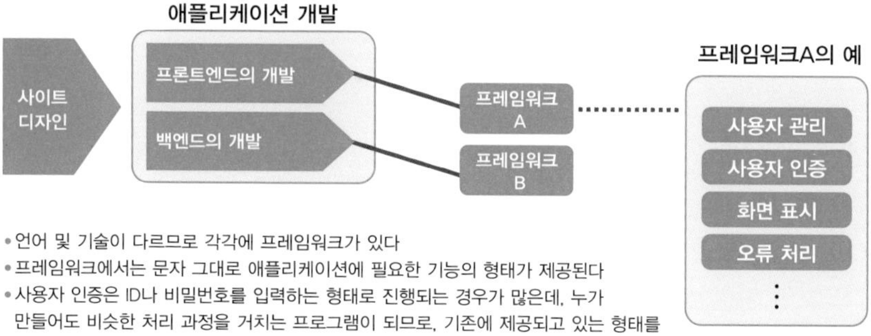

애플리케이션 개발

사이트 디자인 → 프론트엔드의 개발 / 백엔드의 개발 → 프레임워크 A / 프레임워크 B ······ **프레임워크A의 예**

- 사용자 관리
- 사용자 인증
- 화면 표시
- 오류 처리
- ⋮

- 언어 및 기술이 다르므로 각각에 프레임워크가 있다
- 프레임워크에서는 문자 그대로 애플리케이션에 필요한 기능의 형태가 제공된다
- 사용자 인증은 ID나 비밀번호를 입력하는 형태로 진행되는 경우가 많은데, 누가 만들어도 비슷한 처리 과정을 거치는 프로그램이 되므로, 기존에 제공되고 있는 형태를 이용하는 편이 빠르고 실수가 없는 개발을 할 수 있다
- 빠르고(효율적), 품질이 좋은 것은 프레임워크 활용의 장점

그림 8-8 **개발 언어와 프레임워크의 예**

언어 등	프레임워크명
JavaScript	React(Facebook, Twitter), Vue.js(LINE, Apple), jQuery,Node.js[※]
TypeScript	Angular(Google, Microsoft), React, Vue.js, Node.js[※]
Perl	Catalyst
PHP	CakePHP
JSP	SeeSea, Struts
Python	Django(Instagram)
Ruby	Ruby on Rails(CookPad)
CSS	Bootstrap, Sass[※]

- ( )는 프레임워크를 이용하고 있는 유명한 사이트나 SNS, ※는 프레임워크라기보다는 개발 환경
- 그 밖에 소스 코드 관리 서비스인 GitHub 등의 이용 및 클라우드 사업자의 PaaS 서비스 이용 등도 들 수 있다
- 개발하고 싶은 것에 적합한 프레임워크를 선택하면 언어도 필연적으로 정해진다

Point

✔ 공동으로 개발하는 웹 시스템에서는 프레임워크가 이용된다

✔ 트렌드 등을 고려하여 정기적으로 기본이 되는 언어를 바탕으로 프레임워크 및 실행 환경의 확장 등의 관점에서 정리하는 것이 좋다

≫ ASP.NET과 JSP

ASP.NET의 개요

8-4절에서 최근 화제가 되고 있는 프레임워크에 대해 설명했습니다. 프레임워크라고 하면 마이크로소프트의 ASP.NET이 유명합니다. 또한, ASP.NET과 같이 비교적 대규모인 웹 시스템에서 이용되는 JSP도 들 수 있습니다. 이 절에서는 이러한 내용들을 살펴보겠습니다.

ASP.NET은 웹 앱 개발을 위한 프레임워크로, VB나 C# 등에서 화면으로부터 작성할 수 있는 웹 폼, MVC 모델에 준한 MVC, Web Pages, Web API 등의 도구로 구성되어 있습니다(그림 8-9). PHP와 같은 스크립트 언어와는 달리 **컴파일러 언어**로 프로그래밍해서 정밀한 처리를 실현할 뿐만 아니라 처리 속도도 빨라서 **대량의 요청**을 처리하는 웹 서비스에 적합합니다. 이전에는 Windows 환경에서만 사용할 수 있었지만 현재는 Core라는 다른 플랫폼에 연계되는 기능도 제공되고 있어, 그 밖의 프레임워크나 Linux 환경 등으로의 연계도 가능합니다.

JSP의 이용 예

JSP는 Java로 작성하는데 기본적으로는 Java Servlet과 JSP(Java Server Pages)의 세트입니다. Servlet이 요청에 따른 처리를 실행하고 JSP가 결과를 화면에 표시합니다. JSP도 정밀한 처리에 대응할 수 있습니다.

이용 사례 중 하나로서 신용카드 회사나 인터넷 은행·증권 등의 웹 사이트에 접속하여 로그인하면 URL에 .jsp의 문자를 일순간 볼 수 있습니다. JSP는 그림 8-10과 같은 복잡한 화면 전환 중에도 볼 수 있는데, 대량의 사용자로부터의 요청 처리에 적합합니다.

ASP.NET이나 JSP는 대규모 시스템에서 이용되었는데 최근에는 그 상황도 바뀌고 있습니다.

그림 8-9　　ASP.NET과 주요 도구의 개요

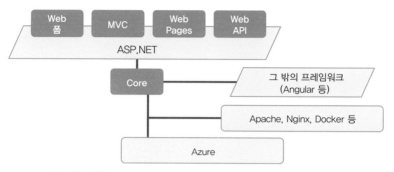

ASP.NET은 웹 애플리케이션의 프레임워크로서 필요한 도구 및 기능이 많이 갖춰져 있다

그림 8-10　　Java Servlet과 JSP에서의 처리의 예

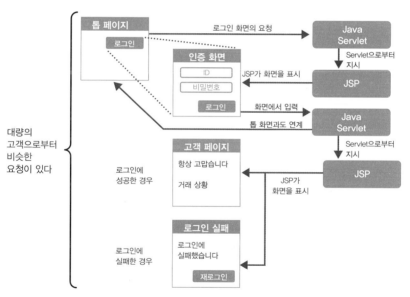

Java Servlet과 JSP에 의해 복잡한 동작을 하는 페이지도 빠르게 처리를
할 수 있으며, 또한 대량의 요청도 처리할 수 있다

Point

✔ ASP.NET은 VB나 C#, JSP는 Java와 같은 컴파일러 언어를 이용하여 개발한다
✔ ASP.NET과 JSP는 사용자로부터의 대량의 요청을 처리할 때에 고속으로 처리해야 하
　는 시스템에서 이용된다

≫ 프론트와 백의 경계

브라우저 측과 서버 측

웹 앱의 개발에 있어서는 고객 요구에 따라 웹 사이트의 프론트가 되는 브라우저에서의 외형이나 움직임을 담당하는 구조를 **프론트엔드**라고 하며 웹 사이트 뒤쪽에 있는 서버 측에서의 데이터베이스, 기타 처리 및 운용 등에 관계된 구조를 **백엔드**라고 합니다. 또한, 어느 한쪽에 선문성을 가시는 엔지니어를 의미하기도 합니다. 물리적인 전문성으로는 브라우저 측인지 서버 측인지에 따라 요구되는 지식도 다릅니다. 프론트는 HTML, CSS, JavaScript 등이고, 백은 PHP, 데이터베이스, JSP나 ASP. NET 등 입니다(그림 8–11 · 위).

원래는 서버 측이 중심이 되어 여러 처리가 이루어졌지만, 현재는 단말이나 브라우저의 성능 향상과 함께 브라우저 측에서 많은 부분을 처리하고 있습니다. 그래서 개발 스킬도 8-5절에서 소개한 프레임워크를 구사해서 **가능한 프론트엔드로 시행하도록** 바꾸고 있습니다(그림 8–11 아래). 백엔드로부터 HTML을 받는 구조에서 프론트에서 HTML을 만드는 구조로의 변화입니다.

확장 기능이 경계를 바꾼다

조금 더 자세한 이야기를 하자면 CSS의 기능을 확장할 수 있는 Sass(Syntactically awesome stylesheet)나 SCSS(그림 8–12 위) 등의 기술도 흥미롭습니다. 게다가 **Node.js** 등을 이용하면 JavaScript를 실행하는 환경의 플랫폼으로서 정비할 수 있어, JavaScript로도 파일 읽고 쓰기 등을 할 수 있게 됩니다(그림 8–12 아래). Node.js는 JavaScript의 서버 측에서의 개발을 가능하게 하는데 TypeScript를 이용할 때도 유용합니다. TypeScript는 브라우저 측과 서버 측 모두에서 동작한다는 특징이 있지만 Node.js와 같은 JavaScript 실행 환경이 필요합니다.

이러한 확장 기능의 존재로 인해 프론트와 백의 경계가 바뀌고 있는 것이 현재 추세입니다.

그림 8-11　프론트엔드와 백엔드의 개요, 개발 스타일의 변화

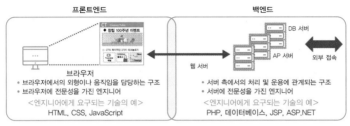

프론트엔드

브라우저
• 브라우저에서의 외형이나 움직임을 담당하는 구조
• 브라우저에 전문성을 가진 엔지니어

<엔지니어에게 요구되는 기술의 예>
HTML, CSS, JavaScript

백엔드

웹 서버　DB 서버　AP 서버　외부 접속
• 서버 측에서의 처리 및 운용에 관계되는 구조
• 서버에 전문성을 가진 엔지니어

<엔지니어에게 요구되는 기술의 예>
PHP, 데이터베이스, JSP, ASP.NET

개발 스타일의 변화

예를 들어, JavaScript는
입력 체크 등의 단순한
화면 처리뿐만이 아니라
통신 처리의 제어도
포함해서 상거래 등의
비즈니스 로직 처리도
시행하게 되었다

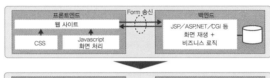

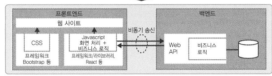

그림 8-12　Sass, Node.js의 장점

【Sass의 장점】

CSS의 사용법

html　CSS 1　CSS 2　CSS 3

• CSS에서는 페이지마다 CSS 파일이 필요하다
• 페이지를 호출하는 만큼 서버에 부하가 걸린다

Sass에 의한 CSS의 사용법

html　CSS　Sass에 의한 컴파일　SCSS 1　SCSS 2　SCSS 3

• Sass에서는 CSS에 가까운 기술을 할 수 있는 SCSS를 하나의 CSS 파일로 컴파일해 준다
• 컴파일하는 번거로움은 있지만 위의 예에서는 1회 호출로 끝난다 ⇒ 서버의 부하를 경감한다
• Sass와 같은 언어는 스타일 시트 언어라고도 불리는데 기술 방법은 CSS와 거의 같다
• 물론 컴파일용의 Ruby 프로그램 등이 필요하다

【Node.js의 장점】

• Node.js가 기반이 되어 JavaScript를 서버 측에서 사용할 수 있게 된다(실행할 수 있다)
• JavaScript는 익숙하지만 PHP가 서툰 엔지니어 등에게는 고마운 존재

Chapter
8

프론트와 백의 경계

Point

✔ 주로 브라우저 측을 담당하는 구조나 엔지니어를 프론트엔드, 서버 측을 백엔드라고 부르기도 한다

✔ 최근 개발 트렌드는 프론트 측에서 할 수 있는 일은 실행하도록 되고 있다

» 웹 시스템에서 사용되는 데이터의 형식

XML의 쓰임새

XML(Extensible Markup Language)은 마크업 언어로, 여러 가지 시스템에서 이용되고 있습니다. HTML은 웹 시스템 이용에 특화되어 있는데 반해, XML은 개발자의 목적에 따라 정의할 수 있도록 되어 있으므로 범용성이 높고 여러 가지 시스템 간의 데이터 주고받기에 이용되는 경우가 많습니다.

XML이나 HTML도 웹의 표준화 단체인 W3C(World Wide Web Consortium)에서 표준화를 추진해 왔습니다. HTML에 관해서는 2-3절에서 설명하였으므로 여기에서는 XML의 예를 살펴봅시다. 그림 8-13은 GPS 센서로부터 XML 형식으로 전달된 데이터의 예시입니다. name이나 lon 등의 데이터 항목명은 개발자가 정의합니다. GPS라는 것을 알고 있다면 lon은 Longitude:경도, lat은 Latitude:위도임을 알 수 있습니다.

JSON의 쓰임새

XML과 함께 데이터 주고받기에 많이 이용되는 것이 JSON(JavaScript Object Notation)입니다.

JSON은 CSV(Comma-Separated Values)와 XML의 중간에 해당하는 형식입니다. JavaScript와 연계하는 기타 언어와 데이터를 주고받을 용도로 고안되었기 때문에 JavaScript를 이용하는 웹 API의 데이터 주고받기 등에서 이용되는 경우가 많고, 또한 프론트엔드와 백엔드 주고받기를 HTML로 받는 것이 아니라 데이터 주고받기로 끝낼 때에도 사용됩니다(그림 8-14 위).

또한, 그림 8-13의 GPS 데이터를 JSON이나 CSV로 나타내면 그림 8-14 아래와 같이 됩니다. JSON은 데이터 용량이 작고 간결하게 정리되지만, 사람의 눈으로 보는 경우에는 XML이 보기 쉽습니다. 연계하는 시스템이나 주고받기를 하는 데이터의 특징에 따라 XML이나 JSON 등을 구분해서 사용하는데, 현재 웹 시스템에서의 주류는 JSON입니다.

그림 8-13 XML의 예

```
<?xml version="1.0" encoding="UTR-B"?>
<name>GPS-0010 DataLog 2020-12-31</name>
<kpt lon="139.7454316"lat="35.6685840">
 <time>14.01:59</time>
</kpt>
<kpt lon="139.7450316"lat="35.6759323">
 <time>14:06:59</time>
</kpt>
...
```

- XML은 시스템 간의 데이터 주고받기에 이용되는 경우가 많다
- XHTML(Extensible Hyper Text Markup Language)이라는 HTML을 XML의 기술 방식으로 재정의한 것도 있다

그림 8-14 JSON과 CSV의 예

JSON에서의 데이터 주고받기의 예

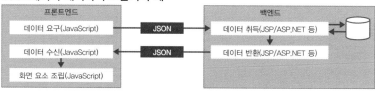

- JSON은 웹 시스템 내의 데이터 주고받기에서의 현재 주류
- 프론트엔드와 백엔드를 분리하여 JSON 형식으로 데이터 주고받기를 하는 경우도 늘고 있다

JSON의 예   XML과 CSV 중간의 존재로 항목명도 넣는다

```
[
    {"name":"0010","date":"20201231", "lon":"139.7454316",
 "lat":"35.658540","time":"14:01:59}
    {"name":"0010","date":"20201231", "lon":"139.7450316",
 "lat":"35.6759323","time":"14:06:59}
]
```

CSV의 예   데이터양은 적어지지만 무슨 데이터인지 모른다

```
"0010","20201231","139.7454316","36.6585840","14:01:59"
"0010","20201231","139.7450316","35.6759323","14:05:59"
```

Point
- ✔ 시스템 간에서의 데이터 주고받기에 XML나 JSON이 이용된다
- ✔ JSON은 프론트엔드와 백엔드 간 데이터 주고받기에 이용되는 경우도 늘고 있다

Chapter **8**

웹 시스템에서 사용되는 데이터의 형식

≫ 서버의 기능을 나누는 대처

서버 및 시스템을 연계해서 이용한다

8-7절까지 살펴본 것처럼 최근에는 브라우저나 단말 측에서의 기능이나 기술이 서버에서 발생하는 부하를 경감하도록 발전해 왔습니다. 다른 방법으로 서버 측의 처리 부하를 경감하는 사례 중 하나가 매시업(Mashup)입니다.

매시업은 클라이언트 측에서 처리한 여러 개의 웹 서비스(웹 시스템)를 조합하여 하나로 보여주는 기술입니다. 매시업을 실행할 수 있으면 하나의 서비스 및 시스템으로 모든 것을 처리할 필요가 없어집니다. 이미 운영되고 있는 서비스를 연계해서 사용해 나가는 접근 방식이기도 합니다(그림 8-15). 자신의 서버에서 전부 처리하는 것이 아니라 다른 서버나 클라이언트 측에서도 분담해 줍니다. 다만, 이 예의 경우 웹 API로 지도 정보를 제공해 주는 사업자에 의존하는 부분도 크다는 점은 주의가 필요합니다.

사용자 근처에 서버를 두는 대처

매시업은 서버 측의 처리 부담을 줄여주는데, 그 밖에도 에지 컴퓨팅이라고 하는 사용자 근처에 서버의 기능 및 애플리케이션의 일부를 가져오는 대처도 진행되고 있습니다(그림 8-16).

클라이언트 측에서 보면 매시업으로는 여러 줄지어 있는 서버 및 서비스, 시스템의 효율적인 이용이 가능하다는 장점이 있고, 에지로는 가까운 곳에서 끝나는 처리는 가까운 쪽에서 실행하는 장점이 있으므로 비교하여 선택하면 됩니다.

매시업이나 에지 컴퓨팅은 시스템의 부하를 경감시킴과 동시에 사용자의 편리성도 향상시킵니다. 또한 다른 차원의 사고방식도 생길 수가 있습니다. 예를 들어, 서비스 및 시스템을 기능별로 패키지로 만들어 자유롭게 가상 서버 간을 넘나들며 이용하는 기술입니다. 이것은 8-11 절에서 설명합니다.

그림 8-15   매시업의 예

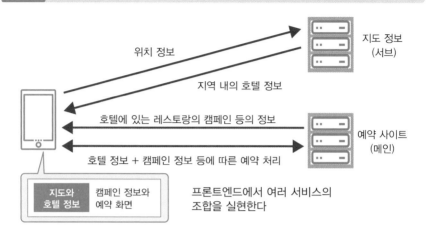

위치 정보

지도 정보
(서브)

지역 내의 호텔 정보

호텔에 있는 레스토랑의 캠페인 등의 정보

예약 사이트
(메인)

호텔 정보 + 캠페인 정보 등에 따른 예약 처리

지도와 호텔 정보   캠페인 정보와 예약 화면

프론트엔드에서 여러 서비스의 조합을 실현한다

그림 8-16   에지 컴퓨팅의 개요

에지 컴퓨팅에서는 사용자 근처에 서버를
분산 배치하고, 시스템 전체의 부하를 낮춘다

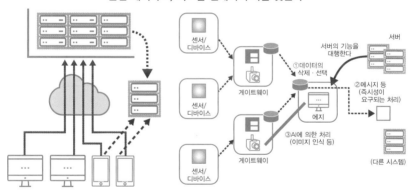

- 웹이나 클라우드에서는 가동 후의 대책으로서, IoT 시스템 등에서 필수 기능으로서 대처되고 있다
- 당초에는 서버의 부하를 낮추는 방법으로 상정되었으나, 지금은 다양한 서비스와의 연계 수단으로도 되어가고 있다(에지를 허브처럼 이용한다)

Point

✔ 매시업은 클라이언트 측에서 여러 웹 서비스를 조합해서 보여주는 기술
✔ 웹 서비스를 조합하거나 기능을 이동시켜서 현재는 서버 측의 부담을 줄이는 방향으로 가고 있다

≫ 결제 처리로 보는 외부 접속의 방식 예

외부 접속의 방식 예

웹 시스템에서는 자체 애플리케이션뿐만 아니라 타사의 시스템을 연계해서 활용하는 경우도 많습니다. 이 절에서는 외부 결제 대행 회사로의 접속을 예로 들어 애플리케이션의 외부 접속 방식에 대해서 정리합니다.

결제 처리에 대해서는 기업이나 개인 등이 스스로 시스템을 개발할 필요 없이, 이미 서비스로 제공되고 있습니다. 이 예에서는 주로 세 가지 방법이 있습니다.

◆ **링크 방식〈CGI 등〉(그림 8-17 · 위)**
상용 사이트에서 결제 회사의 사이트로 링크하여 결제가 완료되면 상용 사이트로 돌아온다(상용 사이트는 카드 정보를 보유하지 않는다).

◆ **API〈데이터 전송〉 방식〈전용 프로그램〉(그림 8-17 · 아래)**
상용 사이트가 SSL에 대응한 카드 정보를 받는 페이지를 준비하고, 결제 대행 회사 서버 API를 통해 처리한다(카드 정보를 확보한다).

◆ **토큰 방식〈스크립트 등〉(그림 8-18)**
카드 정보를 스크립트로 암호화하여 결제 회사에 넘기고, 이후는 암호화된 데이터를 주고받는다(보유하지는 않지만, 하고 있는 것처럼 보인다).

카드 정보를 보유하는 보안 리스크와 사용자로부터의 외형이나 편리성을 비교해서 최적의 방식을 선정합니다.

하고 싶은 처리에 대한 방법은 하나뿐만이 아니다

결제 처리를 예로 들었는데, 이는 외부 접속 방식의 예로서 확립되어 있는 것입니다. 웹에서는 하고 싶은 처리에 대한 여러 가지 방법이 있으므로 하나의 방법만이 아니라 유연한 사고를 가지고 임하는 것이 좋습니다.

그림 8-17 링크 방식과 API 방식의 개요

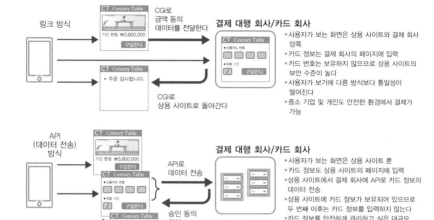

결제 대행 회사/카드 회사

- 사용자가 보는 화면은 상용 사이트와 결제 회사 양쪽
- 카드 정보는 결제 회사의 페이지에 입력
- 카드 번호는 보유하지 않으므로 상용 사이트의 보안 수준이 높다
- 사용자가 보기에 다른 방식보다 통일성이 떨어진다
- 중소 기업 및 개인도 안전한 환경에서 결제가 가능

결제 대행 회사/카드 회사

- 사용자가 보는 화면은 상용 사이트 뿐
- 카드 정보도 상용 사이트의 페이지에 입력
- 상용 사이트에서 결제 회사에 API로 카드 정보의 데이터 전송
- 상용 사이트에 카드 정보가 보유되어 있으므로 두 번째 이후는 카드 정보를 입력하지 않는다
- 카드 정보를 안전하게 관리하고 싶은 대규모 사이트

그림 8-18 토큰 방식의 개요

Chapter
8

결제 처리로 보는 외부 접속의 방식 예

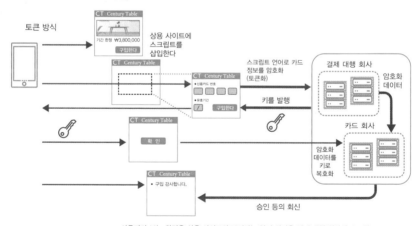

- 사용자가 보는 화면은 상용 사이트와 보기에는 읽기 어려운 결제 대행 회사의 스크립트
- 외형(대개 상용 사이트의 일관성)과 보안(카드 정보를 보유하지 않음)의 장점만 취합
- 구조 자체는 다소 복잡함

Point

✔ 외부 접속은 결제 처리를 예로 들면 링크, API, 토큰 등과 같이 여러 방식이 있다

✔ 웹 시스템에서 외부 시스템의 이용과 접속을 검토하는 것은 자연스러운 일로 다양한 방법이 있다고 생각하는 것이 적절하다

≫ 서버의 가상화 기술

서버의 가상화 기술의 대다수

웹 시스템은 ISP나 클라우드 사업자가 제공하는 가상 서버에 포함되는 경우가 늘고 있습니다. 이 절에서는 서버 가상화 기술에 대해서 살펴보겠습니다.

지금까지 가상화 장면을 주도해 온 제품은 VMWare vSphere Hypervisor, Hyper-V, Xen, Linux의 기능 중 하나인 KVM 등인데 이들은 **하이퍼바이저형**이라고 합니다.

하이퍼바이저형은 현재의 가상화 소프트웨어의 주류인데, 물리 서버상에서의 가상화 소프트웨어로서 그 위에 Linux나 Windows 등의 게스트 OS를 올려서 동작합니다. 게스트 OS와 애플리케이션으로 구성되는 가상 서버가 호스트 OS의 영향을 받지 않도록 동작하므로 여러 가상 서버를 효율적으로 가동할 수 있습니다. 하이퍼바이저형이 주류가 되기 이전에는 **호스트 OS형**도 있었지만, 처리 속도의 저하 등이 발생하기 쉬워 현재는 일부 미션 크리티컬한 시스템 등에 한정해 이용되고 있습니다(그림 8-19).

앞으로의 주류가 될 가능성이 높은 경량 가상화 기초

가상화 기술에서 앞으로의 주류라고 일컫는 것이 **컨테이너형**입니다. 컨테이너의 작성에는 **Docker**(도커)라는 소프트웨어를 사용합니다.

컨테이너형의 구성에서 게스트 OS는 호스트 OS의 커널 기능을 같이 사용함으로써 경량화합니다. 컨테이너 내의 게스트 OS에는 필요한 최소한의 라이브러리만 포함하기 때문에 CPU나 메모리에 대한 부하가 적고 빠른 처리를 실현할 수 있습니다. 또한, 애플리케이션의 기동이 매끄럽게 되며, 리소스 효율도 좋아집니다. 게다가 가상 서버의 패키지를 작게 경량화할 수 있는 것이 핵심입니다(그림 8-20). 각 서버에 컨테이너 환경이 있으면 컨테이너 단위로 다른 서버로 이행할 수도 있습니다.

그림 8-19   하이퍼바이저형과 호스트 OS형

하이퍼바이저형

가상 서버	가상 서버
앱 앱	앱 앱
게스트 OS	게스트 OS

가상화 소프트웨어

OS

물리 서버

- OS와 가상화 소프트웨어가 거의 일체이므로 완전한 가상 환경을 제공한다
- 장애 발생 시에 가상화 소프트웨어인지 OS인지 분리가 어렵다
- 비교적 새로운 시스템에 많다

호스트 OS형

가상 서버	가상 서버
앱 앱	앱 앱
게스트 OS	게스트 OS

가상화 소프트웨어

OS

물리 서버

- 가상 서버로부터 물리 서버에 접근할 때는 호스트 OS를 경유하므로 속도의 저하 등이 일어나기 쉽다
- 장애 발생 시의 분리는 하이퍼바이저형 보다 쉽다
- 전통적인 미션 크리티컬한 시스템 등에서는 꾸준히 인기가 있다

그림 8-20   컨테이너형과 컨테이너 단위로의 이동

컨테이너형

컨테이너	컨테이너
앱	앱
게스트 OS	게스트 OS

가상화 소프트웨어(Docker)

커널 기능
호스트 OS

물리 서버

- 가상화 소프트웨어(Docker)가 하나의 OS를 컨테이너라고 하는 사용자용의 상자로 분할
- 상자마다 가상 서버의 리소스를 독립해서 이용할 수 있다
- 컨테이너의 게스트 OS는 호스트 OS의 커널 기능을 공유할 수 있다

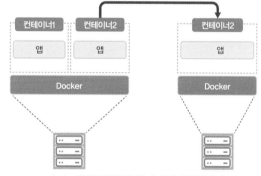

- Docker 환경이 있으면 비교적 매끄럽게 이행할 수 있다
- 애플리케이션 단위로 이행할 수 있으므로 관리하기도 쉽다
- 상급자가 되면 1 앱 1 컨테이너로 시스템을 구축하지만, 현실적으로는 1 컨테이너 여러 앱으로 만드는 경우가 많다

Point

✔ 서버의 가상화 기술에서는 하이퍼바이저형이 다수를 차지하고 있다

✔ 앞으로는 컨테이너형이 주류가 될 것으로 예상되고 있는데, 가상 서버를 경량화할 수 있고 컨테이너 단위로 전환할 수 있는 특징이 있다

Chapter 8

서버의 가상화 기술

≫ 웹 시스템의 새로운 조류

웹 시스템과 컨테이너 //

웹 앱이나 웹 시스템에 프레임워크가 다수 사용되고 있는 것처럼 사용자 인증 등으로 시작되는 정형화가 되어가고 있습니다.

8-10절에서 설명한 컨테이너 구조를 이용하면 서비스나 시스템 기능마다 컨테이너를 작성하여 각각의 가상 서버를 구축할 수도 있습니다. 웹 시스템에서의 예로서 인증, DB, 데이터 분석, 데이터 표시 등의 서비스마다 컨테이너를 작성합니다. 각각의 서비스나 애플리케이션은 OSS를 이용하고 있으므로 버전이나 레벨업의 갱신 작업이 자주 필요하지만 미리 다른 가상 서버로 해 두는 것으로 다른 서버에 영향을 주지 않고 매끄러운 갱신을 할 수 있습니다.

일련의 컨테이너 관리 //

각각의 서비스의 컨테이너는 Docker와 네트워크 환경이 있으면 반드시 동일한 물리 서버상에 탑재할 필요는 없습니다. 다만, 일련의 서비스를 관리해서 어떤 순서로 서비스를 동작시키는 등의 다른 서버 간에 존재하는 컨테이너의 관계성을 관리하는 **오케스트레이션**이 필요합니다(그림 8-21). 대표적인 OSS로서 **Kubernetes**(쿠버네티스)가 있습니다. Kubernetes와 같은 소프트웨어가 있으면 컨테이너는 어디에 있어도 좋으므로 대량의 데이터 분석에 강한 고성능 서버, 인증에 특화된 보급판의 서버 등으로 나눌 수도 있습니다. 클라우드 사업자나 ISP를 넘을 수도 있습니다(그림 8-22).

대상이 되는 웹 시스템의 발전 방향이나 최종형을 그릴 수 있으면 서비스 및 애플리케이션과 그것들을 올린 가상 서버와 물리 서버의 관계는 정의할 수 있을 것입니다. 컨테이너와 오케스트레이션도 선택지 중 하나로 기억해 둡시다.

그림 8-21 **컨테이너의 구현 예**

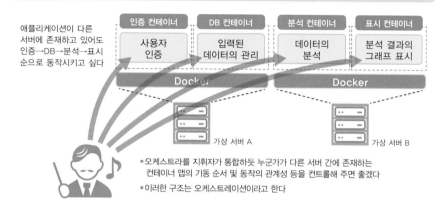

애플리케이션이 다른
서버에 존재하고 있어도
인증→DB→분석→표시
순으로 동작시키고 싶다

인증 컨테이너	DB 컨테이너	분석 컨테이너	표시 컨테이너
사용자 인증	입력된 데이터의 관리	데이터의 분석	분석 결과의 그래프 표시

Docker   Docker

가상 서버 A   가상 서버 B

● 오케스트라를 지휘자가 통합하듯 누군가가 다른 서버 간에 존재하는
컨테이너 앱의 기동 순서 및 동작의 관계성 등을 컨트롤해 주면 좋겠다
● 이러한 구조는 오케스트레이션이라고 한다

그림 8-22 **Kubernetes 기능의 개요**

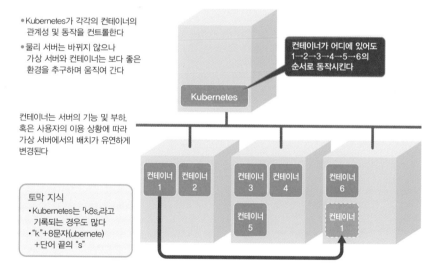

● Kubernetes가 각각의 컨테이너의
관계성 및 동작을 컨트롤한다
● 물리 서버는 바뀌지 않으나
가상 서버와 컨테이너는 보다 좋은
환경을 추구하며 움직여 간다

컨테이너가 어디에 있어도
1→2→3→4→5→6의
순서로 동작시킨다

Kubernetes

컨테이너는 서버의 기능 및 부하,
혹은 사용자의 이용 상황에 따라
가상 서버에서의 배치가 유연하게
변경된다

토막 지식
• Kubernetes는 「k8s」라고
기록되는 경우도 많다
• "k"+8문자(ubernete)
+단어 끝의 "s"

컨테이너 1	컨테이너 2	컨테이너 3	컨테이너 4	컨테이너 6
	컨테이너 5			컨테이너 1

Point

✔ 서비스 및 시스템의 기능마다 컨테이너를 작성하고 다른 물리 서버에 둘 수도 있다
✔ 다수의 가상 서버를 동일한 물리 서버에 올리는 것뿐만 아니라 각각의 물리 서버에 올
리는 방법도 있다

Chapter
8

웹 시스템의 새로운 조류

≫ 웹 서버의 부하 실측

부하 테스트 도구로 테스트

이 절에서는 웹 서버에서 실측값으로 성능 견적을 내는 예를 설명합니다. 최근의 경향으로 웹 시스템의 규모가 커지면 커질수록 테스트 환경에서 실측을 하면서 개발을 진행하는 경우가 많아지고 있습니다. 클라우드 환경에서의 개발이 늘어나면서 개발 환경과 실제 환경이 긴밀하게 연계되어 있다는 점과 사용자 경험에 대한 대응이 배경에 있습니다.

실측을 위해서는 조건을 정하고 서버의 **부하를 테스트하는 도구**와 CPU 및 메모리의 **이용 상황을 나타내는 도구** 등을 조합해서 시행합니다. 이 절에서는 무료 부하 테스트 도구를 이용한 예를 소개합니다.

그림 8-23은 Apache JMeter의 화면인데, 부하 테스트를 위해 동시 접근 수, 접근 간격, 루프 횟수 등을 설정하고 있습니다. 알려진 도구라면 부하 테스트에서 필수 항목이 이미 정의되어 있으므로 생각하는 최대 접근 수 등을 정해서 실행할 수 있습니다.

CPU와 메모리의 이용 상황 모니터

테스트 도구에는 서버의 CPU나 메모리 이용 상황을 합쳐서 모니터해 주는 것도 있는데, 여기에서는 Linux의 dstat 명령어를 소개합니다. 사용법의 한 예로, 부하 테스트의 도구로 부하를 걸고 있을 때에 서버의 리소스 상황을 실시간 확인합니다. 그림 8-24는 CPU와 메모리 부하 상황을 모니터하는 예입니다.

실제 웹 사이트에서 부하 테스트를 해보면 톱 페이지나 그 밖의 고정된 페이지의 열람에서는 서버에 대한 부하는 거의 걸리지 않지만, 상품 검색 및 열람·주문 등으로 데이터베이스 실행이 늘어나면 늘어날수록 확실히 부하는 올라갑니다. 이 부분도 예상하고 테스트 계획 및 성능 견적을 검토해야 합니다.

그림 8-23 부하 테스트(측정) 도구에서의 설정 예

Apache JMeter의 설정 예

- Number of Threads(users)는 동시 접근 수
- Ramp-up period(seconds)는 접근 간격
- Loop Count는 루프 횟수

를 나타낸다. 여기에서는 각각 20, 1, 100으로 설정한다

Windows PC에서 실행할 경우 Apache JMeter에 추가로 Java 설치가 필요하다

그림 8-24 CPU와 메모리의 이용 상태를 모니터하는 예

dstat 실행 화면의 예

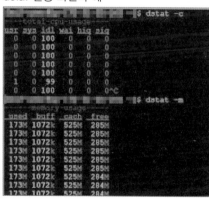

- dstat는 CPU나 메모리 등의 부하를 표시하는 명령어. sudo yum install dstat 등으로 설치한다
- dstat -c로 CPU, dstat -m로 메모리와 같이 각각의 사용률과 사용량을 표시할 수도 있다. 가로로 길게 표시되나, 일람으로 표시할 수도 있다
- 부하 테스트 도구를 돌리고 있는 상태로 모니터하는 경우 등에 이용한다

※제6장의 「해 보자」에서는 데이터베이스를 돌릴 때의 클라이언트의 부하를 예로 소개하고 있는데, 실무에서는 서버, 데이터베이스, 클라이언트의 시점에서 부하를 실측하는 것이 중요

Point
- ✔ 서버 부하를 측정하는 도구를 이용해서 부하의 실측을 시행한다
- ✔ 부하 테스트와 함께 CPU 및 메모리 등의 이용 상황을 확인하는 수단을 생각해 둘 것

≫ 가상 서버의 성능 견적

성능 견적의 방법

서버의 성능 견적은 웹을 포함한 다양한 시스템에서 필수입니다. 이 절에서는 기본적인 업무 시스템의 예를 설명합니다.

서버의 성능 견적의 산출 방법으로는 다음 세 가지 방법이 있습니다(그림 8-25).

- ◆ 탁상 계산에 의한 누적
  사용자 요구를 바탕으로 필요한 CPU 성능 등을 누적해서 산출합니다.

- ◆ 사례 및 제조사의 권장 사양
  동종의 사례나 소프트웨어 제조사의 권장 사양을 참고해서 판단합니다.

- ◆ 도구로 부하 및 실측에 의거한 견적
  도구로 부하 및 이용 상황을 측정해서 실측값을 바탕으로 산출합니다. 8-12절처럼 전용 소프트웨어를 사용할 수도 있습니다.

가상 서버의 성능 견적 예

가상 환경을 전제로 하는 업무 시스템의 서버 성능 견적 예시로 그림 8-26와 같이 서버에 OS를 포함해서 6세트의 소프트웨어, 가상 클라이언트를 5세트 배치하는 경우를 생각해 보겠습니다. 과거의 사례와 소프트웨어 제조사의 권장 사양을 기준으로 서버 측은 CPU 코어 수와 메모리로 4코어 · 8GB를 VMWare의 기준값으로, 클라이언트는 2코어 · 4GB를 기준값으로 합니다. 수량에 따른 누적과 예비를 포함하면 43코어 · 85GB 이상의 서버가 필요하다고 계산할 수 있습니다.

이처럼 성능 견적에서는 **기준값**을 기초로 산출하는 것이 기본입니다. 온프레미스의 경우에는 구매 후의 구성 변경을 피하기 위해서 기준값에 더해서 여유를 좀 더 갖추는데 클라우드의 경우에는 이용하는 중에 조정할 수도 있습니다.

그림 8-25 서버의 성능 견적 산출 방법

탁상 계산에 의한
누적

동종의 사례 및
제조사 권장을
참고로 한다

도구를 설치해서
성능 및 부하
측정을 시행한다

그림 8-26 업무 시스템에서 가상 서버의 성능 견적의 예

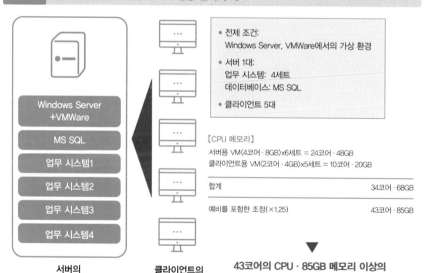

- 전제 조건:
  Windows Server, VMWare에서의 가상 환경
- 서버 1대:
  업무 시스템: 4세트
  데이터베이스: MS SQL
- 클라이언트 5대

【CPU 메모리】

서버용 VM(4코어 · 8GB)x6세트 = 24코어 · 48GB
클라이언트용 VM(2코어 · 4GB)x5세트 = 10코어 · 20GB

합계   34코어 · 68GB

예비를 포함한 조정(×1.25)   43코어 · 85GB

▼

**43코어의 CPU · 85GB 메모리 이상의
서버를 구한다**

서버의
가상 환경 총6

클라이언트의
가상 환경 총5

Point

✔ 서버의 성능 견적에는 탁상 계산, 사례 및 제조사의 권장 사양, 도구로의 검증 및 실측에 의거한 방법이 있다

✔ 가상 서버의 성능 견적은 CPU의 코어 수와 메모리 등에서의 기준값을 기초로 해서 누적해 산출한다

» 데이터 분석 시스템의 구성 예

데이터 및 로그 분석

웹 시스템에는 애플리케이션으로 모은 데이터, 시스템에 대한 접근 로그 등과 같이 여러 종류의 대량의 데이터가 있습니다. 9-4절에서도 다루는데 각종 데이터 분석을 하는 시스템은 시스템과 비즈니스 양쪽에서 중요한 위치에 있습니다. 이 절에서는 OSS를 이용한 데이터 분석 및 표시 시스템을 예로서 설명합니다.

애플리케이션의 데이터 및 시스템으로의 접근 로그 등은 데이터베이스 및 OS의 Log 폴더에 축적됩니다. 그림 8-27의 구성 예에서는 축적된 데이터를 전문 검색 앱인 **Elasticsearch**에서 해석하여 그 결과를 비주얼화해 주는 Kibana에서 표시합니다. 웹 환경에서 대량의 데이터를 분석해서 표시해주는 구조로 이와 같은 예가 있다는 걸 알아 두면 좋을 것입니다.

가상 서버상에서의 소프트웨어 구성으로 사용자가 보는 것은 Kibana 화면인데 백야드에서는 Elasticsearch, AP 서버 기능, MongoSQL, Apache가 각각 움직이고 있습니다(그림 8-27).

이러한 시스템은 접근 기타 로그 분석에서도 사용되는데, 정형화된 데이터가 다수의 디바이스에서 수시로 업로드되는 IoT의 시스템 등에서도 자주 이용되고 있습니다.

컨테이너를 활용한 경우의 구성 예

상기한 내용은 가상 서버상에서의 구성 예인데, 8-10, 8-11절에서 설명한 컨테이너 기술을 활용하면 어떠한 구성으로 바뀌는지 예를 든 것이 그림 8-28입니다.

컨테이너를 활용하는 경우에는 Docker나 Kubernetes 등의 컨테이너형 가상화 플랫폼이 필요합니다. 컨테이너가 최적인 서버로 이동할 수 있는 것을 상정하면 Log의 취득 방법도 변경할 필요가 있습니다.

그림8-27 가상 서버상에서의 로그 분석 시스템의 구성 예

가상 서버상에서의 로그 분석 시스템의 구성 예

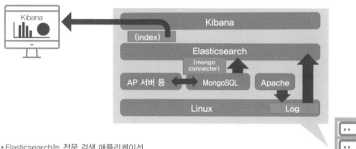

- Elasticsearch는 전문 검색 애플리케이션
- 전문(全文) 검색은 문자열을 키로 하고, 여러 문서를 포함해 검색해서 목적의 데이터를 찾아내는 기능으로 검색 엔진의 바탕이 되는 구조
- MongoSQL이나 Linux의 접근 로그가 저장되는 Log 폴더에 Elasticsearch로부터의 접근 권한(Read Only)을 부여함으로써 Elasticsearch에서 각 DB나 폴더에 접근해서 데이터를 읽고 해석한다
- 해석한 결과는 Index 파일로서 통합된다(어느 파일의 어디에 어떠한 것이 포함되어 있는지가 인덱스되어 있다)
- Kibana는 이 Index의 정보를 도표로 표시한다

그림8-28 컨테이너에서의 구성 예

컨테이너에서의 구성

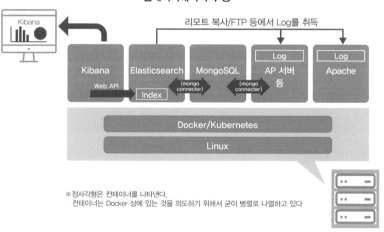

※정사각형은 컨테이너를 나타낸다.
컨테이너는 Docker 상에 있는 것을 의도하기 위해서 굳이 병렬로 나열하고 있다

Chapter
8

데이터 분석 시스템의 구성 예

Point

✔ 웹 환경에서 OSS를 활용해서 데이터 분석 및 결과 표시를 하는 경우의 구성에 대해서는 전형적인 예가 있다

✔ 가상 서버상의 웹 시스템은 컨테이너가 활용할 수 있는 가능성도 있으나, 데이터 취득 방법 등은 그에 맞춰서 변경이 필요

해 보자

컨테이너화하는 서비스 픽업

제8장에서는 컨테이너와 관련된 기술에 대해 설명했습니다. 컨테이너는 현재 클라우드 서비스를 견인하고 있는 기술 중 하나인데, 여기에서 기존의 웹 시스템을 컨테이너화하기 위한 연습을 합니다.

컨테이너의 상급자는 「1 서비스(앱)/1 컨테이너」로 구현하고 있는 사람이 많은 것 같은데, 이것을 하나의 기준으로 생각해서 진행히겠습니다.

다음과 같은 경우에서 어떻게 컨테이너화할지 생각해 보세요. 물론 답은 여러 개일 것이라 생각합니다.

> 케이스: 웹상에서 매출 일람 등을 표시하고 싶은데 다음 세 가지 기능으로부터 구성되어 있다
> - OSS1을 이용한 표시 서비스
> - OSS2를 이용한 표시의 바탕이 되는 데이터 분석 서비스
> - 나아가 OSS3을 이용한 대상이 되는 데이터의 관리 서비스

접근 예

접근 예 1: 작은 서비스를 합쳐 전체를 실현하는 발상과 컨테이너 내의 부품을 교체해도 다른 컨테이너에 영향을 주지 않는 발상으로부터 분석 결과 표시 서비스(OSS1 실행 + 분석 결과 표시 처리), 데이터 분석 서비스(OSS2 실행 + 데이터 분석 처리)와 같이 세 가지의 컨테이너로 합니다. 예를 들어서 나중에 OSS1에서 OSS4로의 교체 등이 있어도 다른 컨테이너에 영향을 주지 않고 수정할 수 있습니다.

접근 예 2: 케이스를 데이터의 흐름으로 보면 사실은 같은 데이터를 다루고 있습니다. 같은 데이터를 취급하는 하나의 서비스라고 파악하고 1개의 컨테이너 내에 패킹합니다.

여기에서는 서비스로 나누는 예와 취급하는 데이터로 나누는 예를 소개했는데, 무엇을 위해서 어떻게 나누는가에 따라 방법은 달라집니다.

Chapter 9

보안과 운용

시스템 전반 및 웹 고유의 보안 시스템

≫ 위협에 따른 보안 대책

부정 접근에 대한 대책 //

웹 시스템을 포함하여 정보 시스템에서 일반적으로 취해지고 있는 보안상의 주된 위협은 **부정 접근**으로 그 대책도 대체로 정형화되어 있습니다.

웹 사이트나 시스템이 외부에서 부정하게 접근되면 데이터 유출, 사용자 위장 외에 비즈니스에 대한 실제 피해의 우려가 있습니다. 그것을 방지하기 위해서 기본적으로는 외부 및 내부에서 부정한 접근을 할 수 없도록 하는 대책이 필요합니다. 웹이라고 하면 외부로부터의 공격을 떠올리는 분도 많을지 모르지만, 클라우드 사업자 등은 내부에서의 부정 접근에도 대책을 시행합니다. 그림 9-1에서는 각종 시스템에서 공통의 부정 접근에 대한 대책 예를 나타냅니다.

웹 시스템의 보안 대책 //

인터넷을 전제로 하는 서비스에서는 더욱 복잡하고, 외부와 내부로부터의 부정 접근에 더하여 각종 공격 및 투입 등의 보안 위협이 있습니다(그림 9-2). 추가된 위협을 정리하면 다음과 같습니다.

〈악의가 있는 공격〉

- ◆ 스팸 메일이나 수상한 첨부 메일의 송신
- ◆ 대량 데이터 전송으로 인한 서버 다운을 노린다
- ◆ 위장 등의 표적형 공격
- ◆ OS 등의 취약성을 파고드는 공격

하루에 수만 명 이상 방문하는 기업의 웹 사이트 등에서도 접근의 몇 퍼센트는 악의가 있는 공격이라고도 하는데, 이 부분을 포함해서 다음 절부터 보안 대책을 살펴보겠습니다.

그림 9-1 | 부정 접근에 대한 대책 예

보안 위협	대책 예
외부로부터의 부정 접근	• 방어벽 • 완충 지대(DMZ) • 서버 간 통신의 암호화
내부로부터의 부정 접근	• 사용자 관리 • 접근 로그의 확인 • 디바이스 조작의 감시

그림 9-2 | 웹 시스템에서 예상되는 보안에 대한 위협

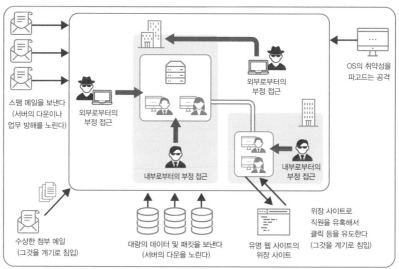

• 클라우드 사업자의 대책 범위는 넓으며 악의를 가진 위와 같은 표적형 공격에도 견뎌낸다
• 일부 대기업 등도 같은 레벨의 대책을 하고 있다
• 최근 사이버 보안 전문 센터 등도 병설되어 있다

Point

✔ 보안 대책은 예상되는 위협에 의거해서 세워져 있다
✔ 인터넷 접속을 전제로 하는 서비스는 악의가 있는 공격에 대한 대책도 필요하다

» 보안 대책의 물리적인 구조

방어벽과 완충 지대

보안 대책은 외부용과 내부용으로 되어 있는데 ISP나 클라우드 사업자, 나아가 기업 및 단체마다 규모는 다르지만 물리적인 구성은 대체로 같습니다. 알기 쉽도록 먼저 물리적인 구조를 봅시다.

그림 9-3처럼 프론트에 인터넷 보안에서 진숙한 **방어벽**이 설치되어 있고, 내부의 네트워크와의 사이에 **완충 지대**가 설치됩니다. 방어벽은 내부의 네트워크와 외부와의 경계에서 통신 상태를 관리해서 보안을 지키는 구조의 총칭입니다. 완충 지대를 넘어가면 내부의 네트워크에 들어가는데 입구 부분에는 접근의 부하를 분산하는 구조 등이 있습니다. 그 후에 서버군으로 연결됩니다.

방화벽이나 완충 지대는 현재의 웹 시스템에서 반드시 설치되는데, 시스템의 규모에 따라서는 기능별로 장치를 나누는 구성으로 되어 있습니다. ISP 및 클라우드 사업자는 대규모이므로 여러 장치나 서버로 나눠집니다.

기능 분류 방어의 방법

기본적으로 외부에서의 부정한 접근은 방화벽뿐만 아니라 완충 지대에서도 제거하도록 설계되어 있습니다.

그림 9-4는 그림 9-3을 옆에서 본 그림입니다. 방어벽으로 제한된 통신만을 허가하고 완충 지대에서 차단하도록 되어 있습니다. 이러한 계층 구조에 기능을 분류해서 **방어하는 것**을 **다층 방어**라고 합니다.

방어벽에서 모든 것을 차단하지 않고 특정 송신원 및 수신처의 IP 주소 및 프로토콜에서의 접근 등은 통과시킵니다. 예를 들어, 3-8절에서 설명했듯이 특정 프로토콜과 포트만을 통과시키는 것입니다.

이어서 완충 지대의 구조에 대해서 살펴봅시다.

그림 9-3   보안 대책의 물리적인 구조 이미지

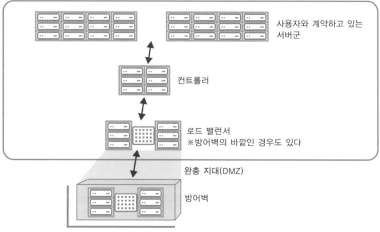

데이터센터 내부의 네트워크

사용자와 계약하고 있는
서버군

컨트롤러

로드 밸런서
※방어벽의 바깥인 경우도 있다

완충 지대(DMZ)

방어벽

그림 9-4   방어벽과 완충 지대의 역할

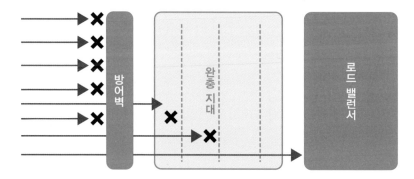

- 방화벽에서도 특정 송신원이나 수신처의 IP 주소나 프로토콜은 통과시킨다
- 부정 접근이나 악의가 있는 공격 등은 방어벽과 완충 지대에서 차단된다
- 미리 정해진 규칙에 맞춰 올바르게 허가된 데이터만이 통과할 수 있다

Chapter
9
보안 대책의 물리적인 구조

Point

✔ 보안 대책의 물리적인 구조로 방어벽과 완충 지대가 있다.

✔ 계층 구조로 기능 분류해서 방어하는 것을 다층 방어라고 한다

≫ 완충 지대에서의 방어 방법

보안 전용의 네트워크 \\\

방화벽과 내부 네트워크 사이의 완충 지대는 **DMZ**(DeMilitarized Zone)라고 합니다. DMZ는 보안 시스템 전용 네트워크로 DMZ 네트워크라고 합니다. 물리적으로는 입구 쪽에 보안 대책 기능을 가진 서버 및 네트워크 기기를 설치합니다. 원래는 그림 9-5와 같이 보안 기능 전용의 하드웨어를 늘려가는 방법과 소프트웨어로 제어하는 방법이 있었습니다. 또한, 하드웨어를 기능별로 나누는 경우와 1개로 합치는 경우가 있는데, 후자는 **UTM**(Unified Threat Management: 통합 위협 관리)이라고 합니다. 일반 기업이라면 1대의 UTM 제품으로 대응하는 경우도 많으나 데이터센터에서는 UTM도 여러 대입니다.

침입을 감지해서 방지하는 시스템 \\\

DMZ의 프론트는 다음과 같은 시스템으로 구성됩니다(그림 9-6).

◆ **침입 탐지 시스템**(IDS: Intrusion Detection System)
우리의 일상생활에서 감시 카메라가 이상 행동을 검출하는 것처럼 정해진 이벤트 이외의 통신 이벤트를 이상 검출로 처리합니다. 보안 대책으로는 공격에 해당하는 것과 같은 패턴을 지켜봅니다.

◆ **침입 방지 시스템**(IPS: Intrusion Prevention System)
이상 검출된 통신을 자동적으로 차단하는 구조입니다. 부정 접근이나 공격이라고 판단하면 이후에는 접근할 수 없게 됩니다.

이들은 IDS/IPS, IDPS 등으로 표현되기도 하는데, 매우 중요한 역할을 담당하고 있습니다.

그림 9-5 원래의 DMZ의 2가지 흐름

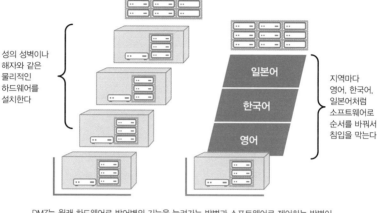

성의 성벽이나 해자와 같은 물리적인 하드웨어를 설치한다

일본어
한국어
영어

지역마다 영어, 한국어, 일본어처럼 소프트웨어로 순서를 바꿔서 침입을 막는다

DMZ는 원래 하드웨어로 방어벽의 기능을 늘려가는 방법과 소프트웨어로 제어하는 방법이 있는데 현재는 가상화 기술로 합쳐졌다고도 한다

그림 9-6 DMZ 네트워크의 구성 예

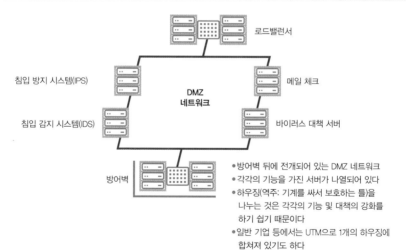

로드밸런서
침입 방지 시스템(IPS)
메일 체크
DMZ 네트워크
침입 감지 시스템(IDS)
바이러스 대책 서버
방어벽

• 방어벽 뒤에 전개되어 있는 DMZ 네트워크
• 각각의 기능을 가진 서버가 나열되어 있다
• 하우징(역주: 기계를 싸서 보호하는 틀을 나누는 것은 각각의 기능 및 대책의 강화를 하기 쉽기 때문이다
• 일반 기업 등에서는 UTM으로 1개의 하우징에 합쳐져 있기도 하다

Point
✔ DMZ는 내부 네트워크를 지키는 보안 전용 기기 및 네트워크
✔ DMZ 입구에는 침입을 감지하는 시스템이 설치된다

≫ 완충 지대를 빠져나간 곳의 방어

IDS/IPS를 빠져나간 통신에 대한 대응

IDS/IPS에서 보통과는 다른 접근이나 **DoS**(Denial of Service) **공격**과 같은 단시간에 서버가 처리할 수 없는 대량의 접근 등은 막을 수 있습니다. 그러나 악의가 있는 데이터 등이 포함되어 있지만 겉으로는 정상적으로 보이는 통신은 통과할 수 있습니다.

그래서 통신의 내용을 보고 악의가 있는 데이터의 유무를 확인하는 **WAF**(Web Application Firewall) 등의 구조가 있습니다. 전용 기기나 소프트웨어에서 시행하는데 난도가 높은 구조이므로 실제로는 대규모 사이트나 클라우드 사업자 등에서만 한정적으로 운용합니다(그림 9-7).

WAF 중에는 과거의 기록 등에서 유추하여 특정 패턴을 갖고 있는 통신을 차단하는 블랙리스트형, 수는 많아지지만 정상적인 패턴과 대조하는 화이트리스트형 등의 방법이 있습니다. WAF는 SQL 인젝션 및 크로스 사이트 스크립팅(Cross Site Scripting) 등의 웹 사이트의 취약성을 파고드는 공격에도 대응합니다. ISP나 클라우드 사업자에서는 고도의 노하우를 필요로 하는 서비스로 위치해 있습니다.

로그 분석과 결과를 반영하는 시스템이 가장 중요

WAF나 9-3절의 DMZ는 ISP나 클라우드 사업자, 혹은 대규모 웹 사이트를 운영하고 있는 기업에서는 반드시 갖추고 있습니다.

이러한 보안 대책이 충분한 효과를 올리기 위해서 과거의 부정이나 악의가 있는 통신의 로그 축적과 분석이 중요해지고 있습니다. 각각의 사업자는 이러한 **로그 분석**과 분석 결과를 DMZ 네트워크 등에 반영하는 시스템에 관해서 독자적인 고도의 노하우를 갖고 있습니다. 그림 9-8은 그것을 도식화한 것인데, 로그 분석과 결과를 반영하는 시스템이 현재 보안 대책의 핵심이라고도 할 수 있습니다.

그림 9-7　WAF의 개요

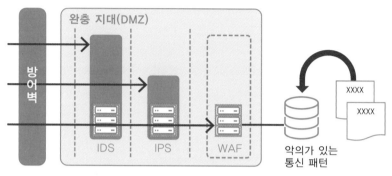

- 방어벽을 빠져나가고 IDS, IPS도 빠져나간 이후 WAF가 대응한다
- 블랙리스트라고 하는 수시로 추가·갱신되는 악의가 있는 통신 패턴을 차단한다
- 고도의 노하우를 필요로 하기 때문에 고가이기도 하다

그림 9-8　보안 대책에서 매우 중요한 로그 분석

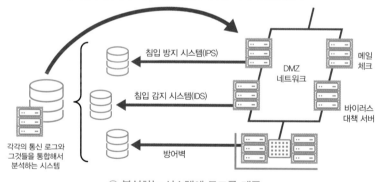

② 분석 결과가 이후의 IDS/IPS 등의 처리에 반영된다

① 분석하는 시스템에 로그를 제공

- 클라우드 사업자는 로그 분석 전용 데이터베이스 시스템을 보유하고 있다
- 보안 대책의 핵심이기도 하다

Point

✔ IDPS를 빠져나간 악의가 있는 통신에 대해서는 WAF 등의 구조로 대응한다
✔ DMZ나 WAF 등이 충분한 효과를 발휘하기 위해서는 과거의 부정이나 악의가 있는 통신 로그의 분석과 그 결과를 반영하는 시스템이 핵심이다

Chapter
9

완충 지대를 빠져나간 곳의 방어

≫ 고객을 지키는 구조

기업 시스템의 본인 확인 //

악의가 있는 제삼자에게 ID와 비밀번호 등의 회원 정보를 도난당하거나 위장에 의해 개인 정보나 기타 중요 정보의 유출로 인해 비즈니스에 대한 신용을 해치는 것을 피해야 합니다.

기업의 웹 시스템에서는 직원의 본인 확인에 대해서 ID와 비밀번호, 또한 IC 카드나 생체 인증, 업무용 PC 이외의 단말 등을 이용한 **다요소 인증**(Multi-Factor Authentication: MFA)에 의한 엄격화가 진행되고 있습니다(그림 9-9). 상용 웹 시스템에서는 고객의 편리성과의 균형을 위해서 그 정도까지의 엄격함을 요구하는 것은 어려운 경우도 있으므로 운영 측면에서 대책을 세우게 됩니다.

위장이나 비밀번호 취득 등에 대한 대책 //

이러한 경우에 예상되는 위험과 대책은 다음과 같습니다(그림 9-10).

◆ **비밀번호 크래킹**: ID를 취득한 제삼자가 프로그램으로 비밀번호를 차례차례 시험해서 맞힘으로써 본인을 위장한다. 대책으로는 비밀번호의 문자 구성을 복잡하게 하거나 수시로 변경을 촉구하는 등의 설정·변경에 관한 대책이 주가 되는데 CAPTCHA(Completely Automated Public Turing Test To Tell Computers and Humans Apart)처럼 사람이 아니면 할 수 없는 조작을 넣는 대책도 있다

◆ **세션 하이잭**: 2-14절에서 설명한 세션이나 2-13절에서 설명한 Cookie 등을 특정 방법으로 취득하는 위협. 대책으로는 다른 단말이나 IP 주소로부터의 접근을 즉시 차단하는 방법 등이 있다

이들은 웹 고유의 대책이라고도 할 수 있으나, 상용 웹 사이트에서도 다요소 인증을 도입해서 엄격화하는 방향으로 진행되고 있습니다.

그림9-9   다요소 인증의 개요

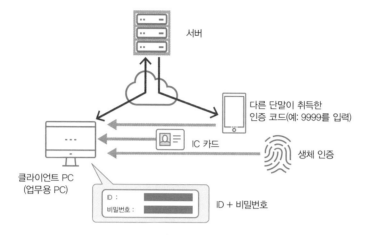

서버

다른 단말이 취득한
인증 코드(예: 9999를 입력)

IC 카드

생체 인증

클라이언트 PC
(업무용 PC)

ID :
비밀번호 :

ID + 비밀번호

업무용 PC에서의 ID + 비밀번호의 입력에 덧붙여 여러 가지 요소로 인증을 실시한다

그림9-10   비밀번호 크래킹 및 세션 하이잭의 대책 예

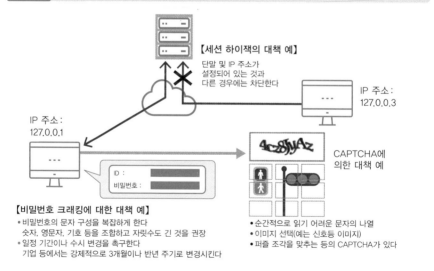

【세션 하이잭의 대책 예】
단말 및 IP 주소가
설정되어 있는 것과
다른 경우에는 차단한다

IP 주소 :
127.0.0.3

IP 주소 :
127.0.0.1

ID :
비밀번호 :

CAPTCHA에
의한 대책 예

【비밀번호 크래킹에 대한 대책 예】
• 비밀번호의 문자 구성을 복잡하게 한다
  숫자, 영문자, 기호 등을 조합하고 자릿수도 긴 것을 권장
• 일정 기간이나 수시 변경을 촉구한다
  기업 등에서는 강제적으로 3개월이나 반년 주기로 변경시킨다

• 순간적으로 읽기 어려운 문자의 나열
• 이미지 선택(예는 신호등 이미지)
• 퍼즐 조각을 맞추는 등의 CAPTCHA가 있다

Chapter
9

고객을 지키는 구조

Point
✔ 기업 시스템에서는 본인 확인에 다요소 인증의 도입이 진행되고 있다
✔ 비밀번호나 세션 취득 등에 대해서는 개별의 대책을 취한다

≫ 내부의 보안 대책

내부의 부정 접근에 대한 대책

보안 대책이라고 하면 외부로부터의 부정 접근을 생각하는 분이 많을 텐데, 웹 서비스 및 시스템을 제공하는 측의 내부로부터의 부정 접근에 대한 대책이 있어야 비로소 기능합니다. 내부에서는 다음과 같은 인증이나 데이터 은폐 등의 대책을 시행합니다 (그림 9-11).

〈접근과 이용 제한〉
- ◆ 인증 기능: 사용자 이름, 비밀번호, 증명서, 생체 인증을 포함하는 다요소 인증
- ◆ 이용 제한: 관리자, 개발자, 구성원 등의 권한을 설정한 역할을 제공하며, 업무 요건에 의거해 할당한다. 역할 기반 접근 제어라고도 한다

〈데이터 은폐〉
- ◆ 전송 데이터의 암호화: VPN, SSL 등
- ◆ 보관 데이터 암호화: 스토리지 작성 시에 암호화 등
- ◆ 부정 추적·감시: 수상한 자에 의한 이용의 추적 및 감시를 시행한다

이러한 대책은 기업이나 단체의 웹을 이용한 시스템에서 필수가 되고 있습니다.

엄밀한 서버 접근 제어

데이터센터 등에서는 근무하는 직원의 인증부터 접근을 엄밀하게 제어합니다. **접근 제어**는 사용자의 관리·인증, 접근의 제어, 올바른 접근의 확인과 로그를 남기는 감사 기구 등으로부터 구성되는 엄밀한 시스템으로 일부 대기업 등에서도 도입되고 있습니다(그림 9-12).

그림 9-11 웹 서비스의 일반적인 보안 대책의 예

클라우드 사업자

당신은
youngjin.com의
김씨네요

직원

접근과
이용 제한

데이터 은폐

이러한 대책은 클라우드 사업자에 한정하지 않고
인터넷 서비스에서는 일반적

그림 9-12 데이터센터 내의 접근 제어의 예

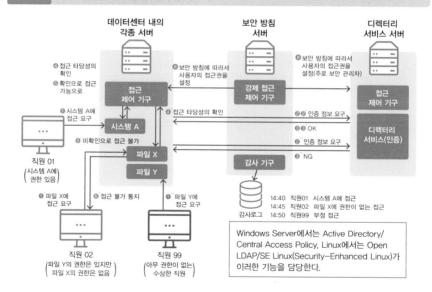

데이터센터 내의
각종 서버

보안 방침
서버

디렉터리
서비스 서버

❹ 접근 타당성의
확인
❺ 확인으로 접근
가능으로

❶ 시스템 A에
접근 요구

접근
제어 기구

❼ 보안 방침에 따라서
사용자의 접근권을
설정

강제 접근
제어 기구

시스템 A

❷ 접근 타당성의 확인

❻ 미확인으로 접근 불가

파일 X

파일 Y

직원 01
(시스템 A에
권한 있음)

❶ 파일 X에
접근 요구

❻ 접근 불가 통지

❶ 파일 Y에
접근 요구

직원 02
(파일 Y의 권한은 있지만
파일 X의 권한은 없음)

직원 99
(아무 권한이 없는
수상한 직원)

❽ 보안 방침에 따라서
사용자의 접근권을
설정(주로 보안 관리자)

접근
제어 기구

❷❷ 인증 정보 요구

❸❸ OK

❷ 인증 정보 요구

❸ NG

디렉터리
서비스(인증)

감사 기구

감사로그

14:40 직원01 시스템 A에 접근
14:45 직원02 파일 X에 권한이 없는 접근
14:50 직원99 부정 접근

Windows Server에서는 Active Directory/
Central Access Policy, Linux에서는 Open
LDAP/SE Linux(Security-Enhanced Linux)가
이러한 기능을 담당한다.

Chapter
9

내부의 보안 대책

Point

✔ 내부에서의 부정 접근 대책은 외부로부터의 부정 접근 대책과 동시에 기능한다
✔ 데이터센터 등에서는 엄밀한 접근 제어 시스템이 이용되고 있다

>> 가동 후의 관리

가동 후의 관리

웹에 한정하지 않고, 시스템 가동 후의 관리는 크게 두 가지가 있습니다(그림 9-13).

◆ **운용 관리**
정형적인 운용 감시, 성능 관리, 변경 대응, 장애 대응 등을 한다. 임대 서버 및 클라우드의 경우에는 운용 감시나 성능 관리는 서비스로 제공되고 있디

◆ **시스템 보수**
대규모 시스템 전용이며, 성능 관리, 레벨업 · 기능 추가, 버그 대응, 장애 대응 등을 한다. 시스템 보수는 일정 기간 후 종료하기도 한다

중 · 소규모의 시스템이라면 운용 관리뿐입니다.

운용 관리도 OSS의 시대

스스로 운용 관리를 하는 경우에는 관리 측과 감시 대상이 되는 서버 등에 전용 소프트웨어의 설치나 설정을 해야 합니다. 어떤 소프트웨어를 사용할 것인지가 과제가 되는데, 이러한 분야에도 OSS의 물결이 오고 있습니다. **Zabbix**(자빅스)나 Hinemos(히네모스) 등이 있는데, Zabbix는 클라우드 사업자 및 ISP 등에서도 이용되고 있는 운용 감시 소프트웨어의 대표 격입니다(그림 9-14).

Zabbix는 감시 데이터 등을 저장하기 위해 데이터베이스를 이용하는데, 상용 데이터베이스뿐만 아니라, MySQL이나 PostgreSQL 등의 OSS도 이용할 수 있습니다. 엔지니어의 스킬에 따라서는 시스템의 개발에서 운용까지 모두 OSS로 대응할 수 있는 시대가 되었습니다.

그림9-13　가동 후 관리의 개요

	2가지 관리	내용	비고
가동 후의 관리	① 운용 관리 (시스템 운용 담당자)	• 운용 감시 · 성능 관리 • 변경 대응 · 장애 대응	정형적, 매뉴얼화되어 있는 운용 등
	② 시스템 보수 (시스템 엔지니어)	• 성능 관리 · 레벨업, 기능 추가 • 버그 대응 · 장애 대응	주로 비정형, 매뉴얼화가 되어 있지 않은 운용 등

- 대규모 시스템이나 장애 발생 시의 영향 정도가 큰 시스템에서의 관리 예
- 소규모 시스템이나 부문 내에 닫힌 시스템이면 운용 관리만 되는 경우가 많다
- ①과 ②의 양쪽을 포함해 운용 관리하는 경우도 있다

그림9-14　Zabbix의 개요

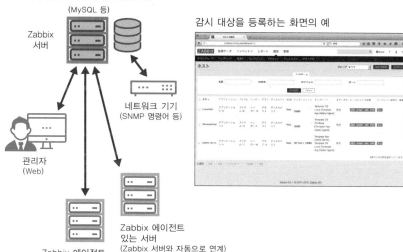

데이터베이스 · 감시 데이터를 보관
(MySQL 등)

Zabbix
서버

네트워크 기기
(SNMP 명령어 등)

관리자
(Web)

감시 대상을 등록하는 화면의 예

Zabbix 에이전트
있는 서버
(Zabbix 서버와 자동으로 연계)

Zabbix 에이전트
없는 서버
(ping 명령어 등)

Zabbix를 예로 들어 개요를 나타내고 있는데, 데이터센터의 운용 감시 소프트웨어는 이러한 구성이 많다

Point

✔ 시스템 가동 후의 관리는 크게는 운용 관리와 시스템 유지 두 가지가 있다

✔ 시스템의 개발부터 운용까지 OSS로 대응할 수 있는 시대가 되었다

Chapter
9

가동 후의 관리

≫ 서버의 성능 관리

상황 파악과 서버 증가 및 추가

웹 시스템 운영 관리 중에서 가장 중요한 것은 **서버의 성능 관리**입니다. 특히 이용자 수의 변동이 많은 시스템 등에서는 접근 급증 시에 CPU나 메모리 사용률이 높아짐으로써 서버에 상정 이상의 부하가 걸리며 정상적으로 기능하지 않게 될 우려가 있습니다.

그러한 상황을 피하기 위한 기본적인 방법으로 운영 감시 소프트웨어로 임계값을 설정해서 메시지를 받거나, 성능 관리 서비스를 이용해서 메시지를 받는 등의 방법이 있습니다. 혹은 8-12절에서 설명한 것처럼 스스로 CPU나 메모리의 **사용률을 체크**합니다(그림 9-15). 임대 서버나 클라우드 서비스에서는 서버 성능의 증강 및 대수 추가 등을 신속하게 할 수 있으므로 그러한 방법도 확인해 둡니다. 어쨌든 위험한 영역에 들어가면 바로 알 수 있도록 하고 스스로 서버의 상황을 파악할 수 있는 방법을 준비해 두는 것이 중요합니다.

그중에서 우선 순위를 바꾼다

다른 대책의 일례로 **프로세스의 우선 순위를 변경**하는 방법이 있습니다. 서버에서의 처리는 보통은 여러 개가 동시에 실행되고 있습니다. 그중에서 우선 순위를 변경해서 대처합니다. 그림 9-16은 Windows Server의 태스크 매니저에서의 변경 예인데 Linux라면 renice 명령어 등으로 변경합니다. CPU만으로 해결하면 되지만 이 따금 CPU의 사용 상황에는 특별히 문제가 없는 경우도 있습니다. 그때는 메모리, 디스크와 같이 순서에 따라서 확인해 나갑니다.

프로세스 우선 순위의 변경은 1대의 서버에 다수의 시스템이 있는 업무 시스템에서는 흔히 이루어지는 일이지만, 웹이나 클라우드에서 벗어나서「온프레미스일 때는 어떻게?」「업무 시스템이라면 어떻게?」등의 발상을 갖는 것도 중요하다는 예입니다.

그림 9-15　성능 관리의 예

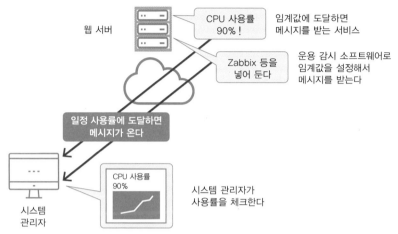

CPU 사용률 90%!

웹 서버

임계값에 도달하면 메시지를 받는 서비스

Zabbix 등을 넣어 둔다

운용 감시 소프트웨어로 임계값을 설정해서 메시지를 받는다

일정 사용률에 도달하면 메시지가 온다

CPU 사용률 90%

시스템 관리자

시스템 관리자가 사용률을 체크한다

그림 9-16　프로세스의 우선 순위의 변경 예

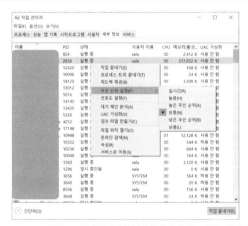

우선 순위를 「보통(N)」에서 「높음(H)」 으로 변경하는 예

우선 순위를 올리고 싶은 처리를 「높음(H)」으로 하고, 낮추고 싶은 처리는 「보통(N)」이나 「낮음(L)」 등으로 한다

Linux에서 실행 중인 프로그램 (ID:11675)의 우선 순위를 디폴트인 「0」에서 약간 낮은 「10」으로 설정한 뒤, 「$sudo renice – 10 –p 11675」 라는 명령어를 입력한다

※renice 명령어로 현재 설정의 우선 순위에서 내리는 경우는 관리자 권한 없이 실행할 수 있다. 프로그램 실행의 우선 순위(nice)는 -20(우선 순위 높음)~19(저)로 나타난다

Point

✔ 스스로 서버의 사용 상황을 파악한다, 위험한 영역에 들어가면 연락을 받는 등의 성능 관리는 웹 서비스의 제공에 있어 중요하다

✔ 서버의 성능 증강 및 추가뿐만 아니라 서버 내의 프로세스 우선 순위를 변경하는 방법 도 있다

≫ 장애에 대응하는 구조

액티브와 스탠바이

장애가 발생해도 계속 가동되는 시스템을 **폴트 톨러런스 시스템**(Fault Tolerance System: 장애 허용 시스템)이라고 합니다. 시스템의 안정 가동을 위해서 장애와 백업 대책을 강구하는 것을 빼놓을 수 없습니다. 이러한 사고방식은 웹 시스템이나 업무 시스템에서도 동일합니다.

그림 9-17과 같이 서버를 예로 들면, 액티브와 스탠바이 같이 움직이고 있는 기기와 뭔가 있을 때를 위해서 대기하고 있는 기기를 준비하는 다중화와 여러 기기에서 부하를 분산시키는 사고방식이 있습니다.

클러스터링의 개요

액티브와 스탠바이처럼 여러 개의 서버를 준비하는 것을 다중화, 사용자로부터 액티브ㆍ스탠바이가 한 개의 시스템으로 보이도록 하는 것을 클러스터링이라고 합니다. 물리 서버에서는 그림 9-18처럼 주로 **핫 스탠바이**와 **콜드 스탠바이**의 두 가지 방법이 있습니다.

클라우드 서비스 등에서는 네트워크 기기도 포함한 이중화 자체가 되어 있으므로 추가 서비스로서 핫 스탠바이 및 콜드 스탠바이를 계약할지 여부를 선택하면 됩니다. 또한, 핫 스탠바이와 콜드 스탠바이의 중간에 해당하는 자동 페일 오버(Failover)라는 자동으로 재실행해서 스탠바이로 전환하는 구조 등도 있습니다.

장애 대응에 관한 기본적인 사고방식은 위와 같은데, 대상이 되는 시스템의 중요성 및 규모에 따라서 시스템 및 애플리케이션, 데이터 등으로 나눠서 생각할 필요도 있습니다. 백업에 대해서는 다음 절에서 조금 더 자세히 살펴보겠습니다.

그림 9-17 **서버 장애 대책의 개요**

대상	기술	개요	성질
서버 본체	클러스터링	액티브에 장애가 발생하면 스탠바이로 전환한다	다중화
	로드밸런싱	• 여러 개로 나눠서 부하 분산하는 것으로 장애 발생을 미연에 방지한다 • 물론 성능을 떨어뜨리지 않으려는 목적도 있다	부하 분산

다중화   부하 분산

그림 9-18 **물리 서버의 클러스터링의 개요**

핫 스탠바이의 예

서버 간에는 끊임없이 데이터 복사가 되고 있다

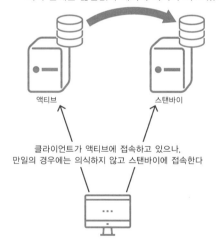

액티브   스탠바이

클라이언트가 액티브에 접속하고 있으나,
만일의 경우에는 의식하지 않고 스탠바이에 접속한다

핫 스탠바이
• 액티브 · 스탠바이를 준비해서 시스템의 신뢰성을 향상하는 방법
• 액티브의 데이터를 상시 스탠바이로 복사하고 있으며, 장애 발생 시에는 바로 전환한다

콜드 스탠바이
• 액티브 · 스탠바이의 준비는 핫 스탠바이와 같다
• 액티브에 장애가 발생하고 나서 스탠바이를 실행시키기 때문에 교대에 시간이 걸린다

Chapter
9

장애에 대응하는 구조

Point

✔ 액티브와 스탠바이로 다중화하는데, 핫 스탠바이와 콜드 스탠바이가 있다
✔ 중간에 해당하는 자동 페일 오버 등의 구조도 있다

≫ 백업에 대해서 생각한다

시스템의 중요성에 따른 백업 방법 ////////////////////////////////////

백업에 대해 조금 더 자세히 생각하기 위해서 그림 9-19와 같이 세로로 콜드 스탠바이, 웜 스탠바이, 핫 스탠바이, 가로로 시스템과 서버, 데이터와 스토리지로 정리해 보겠습니다. **웜 스탠바이**는 ISP 및 클라우드의 유연성을 살린 기능입니다.

그림 9-19를 보면 백업 방법이 위에서 아래로 향헤 갈수록 중요도가 높은 멈출 수 없는 시스템인 것을 알 수 있습니다. 대량의 고객을 두고 있으며, 멈춘 시간만큼 주문이나 매출을 잃는 시스템이라면 핫 스탠바이가 선택됩니다. 한편 복구까지 약간의 시간을 요해도 문제가 없는 정보 제공이 중심인 시스템 등이라면 데이터의 백업을 중심으로 비용을 낮추는 사고방식도 있습니다.

중소규모의 웹 앱에서도 장애 대책은 중요 ////////////////////////////////////

중소규모의 웹 앱을 운용하는 기업중에는 백업을 사람의 손으로 시행하고 있는 기업도 있습니다. 예를 들어 정기적으로 FTP 등으로 일부 파일들을 다운로드해 두고, 만일의 경우에는 그것을 바탕으로 복구하는 등의 작업을 합니다. 그러나 이러한 방법은 권장할 수 없습니다. ISP나 클라우드 사업자에는 약간의 금액을 추가하는 것만으로 자동으로 **백업을 해 주는 서비스**가 있기 때문입니다.

백업에 소요되는 시간과 공수, 만일의 복구 시의 시간과 공수를 수동의 경우와 비교하면 상당히 이익인 가격으로 설정할 수 있습니다. 다만, 이러한 경우도 일정 시간은 시스템의 내용에 따라 비즈니스가 멈출 수 있습니다. 그런 것도 포함해서 백업 타이밍과 신속한 복구 작업, 또 누가 할지를 검토해야 합니다. 백업에 대해서는 백업 방법이 아닌 복구의 시점에서 생각하면 방향성이 명확해집니다(그림 9-20).

그림 9-19 **백업의 방법과 이용에 있어서의 사고방식**

백업의 방법	시스템/서버	데이터/스토리지	이용 및 요금 등에서의 사고방식
콜드 스탠바이	△	O	• 예비 1대를 임시로 갖고 있으므로 2대보다는 저렴하다 • 스토리지는 2세트 분
웜 스탠바이*	(O)	O	• 최소한의 기능에 한정한 예비 서버로 갖춰 둔다 　(돌고 있다) • 스토리지는 2세트 분
핫 스탠바이	O	O	액티브와 같은 서버와 스토리지를 각각 갖춰 둔다 (돌고 있다)

O나 △는 복구까지를 포함한 백업 시스템으로서의 효과

※ 백업용 스토리지를 준비하고 데이터 백업만을 취하는 방식도 있다

그림 9-20 **중소규모의 웹 앱의 백업과 복구의 예**

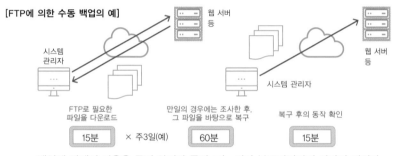

[FTP에 의한 수동 백업의 예]

웹 서버 등

시스템 관리자

FTP로 필요한 파일을 다운로드 ── 15분 × 주3일(예)

만일의 경우에는 조사한 후, 그 파일을 바탕으로 복구 ── 60분

복구 후의 동작 확인 ── 15분

웹 서버 등

시스템 관리자

백업에 관해서 비용은 들지 않지만 품이 드는 것과 복구되기까지 시간이 걸린다

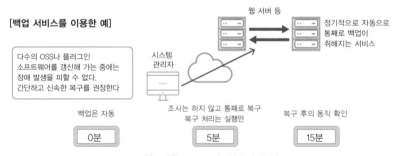

[백업 서비스를 이용한 예]

웹 서버 등

정기적으로 자동으로 통째로 백업이 취해지는 서비스

다수의 OSS나 플러그인 소프트웨어를 갱신해 가는 중에는 장애 발생을 피할 수 없다. 간단하고 신속한 복구를 권장한다

시스템 관리자

백업은 자동 ── 0분

조사는 하지 않고 통째로 복구 복구 처리는 실행만 ── 5분

복구 후의 동작 확인 ── 15분

적은 비용으로 간단, 신속하게 복구

Point

✔ 백업 방법과 시스템의 중요성은 비례한다

✔ 중소규모의 웹 앱을 운용하는 경우는 만일에 대비한 복구의 관점에서 생각한다

해 보 자

시스템의 가용성과 보안

시스템의 가용성, 성능, 운용, 보안 등은 잘 보이지 않는 존재이지만 필수 불가결한 요소입니다. 그런데 임대 서버 및 클라우드 서비스가 보편화되면서 상황이 바뀌고 있습니다. 보안 및 운용 등도 켠다·켜지 않는다 등과 같이 기능별로 선택할 수 있게 되었습니다. IDS/IPS, WAF, 로그 분석 등이 선택할 수 있는 기능의 예입니다. 메일 체크나 바이러스, DDos 공격 대책 등도 있습니다. 시스템의 특성에 따라 다른데 필수라고 예상되는 기능은 검토해야 합니다. 그럴 때 다음의 그림과 같은 외부·내부로부터의 부정 접근이나 공격을 고려해야 합니다.

보안 위협을 확인하는 예

다음 그림을 예로 실제의 보안 위협으로 예상되는 것을 표시해 봅시다. 또한 새로운 공격이 있으면 그 단어를 덧붙이겠습니다.

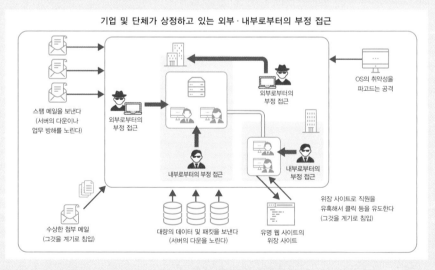

기업 및 단체가 상정하고 있는 외부·내부로부터의 부정 접근

사내용 시스템이면 안쪽의 직사각형 부분으로 좁힐 수 있을 것 같지만, 웹 시스템에서는 상당 부분이 해당될 것 같습니다.

용어집

[· 「⇒」뒤의 숫자는 관련된 본문의 절]

Angular (⇒ 8-4)
TypeScript나 JavaScript의 프레임워크. 구글에서 개발 · 이용되는 범용적인 프레임워크.

Apache (⇒ 3-10)
Linux 환경에서 가장 많이 이용되고 있는 웹 서버 기능.

API (⇒ 1-7)
Application Programing Interface의 약칭으로 원래는 다른 소프트웨어가 송수신을 할 때의 인터페이스의 사양을 의미하는 단어. 웹에서는 하이퍼텍스트의 표시가 아닌 시스템 간의 데이터 교환의 구조를 가리키는 경우가 많다.

API(데이터 전송) 방식 (⇒ 8-9)
예를 들어 상용 사이트가 SSL에 대응한 카드 정보를 받는 페이지를 준비하고 결제 대행 회사 서버의 API를 통해서 처리를 하는(카드 정보는 상용 사이트가 보유한다) 방식을 들 수 있다.

ASP.NET (⇒ 8-5)
마이크로소프트에서 제공하는 웹 애플리케이션 개발을 위한 최대의 프레임워크.

AWS (⇒ 3-12)
Amazon Web Service의 약어. 아마존에서 제공하는 클라우드 서비스.

Azure (⇒ 3-12)
마이크로소프트의 클라우드 서비스.

CAPTCHA (⇒ 9-5)
Completely Automated Public Turing Test To Tell Computers and Humans Apart의 약어. 사람이 아니면 할 수 없는 조작을 넣는 보안 대책.

CGI (⇒ 2-9)
Common Gateway Interface의 약어. 동적 페이지에서의 데이터 입력 → 처리 실행 → 결과 출력 · 표시의 일련의 프로세스의 게이트웨이기도 하며 트리거가 되는 구조.

Chrome (⇒ 1-6)
구글 브라우저

Cloud Foundry (⇒ 6-7)
PaaS에 관한 오픈 소스 기반 소프트웨어.

CMS (⇒ 2-12 · 7-4)
Content Management System의 약어. 기본적인 웹 페이지, 블로그, 관리 기능 등이 패키징되어 있다.

Cookie (⇒ 2-13)
재접속을 지원하기 위한 기능으로 웹 서버로부터의 브라우저에 대한 데이터를 보존하는 기능.

CSS (⇒ 2-4)
Cascading Style Sheets의 약어. 스타일시트라고도 부르며, 주로 페이지의 외관이나 통일감을 표현하기 위해서 이용한다.

DHCP (⇒ 3-4)

Dynamic Host Configuration Protocol의 약어. IP 주소를 할당해 주는 기능.

DMZ (⇒ 9-3)

DeMilitarized Zone의 약어. 내부 네트워크로의 침입을 막기 위해서 방어벽과 내부 네트워크 사이에 설치되는 보안 시스템 전용의 네트워크.

DNS (⇒ 3-5)

Domain Name System의 약칭으로 도메인명과 IP 주소를 연결해 주는 기능.

Docker (⇒ 8-10)

컨테이너를 작성하는 소프트웨어.

DoS 공격 (⇒ 9-4)

Denial of Service의 약어. 단시간에 서버에서 처리할 수 없을 정도의 대량의 접근.

Elasticsearch (⇒ 8-14)

오픈 소스로 전문(全文) 검색이나 분석을 담당하는 소프트웨어.

FQDN (⇒ 1-4)

Fully Qualified Domain Name의 약어로서, 완전 수식 도메인명이라고 한다. 예를 들어, https://www.youngjin.com/about/index.html에서 「www.youngjin.com」 부분을 가리킨다.

FTP (⇒ 3-8)

File Transfer Protocol의 약어. 외부와 파일을 공유하는 웹 서버에 파일을 업로드하기 위한 프로토콜.

GCP (⇒ 3-12)

Google Cloud Platform의 약어. 구글의 클라우드 서비스.

GDPR (⇒ 7-6)

General Data Protection Regulation의 약어. EU의 일반 데이터 보호 규칙.

GIF (⇒ 7-10)

Graphics Interchange Format의 약어. 애니메이션으로 이용할 수 있으나 256색까지밖에 취급할 수 없는 다소 작은 이미지 파일.

HTML (⇒ 2-3)

Hyper Text Markup Language의 약어. 하이퍼텍스트를 기술하기 위한 언어로 「〈태그〉」라는 마크를 사용해서 기술한다.

HTTP 메서드 (⇒ 2-6)

GET이나 POST 등의 HTTP 요청.

HTTP 요청 (⇒ 2-6)

HTTP 통신으로 브라우저로부터 웹 서버에 올리는 요구.

HTTP 응답 (⇒2-7)

HTTP 요청으로 받은 브라우저로부터의 요구에 대한 웹 서버의 응답.

IaaS (⇒ 6-2)

Infrastructure as a Service의 약어. 사업자가 서버 및 네트워크 기기, OS를 제공하는 서비스로 미들웨어 및 개발환경, 애플리케이션은 사용자가 설치한다.

IDS (⇒ 9-3)

Intrusion Detection System의 약어. 침입 감지 시스템. 예정되지 않은 이벤트를 이상 검출로 판단한다.

IPS (⇒ 9-3)

Intrusion Prevention System의 약어. 침입 방지 시스템. 이상 검출된 통신을 자동으로 차단하는 구조.

IP 주소 (⇒ 3-3)
네트워크에서 통신 상대를 식별하기 위한 번호로 IPv4에서는 0부터 255까지의 숫자를 점으로 4개로 구분해서 나타낸다.

ISP (⇒ 1-9)
인터넷 서비스 프로바이더의 약칭. 인터넷에 관련하는 서비스를 제공하는 사업자.

JavaScript (⇒ 2-11)
클라이언트 측을 대표하는 스크립트 언어 중 하나.

Java Servlet (⇒ 8-5)
JSP와 세트로 이용된다. 요청에 따른 처리를 실행해서 JSP가 결과를 화면에 표시한다.

JPEG (⇒ 7-10)
Joint Photographic Experts Group의 약어. 디지털 카메라나 스마트폰으로 촬영했을 경우의 표준 이미지 파일로 최대 1,677만 색을 취급할 수 있다.

JSON (⇒ 8-7)
JavaScript Object Notation의 약어. XML과 함께 데이터 주고받기에 많이 이용된다. CSV와 XML의 중간에 해당하는 형식.

JSP (⇒ 8-5)
Java Server Pages의 약어. 서버 측에서 웹 페이지를 생성하는 대표적인 기술.

Kubernetes (⇒ 8-11)
오케스트레이션의 대표적인 OSS.

LAMP (⇒ 8-1)
Linux, Apache, MySQL, PHP 각각의 첫 문자를 취한 웹 애플리케이션의 대표적인 소프트웨어를 나타내는 단어.

LAN (⇒ 5-6)
Local Area Network의 약어. 기업이나 조직의 내부 네트워크의 기본.

Linux (⇒ 1-5)
대표적인 오픈소스 OS로 웹 서버 OS 중에서는 현재의 주류.

MAC 주소 (⇒ 3-3)
네트워크 내에서의 기기를 특정하기 위한 번호로 2자릿수의 영숫자 6개를 5개의 콜론이나 하이픈으로 연결한다.

Microsoft Edge (⇒ 1-6)
마이크로소프트의 브라우저.

mov (⇒ 7-12)
Apple의 표준 동영상 파일 형식. Quick Time 이용이 기본.

mp4 (⇒ 7-12)
현재 가장 일반적이며 Android 등에서의 동영상 파일 형식.

MVC 모델 (⇒ 8-3)
웹 앱의 설계 방법 중 하나. 애플리케이션을 모델(Model), 뷰(View), 컨트롤러(Controller) 3개의 층으로 처리를 나누어 개발해 가는 기법.

MySQL (⇒ 8-1)
웹 앱의 백엔드에 빼놓을 수 없는 대표적인 OSS 데이터베이스인 소프트웨어.

Node.js (⇒ 8-6)
JavaScript의 실행 환경으로 서버 측에서 JavaScript의 이용을 할 수 있게 한다.

OpenStack (⇒ 6-7)
클라우드 서비스의 기반이 되는 오픈소스로 IaaS용의 기반 소프트웨어.

OSS (⇒ 8-2)

Open Source Software의 약어로 소프트웨어 개발의 발전이나 성과 공유를 목적으로서 공개된 소스코드를 사용해서 재이용 및 재배포를 할 수 있는 소프트웨어의 총칭.

PaaS (⇒ 6-2)

Platform as a Service의 약어. IaaS와 더불어 미들웨어나 애플리케이션의 개발 환경이 제공된다.

PHP (⇒ 2-12)

서버 측의 대표적인 스크립트 언어로 CMS에서도 자주 이용되고 있다.

PNG (⇒ 7-10)

Portable Network Graphics의 약어. JPEG와 마찬가지로 1,677만 색을 다룰 수 있다. 이미지의 위치에 따라 투명도를 조정하여 파일 크기를 줄일 수 있으므로 톱 페이지나 상품의 기본 이미지 등에서 자주 이용된다.

POP3 (⇒ 5-5)

Post Office Protocol Version 3의 약어. 메일을 수신하는 서버.

Proxy (⇒ 3-6)

인터넷 통신 대행을 하는 기능.

React (⇒ 8-4)

JavaScript의 프레임워크로 페이스북 등에서 이용하고 있다.

SaaS (⇒ 6-2)

Software as a Service의 약어. 사용자가 애플리케이션과 그 기능을 이용하는 서비스. 사용자는 애플리케이션의 이용이나 설정에 머문다.

Safari (⇒ 4-3)

iPhone의 권장 브라우저.

Samba (⇒ 5-7)

Linux OS의 파일 서버 기능.

SEO (⇒ 4-9)

Search Engine Optimization의 약어. 웹 사이트뿐만 아니라 그 밖의 매체도 포함해서 상정 고객을 효율적으로 잡는 방법.

SMTP (⇒ 5-5)

Simple Mail Transfer Protocol의 약어. 메일을 송신하는 서버.

SoE (⇒ 2-1)

System of Engagement의 약어. 연결되는 시스템을 말하며 여러 조직 및 개인의 연결, 취득한 정보의 활용을 시야에 넣은 시스템.

SoR (⇒ 2-1)

System of Record의 약어. 기록의 시스템을 말하며 이용하는 조직에서의 관리를 중심으로 하고 있다.

SSH (⇒ 7-13)

Secure SHell의 약어. 자세한 절차는 ISP나 클라우드 사업자마다 다르지만 안전한 접속으로 주류가 되고 있다. 외부에서 웹 서버에 접속하는 방법 중 하나로, SSH의 소프트웨어를 이용해서 접속하는 단말이나 IP 주소를 특정하는 동시에 키 파일을 교환해서 안전한 접속을 시행한다.

SSL (⇒ 3-7)

Secure Sockets Layer의 약어. 인터넷상에서의 통신 암호화를 시행하는 프로토콜.

TCP/IP 프로토콜 (⇒ 3-2)

대표적인 네트워크 프로토콜로 애플리케이션층, 트랜스포트층, 인터넷층, 네트워크 인터페이스층으로 구성된다.

TypeScript (⇒ 2-11)
마이크로소프트가 2010년대 초반에 발표한 프로그래밍 언어로 JavaScript와 호환성이 있다.

UNIX 계열 (⇒ 1-5)
서버 제조사가 제공하는 가장 역사가 깊은 서버 OS.

URL (⇒ 1-3)
Uniform Resource Locator의 약어로 「http:」나 「https:」 다음에 나타내고 입력 또는 클릭, 탭을 하면 웹 페이지에 접근할 수 있다.

UTM (⇒ 9-3)
Unified Threat Management의 약어로 통합위협 관리. 여러 개의 보안 기능을 통합하여 제공한다. 입구 쪽에 보안 대책 기능을 가진 서버나 네트워크 기기를 설치하며 보안 기능 전용의 하드웨어를 늘려 나가는 방법과 소프트웨어로 제어하는 방법.

UX 디자인 (⇒ 2-2)
User Experience 디자인의 약어. 사용자가 얻을 수 있는 만족하는 체험을 설계하는 것.

VPC (⇒ 6-4)
Virtual Private Cloud의 약어. 개인 클라우드를 퍼블릭 클라우드 상에서 실현하는 서비스.

Vue.js (⇒ 8-4)
JavaScript 프레임워크로 LINE이나 Apple 등에서 이용되고 있다.

WAF (⇒ 9-4)
Web Application Firewall의 약어. 통신의 내용을 보고 악의가 있는 데이터의 유무를 확인하는 구조.

WAN (⇒ 5-6)
Wide Area Network의 약어. 통신사가 제공하는 통신망.

Windows Server (⇒ 1-5)
마이크로소프트에서 제공하는 서버 OS.

WWW (⇒ 1-1)
World Wide Web의 약자로 인터넷을 통해 제공되는 하이퍼텍스트를 이용한 시스템.

XML (⇒ 8-7)
Extensible Markup Language의 약어. 마크업 언어의 하나로 다양한 시스템에서 이용되고 있다.

Zabbix (⇒ 9-7)
데이터센터 등에서의 운용 감시 소프트웨어로 이용되고 있는 오픈 소스 중 하나.

가상 서버 (⇒ 5-4)
Virtual Machine(VM), 인스턴스 등이라고도 한다. 물리 서버를 예로 들면, 1대의 서버 안에 여러 대의 서버 기능을 가상적 혹은 논리적으로 갖추는 것.

개발자 도구 (⇒ 2-8)
브라우저에 구현되어 있는 개발자용 도구.

개인 정보 보호법 (⇒ 7-6)
개인 정보를 취급하는 모든 기업 및 개인이 지켜야 하는 법률.

논코드 (⇒2-1)
코드를 쓰지 않고 설정 작업을 중심으로 시스템을 만들어 가는 스타일.

다요소 인증 (⇒ 9-5)
Multi-Factor Authentication으로 MFA라고도 한다. ID와 비밀번호, 또는 IC 카드나 생체 인증. 업무 PC 이외의 단말 등을 이용한 본인 확인 방법.

다층 방어 (⇒ 9-2)
계층 구조로 기능을 나누어 외부로부터의 부정한 접근을 방어하는 것.

데이터센터 (⇒ 6-6)
1990년대부터 보급된 대량의 서버 및 네트워크 기기 등을 효율적으로 설치·운용하는 건물. 현재는 클라우드를 지탱하는 설비의 기반이 되고 있다.

도메인 관리자 (⇒ 7-13)
웹 사이트에서 콘텐츠의 추가 변경, 동작 확인, 소프트웨어의 업데이트 등과 같은 관리자의 입장에서 웹 사이트나 서버를 뒤쪽에서 관리할 수 있는 사람.

도메인명 (⇒ 1-4)
https://www.youngjin.com/about/index.html에서 「youngjin.com」 부분. 도메인명은 인터넷의 세계에서 유일한 이름이지만 짝이 되는 글로벌 IP 주소를 갖고 있다.

동적 페이지 (⇒ 2-5)
사용자로부터의 입력이나 사용자의 상황에 따라 출력하는 내용이 동적으로 변화하는 웹 페이지.

레지스트라 (⇒ 7-5)
도메인명의 등록 신청을 받는 사업자.

레지스트리 (⇒ 7-5)
도메인명을 관리하는 기관이나 단체.

렌더링 (⇒ 1-6)
브라우저의 웹 서버로의 요청과 응답에 관하여 브라우저가 적절한 형태로 처리해서 단말의 화면에 표시하는 공정.

리다이렉트 (⇒ 7-7)
어느 웹 페이지에서 다른 페이지로 전환하는 것을 말한다. http에서 https로 전환을 가리키는 경우가 많다.

링크 방식 (⇒ 8-9)
예를 들어 상용 사이트가 결제 회사의 사이트에 링크하여, 결제가 완료되면 상용 사이트로 돌아가는 방식(상용 사이트는 카드 정보를 보유하지 않지만 마치 보유하고 있는 것처럼 보인다)

마이그레이션 (⇒ 6-8)
시스템을 다른 환경으로 이행하는 것

매시업 (⇒ 8-8)
클라이언트 측에서 처리를 실행하여 여러 개의 웹 서비스(웹 시스템)를 조합해 한 개로 보이게 하는 기술.

미션 크리티컬 (⇒ 5-2)
사회기반 인프라에 관련되어 24시간 365일 멈추는 것이 허용되지 않는 대규모 시스템을 가리킨다.

방화벽 (⇒ 9-2)
내부 네트워크와 외부와의 경계에서 통신 상태를 관리해서 보안을 지키는 구조의 총칭.

백엔드 (⇒ 8-6)
웹 앱 개발에서 웹 사이트의 뒤쪽에 있는 서버 측에서의 데이터베이스와 기타 처리 및 운용 등에 관계되는 구조.

복사 방지 코드 (⇒ 7-11)
웹 페이지의 이미지 등의 복사를 방지하기 위해 기술하는 코드.

브라우저 (⇒ 1-2 · ⇒ 1-6)
웹 페이지를 열람하기 위한 소프트웨어. 웹 브라우저라고도 하며 하이퍼텍스트를 사람의 눈으로 보기 쉽도록 표시해 준다.

브레이크 포인트 (⇒ 7-8)
웹 페이지 표시 분기의 기준이 되는 화면 크기로 PC, 태블릿, 스마트폰 등과 같이 화면 크기의 경계선에 해당하는 값.

사이트 관리자 (⇒ 7-13)
웹 사이트에서 콘텐츠 추가 변경 및 동작 확인 등은 실행할 수 있지만 서버의 설정이나 소프트웨어의 설치 등은 할 수 없는 사람.

세션 (⇒ 2-14)
브라우저와 웹 서버 사이의 처리 시작부터 종료까지의 주고받기를 관리하는 구조.

세션 ID (⇒ 2-14)
세션별로 ID를 할당해서 각각의 세션을 관리한다.

스크립트 언어 (⇒ 2-10)
처리를 실행할 수 있는 프로그래밍 언어지만 컴파일할 필요는 없다.

스테이터스 코드 (⇒ 2-7)
요청을 보낸 상대 측의 웹 서버의 정보나 요청이 어떻게 처리되었는지를 보여주는 코드.

스테이트리스 (⇒ 2-6)
HTTP로 1회마다 통신 상대와의 주고받기를 완결시키는 특징.

액세스 제어 (⇒ 9-6)
사용자의 관리·인증, 접근 제어, 올바른 접근 확인과 로그를 남기는 감사 기구 등으로부터 구성되는 엄밀한 시스템.

에지 컴퓨팅 (⇒ 8-8)
사용자 가까이에 서버의 기능이나 애플리케이션의 일부를 가져오는 대처.

오케스트레이션 (⇒ 8-11)
다른 서버 간에 존재하는 컨테이너의 관계성이나 동작을 관리하는 것.

온프레미스 (⇒ 5-1)
자사에서 IT 기기 혹은 그 밖의 IT 자산을 보유하여 스스로 관리하는 환경 내에 설치하여 운용하는 형태.

웜 스탠바이 (⇒ 9-10)
액티브에 더해 스탠바이를 준비해서 시스템의 신뢰성을 향상하는 방법. 스탠바이 서버는 최소한의 기능을 동작시켜서 액티브의 장애 발생에 대비하고 있다.

웹 디자이너 (⇒ 2-2)
웹 사이트 디자인 외에 웹에 관련된 디자인에 특화된 디자이너.

웹 사이트 (⇒ 1-2)
문서 정보를 중심으로 한 웹 페이지로 구성되는 집합체.

웹 서버 (⇒ 1-2)
단말 브라우저가 인터넷을 통해서 향하는 곳으로 디바이스(브라우저), 인터넷, 웹 서버가 기본 구성.

웹 시스템 (⇒ 1-2)
웹 사이트, 웹 앱과 연계해서 API 등에서 개별의 서비스를 제공하는 등 다소 복잡하거나 규모가 큰 구조.

웹 앱 (⇒ 1-2)
웹 애플리케이션의 약칭으로 온라인 쇼핑과 같은 동적인 구조를 가리킨다.

응답 (⇒ 4-2)
사용자의 기기나 브라우저에 따른 웹 페이지를 제공하는 것.

응답 시간 (⇒ 5-2)
사용자가 처리 명령을 발행하며, 실행이 완료될 때까지의 시간을 가리킨다.

인터넷 익스체인지 (⇒ 1-9)
인터넷 접속점, 인터넷 상호 접속점, IX 등이라고도 한다. 인터넷 서비스 프로바이더의 상위에 위치해서 접속하는 역할을 갖는다.

인트라넷 (⇒ 5-6)
LAN이나 WAN으로 구성되는 기업 내 네트워크.

선용 애플리케이션 (⇒ 1-10)
웹 서비스를 제공하는 기업 등이 배포하고 있는 사용자의 각 디바이스용 애플리케이션. 앱에는 URL이 삽입되어 있어서 실행하면 바로 접근할 수 있게 되어 있다.

정적 페이지 (⇒ 2-5)
기술된 문서의 표시가 주체가 되는 고정적인 움직임이 없는 페이지.

제5세대 이동 통신 시스템 (⇒ 4-10)
통칭 5G라고 하는 대용량 데이터 통신에 적합한 통신 시스템

최대 통신 속도 (⇒ 4-10)
통신 시스템의 성능을 나타내는 수치 중 하나. 1초에 어느 정도의 양의 데이터를 전송할 수 있는지 나타난다.

컨테이너형 (⇒ 8-10)
가상화 안에서도 경량화를 실현하는 기반 기술.

컨트롤러 (⇒ 6-7)
클라우드 사업자의 데이터센터에 있는 서버로, 서비스를 일원화하여 관리·운용하고 있다.

컴파일러 언어 (⇒ 8-5)
처리를 실행하는 파일 작성 시에 컴파일을 필요로 하는 언어.

코로케이션 서비스 (⇒ 6-6)
데이터센터에서 제공하는 서비스 형태의 하나로, 서버 등의 ICT 기기는 사용자가 보유하며, 그 시스템의 운용 감시 등도 사용자가 시행한나.

콜드 스탠바이 (⇒ 9-9)
액티브·스탠바이를 준비하여 시스템의 신뢰성을 향상하는 방법. 액티브에 장애가 발생하고 나서 스탠바이를 기동시키기 때문에 교대에 시간이 걸린다.

클라서버 시스템 (⇒ 1-8)
기업의 업무 시스템의 기본적인 시스템 **구성**. 클라이언트로부터 LAN 인터넷을 통해서 다양한 시스템의 서버에 접근한다.

클라우드 (⇒ 6-1)
클라우드 컴퓨팅의 약칭으로 정보 시스템 또는 서버나 네트워크 등의 IT 자산을 인터넷 경유로 이용하는 형태.

클라우드 네이티브 (⇒ 6-2)
클라우드 환경에서 시스템을 개발하여 그대로 운용하는 형태.

클라우드 서비스 (⇒ 3-9)
IT 자산을 인터넷을 통해 제공하는 서비스.

태그 (⇒ 2-3)
HTML을 기술하는 마크.

토큰 방식 (⇒ 8-9)
예를 들어 카드 정보를 스크립트로 암호화하여 결제 회사에 넘기고 이후는 암호화된 데이터를 주고받는(상용 사이트는 카드 정보를 보유하지 않지만, 하고 있는 것처럼 보인다) 방식을 들 수 있다.

톱 레벨 도메인 (⇒ 7-5)
.kr, .com, .net 등의 문자 그대로 계층 구조의 톱 도메인.

특정 상거래법 (⇒ 7-6)

방문 판매나 통신 판매 등에서 사업자가 지켜야
할 규칙을 정한 일본의 법률로 소비자의 이익을
지키는 것을 목적으로 하고 있다.

파일 서버 (⇒ 5-7)

파일을 공유하는 서버.

퍼미션 (⇒ 3-10)

웹 서버의 특정 디렉터리나 파일 등에 써넣기 ·
읽기 · 실행 권한을 설정하는 것.

퍼블릭 클라우드 (⇒ 6-3)

클라우드 서비스의 상징적인 존재인 아마존의
AWS, 마이크로소프트의 Azure, 구글의 GCP
등과 같이 불특정 다수의 기업이나 단체, 개인
에게 제공하는 서비스.

포트 번호 (⇒ 3-8)

TCP/IP 통신의 헤더에 포함되어 있는 번호.

폴트 톨러런스 시스템 (⇒ 9-9)

장애가 발생해도 계속 가동하는 시스템.

프라이빗 클라우드 (⇒ 6-3)

자사를 위해 클라우드 서비스를 제공하거나 데
이터센터 등에 자사를 위한 클라우드 공간을 구
축하는 것.

프론트엔드 (⇒ 8-6)

웹 앱의 개발에서 고객 요구에 의거해서 웹 사
이트의 프론트가 되는 브라우저에서의 외형이
나 움직임을 담당하는 구조.

플러그인 (⇒ 8-2)

애플리케이션의 기본 기능에 별도 기능을 추가
하는 것.

하우징 서비스 (⇒ 6-6)

데이터센터에서 제공하는 서비스 형태의 하나
로, 서버 등의 ICT 기기는 사용자가 보유하지만
그 시스템의 운용 감시 등은 사업자가 시행한다.

하이퍼링크 (⇒ 1-1)

웹 사이트를 구성하는 각각의 웹 페이지는 링크
나 참조 형태로 다른 페이지를 연관짓고 있으며
다수의 페이지가 연결된 상태이다.

하이퍼바이저형 (⇒ 8-10)

현재 가상화 소프트웨어의 다수를 차지하며 물
리 서버상에서의 가상화 소프트웨어로서 그 위
에 Linux나 Windows 등의 게스트 OS를 올려
동작시킨다.

하이퍼텍스트 (⇒ 1-1)

여러 문서 연관 짓기를 시행하는 구조로, 한
웹 페이지의 안에 다른 웹 페이지를 연결할 수
있다.

핫 스탠바이 (⇒ 9-9)

액티브, 스탠바이를 준비하여 시스템의 신뢰성
을 향상하는 방법. 액티브 데이터를 상시 스탠
바이에 복사하고 있으며 장애 발생 시에는 즉시
바뀐다.

호스팅 서비스 (⇒ 6-6)

데이터센터에서 제공하는 서비스 형태의 하나
로, 서버 등의 ICT 기기도 사업자가 보유하며 시
스템의 운용 감시 등도 사업자가 시행한다.

호스트 OS형 (⇒ 8-10)

가상 서버에서 물리 서버로 접근할 때 호스트
OS를 경유하므로 속도 저하가 일어나기 쉬우
나, 장애 발생 시의 분리는 하이퍼바이저형보다
쉽다.

마치며

지금까지 웹 기술을 테마로 설명했습니다.

웹 서비스 및 시스템은 앞으로도 한층 더 넓어짐과 동시에 우리의 생활이나 비즈니스를 지탱하는 기반으로 빼놓을 수 없는 구조라는 것을 잘 이해하셨을 거라 생각합니다.

이 책은 웹 기술에 관한 기본적인 내용만을 정리했는데, 실제로 각 사업자가 제공하고 있는 서비스를 이용하거나 웹 서비스를 구축할 때는 각각에 특화된 전문서나 웹 사이트 등을 참고하시길 바랍니다.

또한, 웹 기술과는 별도로 정보 시스템이나 IT 전반의 기초 지식을 알고 싶은 분은 「그림으로 배우는 서버 구조」, 클라우드의 기본에 대해서는 「그림으로 배우는 클라우드」 등을 읽어 보시길 추천합니다. 특히 「그림으로 배우는 서버 구조」는 같은 저자가 집필해서 형식이 비슷하므로 보기 쉬울 거라 생각합니다.

독자 여러분이 웹 기술을 활용할 때 이 책이 가이드로서 도움이 되었으면 좋겠습니다.

니시무라 야스히로

인덱스

그림으로 배우는
웹 구조

1판 1쇄 발행 2022년 8월 5일
1판 2쇄 발행 2023년 5월 15일

저　　자　니시무라 야스히로
역　　자　김은철, 유세라
발 행 인　김길수
발 행 처　(주)영진닷컴
주　　소　서울시 금천구 가산디지털1로 128
　　　　　STX-V타워 4층 영진닷컴 기획1팀
등　　록　2007. 4. 27. 제16-4189호

©2022., 2023. (주)영진닷컴

ISBN | 978-89-314-6659-1